평안할 때 하나님의 존재, 하나님의 전능, 하나님의 사랑의 결합은 확고하다. 하지만 예기치 않은 충격이 우리 존재의 터전을 흔들 때 그 연결고리는 돌연 해체되고 질서 정연하던 삶은 혼돈의 심연에 처박힌다. 이해할 수 없는 고난은 우리가 한낱 유한한 존재에 지나지 않는다는 사실을 처절하게 일깨운다. 삶이란 무엇일까? 젊은 시절 이 질문에 답하기 위해 도스토예프스키, 엔도 슈사쿠, 엘리 위젤을 탐독했다. 나이 들어서는 프리모 레비, 장 아메리, 임레 케르테스가 보여주는 세상을 바장였다. 그런데 지금은? 일상이 되어버린 폭력과 사고 속에서 여전히 헤매고 있다. 이 책은 그렇게 흔들리는 이들에게 답을 주려 하지 않는다. 함께 아파하고 흔들리면서 길을 모색할 뿐이다. 이 책을 읽어도 고통의 문제는 사라지지 않는다. 하지만 고통을 바라보는 관점은 확장된다. 보는 눈이 달라지면 현실도 달라진다. 이 책에 인용된 많은 이야기들은 지금 고통과 어둠 속에 있는 이들 앞에 밝혀진 등불이다.

_김기석 | 청파감리교회 목사

아내가 갑자기 뇌경색으로 쓰러졌다. 셋째를 출산하고 3일 뒤, 교회를 개척하고 3개월 뒤에 일어난 일이었다. 그 고통과 혼란의 와중에 주변의 그리스도인들로부터 "고난이 축복이다, 하나님 뜻이니 감사하라"라는 폭력적인 헛소리를 너무 많이 들었다. 누군가 고난은 교만한 인간을 깨우는 하나님의 확성기라고 말했는데, 내게 찾아온 고통은 오히려 내 속에 숨어 있던 사람들에 대한 분노를 깨웠다.

다시 4년이 지났다. 뇌경색으로 여전히 깨어나지 못하고 있는 아내를 데리고 철야 기도를 하다가 이번에는 화상으로 아내가 다리를 잃었다. 이 사건으로 나는 고난에 대해 여유로운 성찰을 하며 분노를 절제하던 이전의 삶을 버리고 아내의 잃은 다리를 생각하며 성경책을 집어던졌다. "물 가운데, 불 가운데 지날 때 나와 함께하신다면서요"라고 격분하며 하나님께 대들었다. 내 인생에 주어진 "어수선한 삶"이 불공평하다며, 내 삶에 드러나는 "하나님의 부재"로 인해 꺼이꺼이 울었다.

나는 너무 화가 나서 "하나님, 인간이 되어보셨어요?"라고 따져 물었다. 그렇게 시간이 흘렀다. 그런데 어느 날 문득 인간이 되신 그분이 십자가에 나타났다. 십자가의 예수님은 슬피 우시고 피 흘리시는 하나님이셨다. 그 순간 십자가는 내 아픔을 영원한 삶으로 이끌고 갔다. 그때 나는 내 아픔으로 울다가, 우시는 하나님을 만났으며, 이제 나는 다른 이들의 고통 때문에 아파 운다.

나는 이 책을 이런 사람들에게 권한다. 지독한 아픔 속에 울지도 못하는 너, 억울해도 따지지도 못하는 너, 악과 싸울 용기를 잃은 너, 지금의 아픔에 갇혀 영원한 삶을 보지 못하는 너! 네가 읽을 책이 여기에 있다. "인생, 아직 끝나지 않았어."

_김병년 | 다드림교회 목사

현존하는 설교자 중 가장 신뢰받는 인물로 꼽히는 토마스 롱은 탁월한 소통가(communicator)인 동시에 깊이 있는 사상가(thinker)다. 그는 신정론의 문제를 "이해할 수 없는 사건으로 인해 무너진 세계관을 다시 수축하는 일"로 정의한다. 설교자라면 자주 이 과제에 직면하게 된다. 롱은 신정론 문제에 대한 고전적인 해결책들을 두루 소개한 후, 마지막에는 "알곡과 가라지 비유" 해석을 통해 신학적이며 목회적인 통찰을 제시한다. 신정론 문제와 관련해서 그동안 읽은 책 중 최고라 할 만하다. 모든 설교자가 정독한 후 요점을 정리해두어야 할 책이다. 또한 신정론 문제에 관심을 가진 성도들에게도 추천한다. 첫 장을 시작하면 마지막 장까지 책에서 손을 떼지 못하며 가슴 뛰는 희열을 경험할 것이다.

_**김영봉** | 와싱톤 한인교회 목사

기독교 신앙에서 가장 고통스런 주제가 있다면 "신정론"일 것이다. 본질적으로 신정론은 "하나님-문제"다. 하나님에 대한 신앙과 고통스런 현실 사이의 깊은 괴리에서 생겨난 절규이며, 신앙의 밑바탕을 흔들어놓는 대지진이다. 토마스 롱의 글은 독자의 숨을 멎게 한다. 머리와 가슴으로 함께 읽어야 하는 책이다. 도무지 풀릴 것 같지 않는 현실의 고통과 슬픔과 악의 문제에 대한 철저한 신학적 추적인 동시에, 고통에 공감하는 신학자의 가슴 저미는 목회적 제안이기도 하다. 이 시대의 목회자와 신학생들의 필독서가 되어야 한다.

_**류호준** | 백석대학교대학원 신학 부총장

세월호의 침몰로 인해 한국교회의 전통적인 신관은 심각한 위기에 봉착했다. 할 수만 있다면 신자들은 이 사건에 대한 진상 규명을 정부에게만이 아니라 하나님께도 요구하고 싶어한다. 정부는 무능하고 부패해서 그렇다손 쳐도 하나님은 그들을 구원하기에 충분히 능하고 선하신데 왜 가만히 계셨는가. 배 안에 갇힌 아이들의 애절한 구원 요청과 부모들의 절규하는 기도를 왜 그토록 매정하게 뿌리치셨는가. 우리가 그분의 도움을 가장 절박하게 필요로 할 때 우리를 철저히 외면한 하나님을 어떻게 계속 신뢰할 수 있다는 말인가. 이렇게 무심하고 비정한 하나님을 법정에 세워 심문함으로써 답답한 마음의 응어리를 풀어야만 우리 신앙을 지탱할 수 있을 것 같다. 그러나 상처 받은 교인들에게 고소당한 하나님을 잘 변호해야 할 목사의 입에서 하나님을 잔혹한 괴물 같은 신으로 만드는 망발이 쏟아져 나와 그들을 더욱 깊은 혼돈의 수렁에 빠트리는 실정이다. 이 책은 이렇게 뒤틀린 하나님 상을 바로잡고 세월호 사건으로 하나님께 배신감과 소외감을 느끼며 혼란스러워하는 영혼들에게 잔잔한 위로와 새로운 깨우침을 안겨줄 귀한 선물이다. 이 책은 신정론에 대한 복잡한 철학적인 문제를 누구나 이해하기 쉽도록 풀어주었으며, 여기에 기초해서 목회 현장에서 적용할 수 있는 실제적 지침을 제시했다. 이 땅에 점철된 악과 고통의 엄청난 미스터리 속에서 사그라져가는 신앙의 열기와 의미를 되찾으려고 발버둥치는 영혼들에게 꼭 필요한 가이드와 활력소를 선사할 것이다.

_**박영돈** | 고려신학대학원 교의학 교수

딸의 자폐장애 진단 이후 신정론과의 씨름은 계속되었다. 하지만 내가 들을 수 있는 것은 "그건 너의 죄 때문이야"라는 냉정한 조언 아니면 난해한 조직신학적 설득뿐이었다. 하지만 토마스 롱의 책은 다르다. 이 책은 어려운 말로 독자를 질리게 하지도 않으며 냉정한 조언으로 우리를 겁먹게 하지도 않는다. 대신 따뜻한 설교자의 심장을 가지고, 우리가 처한 고통이 결코 하나님으로부터 온 것이 아니라는 사실, 그럼에도 예수님은 인간의 고통과 기꺼이 함께하신다는 사실을 감동적으로 보여준다.

_**이경민** | 한의사

치열한 역사의 현장 속에서 "선하고 공의로운 하나님"의 존재는 심각한 도전에 직면해왔다. 인간 이성의 한계를 넘어서는 고통 앞에서 교회는 하나님을 대신해 변호사 역할을 자처했지만 그리 만족할 만한 성과는 없었다. 『고통과 씨름하다』는 고난과 하나님의 통치에 관한 어설픈 신학 논쟁으로 핵심 주제를 흐리지 않는다. 오히려 고난의 시절을 지나는 성도들이 어떻게 선하고 공의로우신 하나님을 신뢰할 수 있을지 담담하고 겸허한 필체로 진술한다. 다행스럽게도 저자가 가진 학자로서의 예리함과 목자로서의 따뜻함이라는 두 기둥은 신정론이라는 거대담론을 균형 있고 조밀하게 지지하고 있다. 고난의 골짜기를 지나는 독자들이 이 책에서 선하신 하나님의 위로의 음성을 듣게 되리라 확신한다.

_**송태근** | 삼일교회 목사

What Shall We Say?

Evil, Suffering, and the Crisis of Faith

고통과 씨름하다

악, 고난, 신앙의 위기에 대한 기독교적 성찰

토마스 G. 롱 지음 | 장혜영 옮김

| 차례 |

· 감사의 글 ·

이 책은 텍사스 주 오스틴에 위치한 오스틴 장로교신학교의 2009년 토마스 화이트 커리 강연으로부터 시작되었다. H. 리처드 니버의 고전 『그리스도와 문화』가 포함되어 있는 이런 유명한 시리즈에 참여하게 된 것은 명예로움 그 이상이었다. 이런 생각에 나는 흥분했다. 오스틴 장로교신학교의 총장이자 사랑하는 오랜 벗인 시어도어 위드로 박사와, 지금은 루이빌 장로교신학교의 총장이 된 마이클 진킨스 학장, 친절한 주최자였던 데이비드 화이트 교수와 그의 아내 멜리사 위긴튼, 그리고 신학교의 교정을 환대와 환영의 장소로 만들어준 오스틴의 다른 많은 이들께 감사의 마음을 표한다. 또한 텍사스 주 달라스에 위치한 하일랜드파크 장로교회의 톰 커리 성경 공부반의 회원들께도 감사드린다. 이들은 커리 강연의 오랜 후원자일 뿐 아니라 나를 토요일 저녁 만찬에 불러주었으며, 또 강연에서 나온 몇 가지 아이디어를 시험해볼 수 있도록 주일 아침 토론회를 개최해주기도 했다.

　그 후 이 강연들은 수정을 거쳐 인디애나폴리스에 위치한 노스민스터 장로교회의 클로스터하우스 학회에서 발표되었다. 이곳의 목회자인 테리 토마스 박사와 진 도즈가 의장으로 있는 클로스터하우스 위원회는 내게 적절한 돌봄과 격려, 그 이상의 것을 베풀어주었다. 추가적으로 이 강연의 버전들은 노바스코샤의 핼리팩스에 위치한 아틀란틱 신학교에서 2010년 니콜슨 강연으로도 발표되었다. 이 유명한 시리즈의 일원으로 나를 친절히 초청해준 이 학교의 총장 캐논 에릭 베레스포드 목사님과, 관대한 주최와 함께 설교자로서의 은사를 사용해 놀라운 이야기들로 나를 융숭히 대접한 목회 신학 교수인 로렌스 디울프 박사께도 감사드린다.

이 책의 편집자인 로저 밴한은 내 친구이자 지난 수년 간 설교 행위가 무엇인가에 관한 대화 상대였다. 나는 이 프로젝트를 이끌어준 로저에게 감사한다. 또한 성심으로 후원해준 빌 어드만즈와 어드만즈 출판사의 훌륭한 팀에게도 감사하고 싶다.

또한 나는 에모리 대학교 캔들러 신학대학원의 학장 잰 러브와 다른 동료들에게도 감사를 표현하고 싶다. 캔들러의 지적 기풍은 엄격하고 신실하며 창의적인 학문을 향한 지속적인 자극이 되어주었다. 특별히 칼 홀라데이, 루크 티모시 존슨, 스티븐 J. 크래프트칙, 조이 앤 맥두걸, 캐롤 뉴솜, 게일 오데이(지금은 웨이크포레스트 대학 신학교의 학장이다), 케런 슈아이브, 그리고 안드레아 화이트에게 감사하고 싶다. 이들의 저작과 내가 이들과 나누었던 신학적 대화는 비록 모두 표시되지는 않았지만, 책의 페이지마다 반영되어 있기 때문이다. 내 연구 조교인 사라 레디쉬는 이 원고를 준비하는 데 큰 도움을 주었다.

이 책에서 "간주곡: 울부짖음, 욥과 폭풍우"라고 이름 붙인 장의 원래 버전은 *Theology Today* 45, no. 1 (April 1988): 5-20에서 "욥, 우스 땅에서의 재고"로 소개된 바 있다. 이 책에서는 저작권에 관한 허락을 얻은 후 사용했다.

아치볼드 매클리쉬(Archibald MacLeish)의 퓰리처 수상에 빛나는 연극 「J. B.」에는 싸구려 서커스단에서 일하는 두 명의 남자가 등장한다. 풍선을 파는 주스와 팝콘을 파는 니클즈가 바로 그들이다. 이 둘은 사람들이 다 떠난 쇼 무대에 올라 잠깐의 망설임 끝에, 성경에 나오는 욥의 이야기를 공연하기로 결정한다. 주스가 하나님의 역할을 맡고 니클즈는 마귀의 역할을 맡기로 한다. 그렇다면 고뇌에 찬 고통의 사람인 욥의 역할은 누가 맡아야 할까? 이 두 사람은 욥의 역할을 맡아줄 사람은 언제나 존재한다는 풍자적인 사실을 알고 있었다.

니클즈는 연극의 중심 난제가 될 주제를 보여주는 짧은 시 한 편을 낭송하기 시작한다.

나는 그 남자의 마른 똥이 쌓여가는 소리를 들었다.

잠 못 이룬 채 그는 울부짖는다.

"하나님이 하나님이라면 그는 선하지 않다.

하나님이 선하다면 그는 하나님이 아니다."[1]

매클리쉬가 「J. B.」를 집필한 것은 1950년대였다. 이 연극은 두 번에 걸친 세계대전이 가져온 대 파괴와 20세기의 여타 다른 공포들에 대한 반응이었으며, 연극광들과 대중매체 사이에서 하나님의 인격에 대한 대화를 촉발시켰다. 하나님은 선하신가? 그렇다면 고통의 범위를 감안했을 때, 우리는 그분을 전능하시다고 생각할 수 있는가?

이런 질문들은 집합적으로 신정론의 문제로 불려왔다. 신학적 용어로 볼 때 신정론은 비교적 새로운 것으로 겨우 삼백 년 전 철학자 라이프니츠가 고안해낸 용어다. 어원적으로 신정론(theodicy)은 두 개의 그리스어 단어인 "*theos*"(하나님)와 "*dikē*"(정당성)가 합쳐진 것으로 본래 의미는 하나님의 정당성이다. 끔찍한 참사가 발생하고, 과도하고 정당하지 않은 고통을 당하는 사람들이 존재하는 세상에서 하나님이 설명하셔야 할 부분이 있다고 느끼는 것이다. 하나님의 방법은 그 정당함을 증명할 필요가 있다. 하나님께는 그럴듯한 변호가 필요하며 그것을 담당하고 나선 것이 신정론이다.

이 책은 설교자들이 신정론의 문제에 대해 무엇을 말할 수 있고 또 말해야 하는지를 다룬다. 보다 오래된 의미로서의 신정론을 설명하거나 하나님의 행동에 대한 정당성을 제시하는 것은 이 책을 통해 내가 이루려는 바가 아니다. 사실 어떤 방식으로든 하나님을 변호할 수 있다고 생각하는 것은 신학적으로 극심한 교만이다. 하나님이 변호받을 필요가 있으시다면 그분은 나보다 더 뛰어난 변호사가 필요할 것이다.

최근 들어 신정론은 약간 다른 의미를 띠기 시작했는데, 이런 변화는 하나님을 재판에 회부하기보다 우리의 믿음을 시험한다. 보다 새로운 의미에서의 신정론은 어떻게 신자들이 표면적으로는 양립할 수 없는 중요한 신조들, 곧 하나님이 존재하시고 그 하나님이 사랑과 공의의 하나님이실 뿐 아니라 능력의 하나님이시라면, 그럼에도 이 세상에 부당한 고통이 존재한다는 사실을 어떻게 붙들 수 있는지를 다루고 있다. 이 책은 바로 이 부분에 관심을 기울인다. 이렇게 볼 때 신정론은 악한 세상에서의 하나님의 행동에 대한 변명을 제시하는 것이라기보다는, 고통에 대해 우리가 알고 경험하는 바를 전제로 사랑의 하나님을 믿는 것이 어떻게 가능한지 하는 문제와 관련된다.

신정론이라는 용어가 "소망", "구원", "죄"와 같은 다른 신학 개념에 비해 비교적 최근의 산물이라는 사실은 우연이 아니다. 근대(현재 상황에서는 후기 근대) 세계의 지적 조건 아래에서만 현 상태의 신정론의 질문이 가능하기 때문이다. 근대 과학과 "계시종교"의 대항 세력으로 나선 인간 이성이라는 개념의 도래로, 우주가 어떻게 만들어졌으며 자연재해가 왜 일어나는지와 같은 질문에 대해 새로운 방식의 사고가 발전하기 시작했다. 화산이 폭발하는 것은 하나님의 행위인가 아니면 단순히 기체가 축적된 결과인가? 용암이 덮쳐서 사람들이 죽었다면 이것은 신의 형벌인가 아니면 신과 무관한 자연법칙의 작용인가? 아니면 또 다른 무엇인가? 계몽주의 이후, 하나님이 고통을 멈추기 위해 개입하지 않으시는 이유에 대한 질문은 결국 개입할 하나님이 존재하기는 하는가의 질문으로 이어졌다.

버클리 주교가 남긴 유명한 말에 따르면, 철학자들은 흙먼지더미를 발로 차면서 앞이 보이지 않는다고 불평하는 사람들이다. 사실 신정론의 질문들을 고민하는 것이 기독교 신학에 적절한 행위가 아니라고 주장하는 사람들이 있는데 이는 현재의 질문들이 애초부터 계몽주의 철학에 의해 오염되었기 때문이라는 것이다. 지난 3세기에 걸쳐 제기되어온 방식대로 "악과 고통이 가득한 세상에 어떻게 사랑과 공의의 하나님이 존재하실 수 있는가"라고 질문하는 것은, 기독교 신앙과는 이질적인 "하나님", "사랑", "공의" 등의 개념을 적용시키는 행위다. 볼테르나 데이비드 흄이 이런 식으로 악이 만연한 세상에서 선한 하나님이 존재한다는 것은 불가능하다고 보았다면, 그것은 아마도 이들이 큰 흙더미를 발로 차면서 "하나님", "선", "악"에 대한 잘못된 개념과 씨름한 까닭일 것이다.

물론 그럴 수도 있다. 그렇지만 오늘날 지적으로 영민한 많은 그리스도인들에게 신정론의 문제는 자신의 신앙에 큰 도전일 뿐 아니라, 설교자는 회중석에서 제기되는 이 진지한 질문을 강단에서 일축할 만한 여유가 없다. 어떻게 "천지를 만드신 하나님을 내가 믿사오며" "하나님은 사랑이시라"고 이야기하는 동시에, "우리 이웃집 딸아이가 중증 뇌종양을 가지고 태어났어요"라거나 "아이티의 지진으로 이십만 명이 넘는 사람들이 목숨을 잃었습니다"라고 말할 수 있는지를 이해하는 것은 쉽지 않다. 이 책은 설교적 충언이다. 궁극적으로 성도와 같이 서 있어야 하는 설교자들과 함께, 사랑의 하나님을 믿는 것이 고통 받는 세상에서의 삶의 진실들과 어떻게 한데 어울릴 수 있는지를 생각해보려는 노력이다.

이 책은 다음과 같은 순서로 배치되어 있다.

1장에서는 신정론에 대해 우리가 기존에 이해해온 방식과 같은 질문이 서구 지성사에서 어떻게 등장하게 되었는지를 기술할 계획이다.

2장에서는 18세기에는 엘리트 계층이라고 할 수 있는 철학자들의 전유물이었던 이 문제가 오늘날 어떻게 "대중화"되었는지, 그리고 우리 시대의 평범한 신자들, 특히 그들 가운데 가장 생각을 많이 하는 이들의 믿음에 신정론의 문제가 어떻게 적극적인 위협이 되었는지를 탐구할 계획이다.

많은 신학자들은 신정론을 아무리 견고한 믿음의 배라도 안전할 수 없는 신학적 사르가소 해(역자 주―대체로 북위 20-40도, 서경 30-80도의 해역에 위치하며 모자반류가 풍부함. 콜럼버스의 제1 항해 말기, 바람이 없고 해조가 배에 달라붙어 마음대로 여기서 나가지 못했다는 기록이 있음)로 경고하면서, 여러 이유를 동원하여 우리를 이 문제로부터 떼어놓으려고 노력해왔다. 3장에서는 이런 경고들을 제시하고 여기에 대해 어느 정도 귀를 기울일 것이다. 그렇지만 결국 설교자들은 회중이 제기하는 위급한 신학적 질문을 피할 여유가 없으며 따라서 왜 이 항해를 계속해야 하는지 그 이유를 다룰 것이다. 4장에서는 신정론의 문제와 관련하여 자기 입장을 표명한 대표적인 사상가들을 일일이 따져보고, 그들에게 배우는 동시에 그 "해결책들"에 도전하게 될 것이다.

1장에서 4장까지의 순서는 우리가 결국 설명해야 하는 이 책의 목표, 즉 설교자는 신정론에 대해 무엇을 말할 수 있고 또 말해야 하는가를 다루는 자리로 우리를 지체 없이 이끌고 갈 것이다. 바로 이것이 5장에서 착수할 임무다. 여기서 나는 예수님의 알곡과 가라지 비유를 그 자원과 지침으로 활용할 생각이다. 하지만 신정론에 대한 탐구는, 성경에 나오는 신정론을 다루는 가장 위대한 본문인 욥기를 피해갈 수 없다. 따라서 4장과 5장 사이의 간주곡(間奏曲)으로서, 감동적이면서도 수수께끼 같은 욥기의 이야기에 담긴 신학적 의미를 살펴볼 계획이다.

얼마간의 논란 끝에 나는 이 책에 신정론과 관련한 설교 견본은 집어넣지 않기로 결정했다. 신정론을 다루는 설교문들이 유익할 수도 있지만, 신정론의 이 질문들은 너무 많고 복잡한데다가 가능한 접근이 실로 다양하기 때문에, 내 생각으로는 한두 개의 설교 예문은 오히려 오해를 불러올 소지가 다분하다. 신정론에 관한 뛰어난 설교문이 궁금한 독자들은 다음과 같은 두 가지 방향에서 도움을 얻을 수 있다. 먼저 신정론적 질문의 다양한 측면을 다룬 훌륭한 설교집으로 마이클 D. 부쉬(Michael D. Bush)가 편집한 『내 아버지 집에 거할 곳이 많도다』(새물결플러스; *This Incomplete One: Words Occasioned by the Death of a Young Person*, 2006, Eerdmans)가 있다. 다음으로 5장에서 다뤄질 알곡과 가라지 비유는, 확대된 형태이기는 하지만 설교자가 이 본문으로 무엇을 설교할 수 있을지를 포함해 "설교와 같은" 형태를 의도한 것이다.

내 설교학 멘토 중 한 명인 훌륭한 루터교 설교자 에드먼드 스타이플(Edmund Steimle)은 한 세미나에서 좋은 설교를 이렇게 묘사했다. "좋은 설교는 예쁜 리본으로 마무리된 정갈한 상자가 절대로 아니다. 오히려 좋은 설교는 누군가가 깊은 물속으로 뛰어든 직후 호수 표면에 일어나는 파문과도 같다." 내 소망은 이 책이 호수의 깊은 물을 드러내어 다른 설교자들 역시 뛰어들도록 초청하는 것이다.

토마스 G. 롱
애틀랜타 주 조지아
에모리 대학교 캔들러 신학대학원

1장

기초가 흔들리다

만일 하나님이 존재하신다면 다른 원수들이 필요할까요?
…차라리 저는 아프로디테나 행운의 여신을 택하겠습니다.

「뉴욕타임스」 편집자에게 온 편지[1]

다음의 일기는 깜짝 놀랄 만한 내용으로 시작한다.

> 11월 1일 아침, 완벽하게 멋진 날씨였다. 태양은 광휘를 가득 발산했고 하
> 늘은 평화롭고 고요했다. 수많은 주민이 살고 있는 융성하고 풍요한 도시
> 를 극한의 공포와 폐허로 뒤바꾸어놓을 사건이 다가오고 있다는 경고는
> 전혀 느낄 수 없었다.[2]

이 글에 나오는 도시와 "극한의 공포"는 무엇을 가리킬까? 이 일기
가 8월 6일에 쓰였다면 우리는 히로시마를 떠올릴 것이다. 혹은 9월 11
일이었다면 뉴욕을, 1월 12일이었다면 포르토프랭스(역자 주―아이티의
수도)를 연상할 것이다. 하지만 일기에 적힌 날짜는 11월 1일이다. 그리
고 이 기록을 남긴 사람은 1755년, 이 끔찍했던 날 불행히도 포르투갈
의 리스본에 있었던 어떤 상인이다. 이날 오전 9시 40분, 모든 것이 한
순간에 아수라장이 되어버렸고 세상은 종말을 맞이한 듯 보였다.

11월 1일은 만성절이다. 이날 아침 리스본 인구의 대부분은 교회
에 모여 있었다. 18세기 중반에 리스본은 유럽에서 가장 종교적이고
경건한 도시 중 하나였으며, 징글맞을 정도로 보수적이던 로마가톨릭
의 중심지였다. 리스본 주민 25만 명 중 무려 2만5천 명이 신부나 수사,
수녀였는데 이것은 시민 열 명 중 한 명꼴이었다.[3] 역사가 찰스 박서

(Charles Boxer)는 당시 리스본을 포함하여 포르투갈이, 티베트를 제외하고 전 세계 어떤 나라보다 인구별 성직자 수가 높았다고 말했다.[4]

하지만 리스본의 종교는 여러 면에서 중세적 경건의 잔재에 불과했다. 헌신이라는 직물을 구성하고 있는 것은 진노의 날에 대한 짙은 두려움, 개인적이고 사회적인 죄의식, 항시 임박해 있는 하나님의 심판이었다. 지난 이백 년 동안 리스본은 종교재판소의 본부로서 불길하고 근엄한 교회의 얼굴이었으며 이단을 근절하고 처단하는 일에 몰두해 있었다. 수천 명의 사람들이 화형을 당하거나 옥에 갇히거나 추방당하거나 갤리선의 노예가 되었다. 리스본의 거리마다 다른 사람들에게 자신의 헌신을 보이기 위해 자기 몸을 채찍과 사슬로 때리고 가슴을 쳐가며 "참회! 참회!"를 외치면서 행진하는 무리를 쉽게 볼 수 있었다. 리스본은 경건할 뿐 아니라 성결하기를 원했다.

하지만 이것만으로는 결코 충분치 않았다. 리스본의 하나님은 질투하시는 하나님이었고, 파멸에 대한 예언이 언제나 주변을 맴돌았다. 니콜라스 시라디(Nicholas Shrady)는 다음과 같이 기록했다.

아주 오래전부터 예언자, 점쟁이, 광신도, 성직자, 수도사들은 포르투갈의 멸망을 예언해왔다. 멸망의 조짐과 징후는 여러 가지 형태로 나타났다. 태중의 아이를 사산하는 여자들이 줄을 이었고, 혜성이 밤하늘을 가르고 지나갔으며, 수녀가 고열에 들며 이상한 꿈을 꾸었을 뿐 아니라 복수의 천사들이 리스본의 하늘을 날아다니는 환영이 나타났다. 예언자들은 이를 진노하신 하나님이 리스본을 파괴하시려는 전조라고 주장했다.[5]

리스본의 파멸을 예언한 사람들이 합의를 보지 못한 유일한 사안은 이 파멸이 어떤 방식으로 이루어질 것인가에 대해서뿐이었다. 어떤 이는 지진을, 또 다른 이는 바람을 언급했고, 불이나 홍수를 예상한 이들도 있었다. 결과를 놓고 볼 때 이들 모두는 지극히 겸손한 셈이었다. 리스본에 임한 지옥의 날은 이 네 가지 재앙의 요소를 모두 동반했다.

오전 9시 반 경, 북대서양 약 100킬로미터 지점 밖에서 거대한 지진이 해저를 뒤흔든 다음 그 여진이 무시무시한 힘으로 도시를 향해 밀려왔다. 그 순간 리스본에는 교회마다 사람들로 인산인해를 이루고 있었다. 특히 이 도시의 수호성인을 기리는 성 빈센트 대성당은 입추의 여지가 없이 사람들로 꽉 찼다. 미처 건물 안으로 들어가지 못한 사람들은 건물 입구의 계단부터 광장에 이르기까지 줄지어 서 있었다. 신부가 "이 축제의 날에 우리 모두 주님을 즐거워합시다"(*Gaudeamus omnes in Domino, diem festum*)를 읊조리던 바로 그때, 성 빈센트 성당의 벽이 격렬하게 흔들리기 시작했다. 종탑은 바람 앞의 갈대처럼 휘청거렸고, 종은 미친 듯이 울려댔으며, 촛대는 바닥으로 사정없이 내동댕이쳐졌다. 공포에 질린 예배자들의 머리 위로는 스테인드글라스 조각들이 떨어졌다. 공황 상태에 빠진 신부들은 제단에서 도망치기 급급했다. 어떤 이들은 자비를 구하면서 자리를 지켰고 또 다른 이들은 거리로 뛰쳐나왔는데, 이들이 맞닥뜨린 것은 다른 교회와 건물에서 역시 놀라서 쏟아져 나온 일단의 군중이었다. 이내 이들은 두 번째 더욱 강력한 충격파를 만났다(현대 과학자들의 추측으로는 리히터 규모 7.0에 달하는 강도였다). 이 충격파로 건물들이 쓰러지고 도시가 주저앉기 시작했다. 거리로 뛰쳐나온 사람들 머리 위로 교회와 주택, 공공건물이 연속해서 무너져 내렸다. 그 결과 수천 명의 사람들이 즉사했을 뿐 아니라 곳곳에 유혈이 낭자했다. 건물 잔해더미에서 발생한 연기와 먼지로 하늘이 어두워졌으며, "긍휼을 베푸소서, 오 주님, 긍휼을!"을 외치는 비명과 울음소리가 온 도시를 뒤덮었다.

하지만 아무런 자비도 없었다. 교회 건물이 흔들리면서 바닥으로 내동댕이쳐진 촛대에서 번지기 시작한 불이 울부짖는 듯한 소리를 내는 바람을 타고 온 도시를 난폭하게 집어삼키기 시작했다. 이것만으로는 성이 차지 않는 듯 수 분 후에는 세 번째 충격파가 도시를 강타했다. 이제는 파괴될 만한 것이 아무것도 남아 있지 않은 상태였다. 화염에 휩싸인 도시, 잔해와 시체로 뒤덮인 땅에서 크나큰 충격에 사로잡혀 있던 생존자들은 본능적으로 타호 강 쪽, 그러니까 유일하게 안전한 장소라고 여겨지는 항구 방향으로 움직이고 있었다. 그러나 요한계시록에 등장하는 "바다에서 나오는 짐승"처럼, 이 악한 힘은 리스본 사람들을 놓아주려 하지 않았으며 오히려 지능적으로 이들을 뒤쫓는 듯했다. 수천 명의 사람들이 배를 이용하여 화염에 휩싸인 이 만신창이 도시로부터 도망하기를 고대하며 부둣가에 서 있었지만, 일부 기록에 따르면 급작스럽고 신기하게도 강물은 무언가에 빨려나간 듯 말라버렸고 배들은 바다로 떠내려갔으며, 바닥을 드러낸 항구에는 낡은 난파선과 쓰레기만이 나뒹굴었다. 이 불운한 징조에 놀란 사람들이 고개를 들었는데, 그 순간 이들은 항만의 물이 어디로 사라졌는지를 발견할 수 있었다. 지진의 영향으로 산더미 같은 쓰나미가 이들을 향해 몰려오고 있던 것이다. 차마 공포를 느낄 틈도 없이 거대한 물 벽이 이들을 덮쳤고, 또 수천 명의 사람들이 이 갑작스러운 해일에 생명을 잃었다.

그날 만성절에 리스본에서 정확히 몇 명이 목숨을 잃었는지를 아는 사람은 없다. 어떤 이는 1만5천 명이라고 하기도 하고, 5-6만이라고 하는 사람도 있다. 확실한 것은 그날 이후 여러 주에 걸쳐 희생자들의 시신이 계속 항구 주변에 떠올랐다는 사실이다.

여진

리스본을 초토화한 지진의 충격파는 곧 서구 유럽의 도덕적·신학적 충격파로 이어졌으며, 이 충격파는 다시 지성적·철학적·종교적 기초를 뒤흔들었다. 이 여진은 오늘날까지도 계속되고 있다고 할 수 있다. 역사가 토마스 D. 켄드릭(Thomas D. Kendrick)은 리스본에서 발생한 지진을 가리켜 "5세기 로마의 몰락 이래 서구 문명에 가장 큰 충격을 준 참사"[6]라고 일컬었다. 철학자 수잔 니먼(Susan Neiman)도 이렇게 말했다. "18세기에는 오늘날 우리가 아우슈비츠를 입에 올리는 만큼 빈번하게 리스본을 거명했다. 세상에서 가장 기본적인 신뢰의 붕괴를 의미하는 데는 그 장소의 이름을 거론하는 것만으로 충분했다."[7]

리스본에서 일어난 지진이 그 도시를 폐허로 만든 이유는 분명하다고 쳐도, 이것이 서구의 문화와 지성사에서 대규모의 재난이 된 까닭은 무엇일까? 세상이 이전에는 자연재해란 것을 결코 경험해본 적이 없었던 것은 아니다. 재앙과 참사는 언제나 인간 경험의 일부였다. 이전에도 파괴적인 지진은 발생했으며, 사실 리스본은 이런 사건에 익숙했다. 규모의 문제도 아니다. 순전히 공포의 규모와 인명 손실만 놓고 보자면, 오히려 흑사병이 리스본 지진을 포함해서 그 어떤 지진보다도 훨씬 더 큰 참사였다. 2세기에 걸쳐 거듭된 흑사병은 "인류 역사에서 가장 거대한 생화학적 참사로서"[8] 유럽 인구의 3분의 1을 싹쓸이한 잔혹한 전염병이었다. 흑사병은 가공할 만큼 빠른 속도로 확산되었으며, 건강한 사람조차도 무덤으로 끌고 들어가는 데 불과 몇 시간 밖에 걸리지 않았다. 이탈리아의 작가 보카치오에 따르면, 흑사병의 피해자들은 "아침에는 친척과 친구들과 함께 식사를 했고 그날 저녁에는 저 세상에 있는 조상들과 식사를 같이했다"고 한다.[9]

하지만 만성절에 일어난 리스본 지진은 달랐다. 이것은 한 도시 전체를 폐허로 만든 참사였을 뿐 아니라 기존의 세계관의 붕괴를 상징했다. 수잔 니먼은 이렇게 썼다. "어느 특정한 순간, 유럽에서 일어난 지진은 신앙의 기초를 뒤흔들었으며 선한 창조에 대해 의문을 제기하도록 만들었다."[10] 즉, 이것은 시대의 문제였다. 리스본의 비극이 일어난 시점은 인간의 이해에서의 중요한 전환점과 일치했다. 이때는 중세 사회가 세상을 바라보았던 방식이 붕괴된 시점, 지식과 이성과 자연에 대한 새로운 추론들이 도래하던 때와 맞물리는 시기, 곧 우리가 계몽주의라고 부르는 사상의 시대였다. 따라서 리스본에서 일어난 지진은 교회와 상점과 주택만 무너뜨린 것이 아니라, 이전의 세계와 그 세계가 믿음을 붙들고 소망을 유지하던 방식도 무너졌음을 상징했다.

계몽주의 이전의 사람들은 지진, 가뭄, 홍수, 전염병과 같은 자연재해가 하나님의 손으로부터 직접 온다고 이해했다. 흑사병의 확산을 저지하기 위해 노력했던 14세기의 의사들은 환자에게 사용하는 최선의 치료책에 대해서는 거머리나 마늘 목걸이 등 서로 차이가 날 수 있었지만, 최소한 하나님이 이 모든 고난의 근원이라는 점에서는 모두가 동의했다. 무엇을 해야 할지에 대해서는 논쟁이 끊이지 않았지만, 누가 전염병을 일으켰는지에 대해서는 아무도 의심하지 않았던 것이다.

아리스토텔레스 이후 사람들은 무엇인가가 존재하기 위해서는 그것이 탁자든 사람이든 아니면 재앙이든 네 가지 요소, 곧 "원인들"이 존재해야 한다고 믿었다. 이 네 가지 요소는 (1) 작용인(제작자), (2) 형상인, (3) 질료인, (4) 목적인이다. 가령 탁자는 우연히 존재하지 않는다. 누군가가 목적을 가지고 특정한 형상 혹은 설계에 맞춰 모종의 질료를 사용해서 그것을 만들어야 한다. 동일한 논리를 따라, 중세 사회는 흑사병이 그것을 만든 사람과 형상, 구성하는 질료, 그리고 만들어진 목적을 갖는다고 믿었다. 질병의 형상과 그것이 만들어진 질료에 관한 한이것은 물질적이고 "자연적인" 문제였다. 따라서 의사들은 그것에 대해 토론할 수 있었으며 다양한 치료법을 시도할 수도 있었다. 하지만 이질병을 누가 어떤 목적으로 만들었는가 하는 문제는 형이상학적 질문이었다. 다른 사람처럼 의사들도 이 질문에 대한 신학적 대답, 즉 하나님(혹은 마귀)이 이 병을 만드셨으며 그 목적은 죄에 대한 형벌이라는 대답에 동의하면서 고개를 끄덕일 수밖에 없었다.[11]

흑사병이 절정을 이루던 14세기, 스웨덴의 왕이었던 마그누스 2세(Magnus II)는 자신을 포함한 중세 문화 전체를 대변하면서 이렇게 말했다. "인간의 죄 때문에 하나님은 이런 급작스런 죽음이라는 거대한 형벌을 내리셨다. 이것이 우리 국민 대부분의 목숨을 앗아갔다."[12] 프랑스의 왕실 주치의이자 중세 의학 저술가였던 앙브루아즈 파레(Ambroise Paré)는 이백 년이 지난 다음에도 이 말에 동의하면서 이렇게 썼다. "이재앙은 하나님으로부터 온 질병으로 맹렬하고 거세고 재빠르고 괴물 같으며, 무섭고 전염성이 있고 끔찍하고 사납고 위험하고 기만적인 것으로 인간의 생명뿐 아니라 많은 동식물의 치명적인 원수다."[13]

하나님이 흑사병의 원인이라면 오직 하나님만이 그것을 중단하실 수 있다. 그리하여 흑사병에 대한 의학적 치료법은 치료 요법과 신학의 괴상한 결합으로 이루어졌다. 곧 거머리, 방혈, 허브 찜질, 환자를 병원에 격리하는 것과 같은 실제적이면서도 시행착오적인 방법에 종교적 참회라는 행위를 혼합했던 것이다. 이런 "중세 의학"에 대해 마크 해리슨(Mark Harrison)은 이렇게 썼다.

중세 세계는 우리 시대의 세계와는 많이 달랐다. 재앙의 원인이 전체적으로 가톨릭 신학 아래서 해석되었다. 재앙과 관련해서 교회가 내린 한 가지 분명한 결론은 하나님이 어떤 종류의 악 때문에 인류를 벌주고 계시다는 사실이었다. 따라서 이 악과 그것에 책임이 있는 사람들을 발본색원하는 일이 필요했다. 교회는 고행과 순례, 속죄의 행위를 촉구했다. 여기에는 이 마을 저 마을을 옮겨 다니며 인류의 죄를 제거하기 위한 목적으로 자신의 몸을 채찍질하던 무리의 행렬이 포함되었다.[14]

오늘날 심한 독감에 걸린 사람이 의사로부터 이런 처방을 듣는다고 하자. "4시간마다 타이레놀을 드시고 물도 많이 드세요. 그리고 하나님이 죄에 대한 형벌로 독감에 걸리게 하셨으니 회개 기도를 드리는 것도 잊지 마시구요." 아마도 환자는 당황하거나 아니면 불쾌감을 느낄 것이다. 하지만 중세의 의사들에게 질병의 신적 인과 관계는 지극히 자연스러운 것이었다. 조셉 번(Joseph Byrne)은 이렇게 썼다. "[재앙의]

자연적 원인과 더불어 형이상학적 원인을 받아들이는 것은 단지 종교적 신념을 고수하는 문제가 아니었다. 그것은 서구 지성계 전체를 아우르고 있었던 철학적 체계를 받아들이는 문제였다."[15]

하지만 1755년에 들어서 이런 철학적 체계는 극적인 변화를 겪게 된다. 상징적인 측면에서 리스본 지진은 기존의 신적 인과 관계라는 개념과 깔끔하게 들어맞지 않는 세계적 규모의 첫 번째 재앙이었다. 당시 대중적 신학과 중세적 지성의 통합은 마치 리스본 재앙을 촉발시켰던 해저 지질 구조판만큼이나 새로운 사고와 격렬하게 충돌했다. 오늘날 우리가 "근대 과학적 세계관"이라고 부르는 것이 유럽을 위시한 여러 곳에서 거침없이 그 형태를 드러내기 시작한 것이다.

지적 삶에서 일어난 보다 심오한 변화는 서서히 진행되었거나 혹은 눈에 보이지 않았을 수도 있지만, 표면적으로 드러난 문화적 변화, 특히 자연과학의 변화는 신속하면서도 뚜렷했다. 리스본 지진이 일어나기 이미 백 년 전에 복잡한 광학 장치를 갖춘 망원경과 현미경이 개발됨으로써, 인류는 우주의 광대한 구간과 이전에는 숨겨져 있던 자연의 은밀한 부분들을 근접 거리에서 탐구하기 시작했다. 이런 새로운 종류의 탐구가들은 스스로를 "자연철학자"라고 불렀다(우리는 "과학자"라는 용어를 사용하지만, 이 말이 등장한 것은 19세기 초반이 지나서다). 이들은 철학에서 얻은 논리를 이용해 자신이 자연에서 관찰한 바를 추론했다. 이들의 발견은 큰 충격을 안겨주었다. 현미경의 힘으로 처음으로 인간의 혈구 세포를 보고, 굴절 망원경으로 토성이 고리와 큰 위성을 갖는다는 사실을 알았으며, 미적분학의 원리가 설명되고, 목성과 화성과 금성의 회전 주기가 밝혀지고, 수은 온도계와 육분의(역자 주—각도와 거리를 정확하게 재는 데 쓰이는 광학 기계)가 발명되었다. 미국의 벤저민 프랭클린은 "전기"라고 불리는 신비한 힘에 대한 실험을 시도하기도 했다.

이들 자연철학자들이 발견한 것은 단순히 일련의 세포와 행성, 궤도, 번개 표시가 아니라 그 이상의 것, 즉 스스로의 힘으로 작동하고 있는 것처럼 보이는 세계였다. 매일 아침마다 하나님이 태양을 떠오르게 하시기를 기다리는 것과는 전혀 무관하게, 세상은 가장 작은 세포로부터 행성의 광대한 궤도에 이르기까지 스스로를 통제하는 것은 물론 예측 가능한 원리와 정의 가능한 자연법칙을 따라 움직이는 듯했다. 당대의 자연철학자 중 가장 위대한 인물이라 할 수 있는 아이작 뉴턴은 1716년, 획기적 저서 『프린키피아: 자연철학의 수학적 원리』의 개정판을 내놓으면서 시간과 공간을 이렇게 정의했다. "절대적이고 진정하며 수학적인 시간은, 스스로 또한 그 자체의 본성 때문에 어떤 외부적인 것과 상관없이 균등하게 흐르며, 다른 명칭으로는 지속이라고 불린다. 절대적인 공간은, 그 본성에 있어서 어떤 외부적인 사물과 관계없이 항상 같은 형태로 부동한 것으로 존속한다."[16]

뉴턴에게는 시간과 공간 모두가 "자체적인 본성"을 가지고 "외부의 어떤 것"과도 상관없이 정의된다는 사실에 주목하라. 이런 사실은 물론 신학에도 지대한 영향을 끼쳤다. 시간과 공간, 그리고 그 안에서 움직이는 모든 것들이 자기 자신을 제외하고 다른 무엇에도 의지하지 않고 정의될 수 있다면, 대체 하나님의 역할은 무엇인가? 심지어 우리는 하나님이 필요하다고 말할 수 있는가? 뉴턴은 약간 기인이기는 했지만 종교적인 사람이었다. 그런 까닭에 뉴턴은 우주의 설계 자체가 창조주를 가리킨다고 조심스럽게 언급했다. "우리는 창조 세계 안에서 신의 영향을 볼 수 있다." 자연철학자의 임무는 세계를 관찰하고 그것을 특정한 근본 원인의 가시적 결과로 간주하는 데 있다. 이 원인들은 결국 더 깊은 원인들로부터 비롯되고, 철학자의 임무는 이런 일련의 인과관계들이 종국에는 우리를 하나님께로 인도하기까지 그것을 지속적으로 파헤치는 것이다. "제일원인에 이르기까지, 결과에서부터 원인에 이르기까지 논증하는 것이 철학의 임무다."[17]

뉴턴은 영국성공회의 성직자만큼이나 무한하고 전능하며 전지하신 하나님의 존재를 확신했다. 양자의 차이라면 뉴턴은 하나님에 대한 가장 확실한 증거가 신학 서적이 아닌 웅장하고 복잡하며 아름다운 자연 자체의 설계에 있다고 믿었다는 점이다.[18] 뉴턴을 열렬히 추종했던 조수이자 수학자였던 로저 코츠(Roger Cotes)도 여기에 동의했다. 뉴턴의 『프린키피아』 개정판 서문에서, 코츠는 신의 창조를 주장하는 지적 설계(역자 주—우주 만물이 우연의 힘이 아니라 지능적인 존재에 의해 고안되고 창조되었다는 이론) 논쟁과 유사한 내용을 기꺼이 선언했다. "그 안에서 발견되는 다양한 형태와 운동을 포함하여 너무나도 다각적인 이 세계가, 오로지 이 모든 것을 지휘하고 주재하시는 하나님의 완전한 자유의지를 통해서만 발생할 수 있었다는 사실에는 전혀 의심할 여지가 없다."

다른 많은 17-18세기의 자연철학자들처럼 뉴턴이 과학적 의미라는 새로운 집의 정문 앞에 서서 하나님의 존재를 확신하는 자기 신앙을 고백하고 신적 창조주를 믿는 믿음을 큰 소리로 선언하기 위해 노력했다는 사실은, 이들의 과학이 하나님 개념과, 그분과 창조의 관계에 대한 이해를 보류했다는 사실이 가진 급진적 함축을 은폐하는 경향이 있다.

결국 정문에서 울려 퍼진 찬송시는 뒷문에서 흘러나오기 시작한 의심의 애가를 잠재우기에는 역부족이었다. 인과적 상호 작용이라는 긴 사슬 속에서 철학적 "제일원인"으로 정의되는 하나님, "만물을 지휘하고 주재하신다"고 묘사되는 하나님은 성경이 설명하는 하나님이나 중세적 경건의 하나님과는 매우 달랐다. 성경 속 하나님은 하루 중 서늘할 때에 에덴동산을 거니셨고, 성전에서 연기와 스랍에게 둘러싸인 채 이사야에게 임하셨으며, 천사 가브리엘을 동정녀 마리아에게 보내셨다. 하지만 자연법칙을 따라 수학적으로 예측 가능한 궤도를 그리며 돌고 있는 행성과 달, 혜성들로 이루어진 우주에서 제일원인으로 간주되는 하나님은 오직 이런 체계가 문제없이 돌아가도록 개입하시며, 현재는 눈금과 게이지를 감시하는 것에 만족하시는 발전소의 설계자에 가까웠다.

이런 신학적 변화는 특별 섭리의 교리가 일반 섭리의 교리로 대체되고 있었다는 사실을 통해서도 설명될 수 있다. 특별 섭리는 하나님이 세상의 특정한 사건과 상황 속에서 적극적인 역할을 수행하신다는 주장과 관련된다. 여기서 하나님은 풍작과 기근에 관여하시고, 질병과 건강을 보내시며, 기도에 응답하시고, 사람들을 불러 말하고 행동하게 하시며, 모세를 위해 바다를 가르시고 이스라엘 자손을 노예 생활로부터 건져내시며, 예수님을 죽음으로부터 일으키신다. 실제로 하나님의 인격과 뜻은 이런 특별 섭리의 "전능한 행위"를 통해 드러난다. 반면에 일반 섭리는 하나님이 세상을 돌보시되 신적 행위라는 놀라운 개입을 통해서가 아니라 지속적이고 불변하는 창조와 보존이라는 자애로운 설계를 통해서라고 설명한다. 강풍이 불 때 당신의 집을 건축한 사람이 달려와 당신을 무너져 내리는 집에서 구조한다면 그것은 특별 섭리다.

반면에 건축가가 당신의 집을 폭풍 앞에서도 끄떡없도록 건축했기 때문에 구조하러 올 필요가 없다면 이것은 일반 섭리다.

뉴턴 같은 자연철학자들이 우주의 복잡하면서도 질서 정연한 지적 설계를 발견해나갈수록 그 과정 속에서 하나님의 개입은 더욱더 불필요해졌다. 사실상 이런 신적 개입은 비합리적으로 보였다. 수잔 니먼은 이렇게 설명한다. "우주의 과학적 질서는 너무나도 경이로운 업적이었기 때문에 하나님은 그 안으로 들락날락하실 필요가 없었다. 창조는 시작부터 훌륭했으며 그 후에도 개입이 필요하지 않았다. 반면에 특별 섭리는 계몽주의에게 상당한 만족을 안겨준 과학적 질서에 대해 너무나 많은 간섭을 요구했다."[19]

이런 신학적 변화를 또 다른 이름으로 부른다면 그것은 "세계의 탈신화화"(disenchantment of the world)다. 기독교의 섭리적 유신론의 세계에서 하나님(이나 다른 신들)은 일상에서 일어나는 사건들에 적극적으로 개입하신다. 하나님은 떨어지는 빗방울과 저녁 식탁에서 나누는 빵, 사랑하는 연인들의 키스, 갓난아이의 탄생, 나무 사이를 지나는 바람과 함께하신다. 하늘은 하나님의 영광을 노래하고 창공은 신적 솜씨를 선포한다. 반면에 탈신화화 된 세계는 폐쇄적 체계(closed system)로서 자연법칙을 따라 움직이다. 하나님이 실제로 존재하신다 해도, 그분은 이 체계 바깥에 계신다. 뉴턴의 자신감과는 반대로 실상 자연의 질서에는 우주가 신적 창조라는 증거가 전혀 없다. 믿음의 눈으로 보면 만개한 꽃과 밤하늘의 반짝이는 별들은 하나님의 솜씨일지 모르나, 다른 이들에게는 이런 사건들이 세포분열과 열핵융합과 같은 용어로도 충분히 설명된다.

리스본의 재앙이 일어난 지 반세기가 지난 시점에, 뛰어난 재능과 자만심을 함께 갖춘 라플라스라는 자연과학자가 『천체역학』이라는 책을 출판했다. 이 책은 우주의 운동을 수학적으로 설명하고 있었다. 자신의 논쟁에 흥미를 보이려면 적어도 나폴레옹 정도는 되어야 한다고 믿었던 라플라스는 마침내 황제를 알현할 수 있는 약속을 받아낸 다음 그에게 자신의 책을 한 권 선사했다. 곤혹스러운 질문을 던지기를 즐겼던 나폴레옹은 『천체역학』이 하나님을 단 한 번도 언급하지 않는다는 사실을 미리 전해들은 상태였다. 그는 라플라스에게 책을 선물 받으면서 이렇게 물었다. "라플라스, 내가 듣기로 자네는 우주의 체계에 대해 이렇게 방대한 책을 쓰면서도 그것을 만드신 창조주를 한 번도 언급하지 않았다고 하던데?" 하지만 라플라스는 뻣뻣하고 퉁명스럽게 대답했다. "그런 가설은 전혀 필요하지 않았습니다."[20]

탈신화화 된 세계, 즉 하나님이라는 "가설"이 전혀 필요하지 않은 세계는 21세기 사회의 특징인 세속화를 전제하는 조건이다. 철학자 찰스 테일러(Charles Taylor)는 이렇게 설명했다.

우리는 하나님의 존재를 믿지 않는 것이 사실상 불가능했던 사회로부터, 가장 독실한 신자조차도 신앙이 인간의 다양한 가능성들 중 하나에 불과한 사회로 이동했다. 내가 내 믿음을 버리는 것은 상상도 할 수 없다고 생각할 수 있다. 하지만 동시에 나와 가장 가까운 사람들 중에, 하나님이나 초월적인 존재를 믿지는 않지만, 그렇다고 솔직하게 이들의 삶의 방식이 타락했다거나 맹목적이라거나 합당하지 않다고 일축해버릴 수만은 없는 사람들도 있다. 하나님의 존재를 믿는 것은 더 이상 당연하지 않다. 다른

대안들이 존재하는 것이다.[21]

오늘날 대부분의 그리스도인들은 이중 언어, 곧 섭리적 유신론의 세계와 탈신화화 된 세계의 언어를 함께 사용하는 법을 배웠다. 가뭄이 한참일 때 비가 온다면 우리는 이렇게 말할 것이다. "정말로 비가 필요했는데, 하나님이 축복을 내리시네." 이는 섭리적 유신론의 표현이다. 하지만 우리는 기상 방송을 통해 비가 내리는 원인이 어느 정도 습기를 머금은 대기가 일정 온도까지 차가워졌기 때문임을 안다. 이런 현상이 일어날 때마다 비가 올 것이고 그렇지 않다면 내리지 않을 것이다. 이것은 탈신화화다. 계몽주의와, 계몽주의가 수반하는 탈신화화를 통해서만 우리는 세계와 하나님을 분리된 실재로(유신론), 심지어 하나님이 없는 자연 세계를(무신론) 말할 수 있다.

1755년의 문화는 중세적 경건이라는 이전 세계와 과학적 세속화라는 새로운 세계 사이에 끼어 있었다. 뉴턴과 같은 초기 자연과학자들은 이 두 세계에 양다리를 걸칠 수 있었다. 우주는 우아하고 수학적으로 복잡한 자연적 체계였지만, 전지전능하신 하나님은 창조 세계를 감시하면서 무엇이든 잘못될 경우 개입하실 준비를 한 채 여전히 그 근처에 머물고 계셨다.

하지만 11월 1일, 무엇인가가 잘못되어도 한참 잘못되었다. 그리고 다음과 같은 치명적으로 위험한 질문이 대기 중에 떠돌았다. 리스본이라는 도시가 무릎을 꿇고 기도하다가 재해를 입고 파괴되었을 때 하나님은 어디에 계셨는가?

리스본 재앙에 대한 설명

처음에는 리스본의 재앙이 일으킨 변화가 교회에 대해서는 아무런 영향을 미치지 않는 것처럼 보였다. 예수님 자신도 "난리와 난리 소문이 나고…기근과 지진이 있으리라"고(마 24:6-7) 경고하셨다. 많은 기독교 신학자와 철학자들은 리스본에서 일어난 사건을 당연한 것으로 받아들였다. 그날의 참상은 설명될 수 있었다.

신학자들 사이에서는 과거의 진부한 설명이 다시 한 번 반복되었다. 하나님은 온 세계를 자신의 손 안에 쥐고 계시고, 리스본이 파괴되어야 했다면 그것은 필시 하나님이 선하신 목적을 가지고 자신의 손으로 그 일을 행하셨다는 것이다. 리스본이 차츰차츰 재건되어감에 따라 가톨릭 설교자들은 그 지진이 하나님의 뜻에서 비롯되었다는 사실과, 이 비극이 모든 사람에게 회개를 촉구하는 음성이라는 것, 그리고 이것이 일종의 신적 종교 재판으로서 "많은 죄인의 영혼을 지옥으로 떨어뜨렸다"[22]는 것을 선포했다. 개신교 설교자들도 이 사건이 하나님의 손에 의한 것이라는 점에는 동의했지만, 오히려 로마가톨릭의 미신과 교황 제도를 향한 진노의 손이었다고 주장했다. 결국 리스본 지진은 프랑크푸르트나 제네바가 아니라 리스본의 만성절 행사 도중 떨어진 진노였기 때문이다.

재앙의 소식은 배를 타고 신세계의 보스턴에도 전해졌다. 매사추세츠 식민지의 한 설교자는 리스본 재앙에 관해 여러 편의 설교를 하면서, 하나님이 그곳에도 비슷한 지진을 보내실 수 있는 죄의 예로 탐욕, 교만, 방탕, 기만 등등을 일일이 언급하기도 했다. 심지어 찰스 웨슬리는 리스본 비극의 신학적인 의미를 설명하는 찬송시를 쓰기도 했다. 웨슬리는 요한계시록 16장, 즉 "일곱 번째 천사"가 세상 위로 진노의 대접을 쏟아 격렬한 지진을 야기하는 심상을 빌려왔다. 이 시의 첫째 연은 다음과 같다.

> 화로다! 인간이여, 이 땅에 거하는 자여
> 전능하신 자가 눈살을 찌푸리시는 것을 두려워하지 않는 자여
> 하나님이 그분의 모든 진노를 드러내실 때
> 그분의 심판이 비처럼 내릴 때
> 죄인들이여, 거센 소나기같이 임할 그분의 심판을 기대하라
> 너희 하나님을 만날 준비를 하라
> 아, 그때! 일곱째 천사가
> 그의 유리잔을 공중에서 쏟아부을 그때![23]

신학자들이 리스본의 재앙을 죄악에 물든 인류를 향한 하나님의 심판으로 해석했다면, 기독교 철학자들도 그것에 대한 나름의 설명을 가지고 있었다. 지진이 일어나기 40년 전, 탁월한 물리학자이자 논리학자, 수학자이며 철학자였던 고트프리트 빌헬름 라이프니츠는 엄청난 설득력과 영향력을 자랑하는 작품 『변신론』(나남 역간)을 집필했다. 이 "신정론"이라는 용어 자체가 라이프니츠가 하나님의 도덕적 선을 변호하기 위해 고안해낸 단어였다. 이 책에서 라이프니츠는 세계, 즉 우리가 살고 있는 이 실제적인 세계가 가능한 모든 세계들 중 최선의 것이라는 주장을 펼쳤다. 창조주 하나님은 무한한 수의 대안을 생각했고,

그중 자신의 도덕적 목적을 가장 잘 성취할 수 있는 하나의 가능성을 실현했다는 것이다. 이 세상은 가능한 세계들 중 최선의 것으로서 지극히 세부적인 사항에 이르기까지 아무것도 변개될 수 없다. 이는 라이프니츠가 1710년 6월 3일 회색 양말을 착용했다는 사실을 대신해서 검은 양말을 신는다는 것이 실제적으로 불가능한 것과 마찬가지다. 검은 양말의 세상은 하나님의 지성 안에서는 허용될 수 있는 세계이겠지만, 실제로 우리가 살고 있는 세계와는 다른 세계다.[24]

오늘날 대다수 사람들은 창조 세계를 개선하기 위한 제안을 최소한 몇 가지씩은 갖고 있다. 예컨대 소아마비, 아돌프 히틀러, 에이즈 바이러스, 알츠하이머 병이 없다면 이 세계가 더 나은 곳이 되리라고 상상한다. 하지만 라이프니츠는 하나님이 우리보다 더 잘 아실 뿐더러, 우리가 상상하는 이른바 더 나은 세계라는 것도 실은 완벽하거나 선을 향한 최대치의 가능성을 지닌 세계가 아니라고 주장했다. 우리 눈에는 악으로 보이는 것조차, 전체적으로 볼 때는 하나님이 이 세계를 더욱 큰 선으로 이끌고 가기 위한 필수 요건이 된다는 것이다. 여기서 중요한 것은 라이프니츠가 전개한 논리의 순서다. 그는 세계를 관찰하면서 이것이 "가능한 모든 세계들 중 최선의 것"이라는 결론에 도달하지 않았다. 오히려 그는 하나님이 선하시고 거룩하시며 공의로우시다는 견해에서 출발하여, 이런 하나님이라면 당연히 가능한 한 최선의 세계를 창조하셨을 것이라고 추론했다. 따라서 라이프니츠는 우리가 다음과 결론에 도달해야만 한다고 주장한다.

신적 지혜가 우리를 경악케 하는 악을 허용했다는 데에는 단순히 이런 허용이 행해졌다는 사실을 떠나서, 위대하거나 아무도 꺾을 수 없을 만큼의 강력한 이유가 존재해야만 한다. 하나님으로부터 오는 모든 것들이 그분의 선하심, 공의, 거룩과 일치되어야 하기 때문이다. 하나님 안에서는 다음과 같은 결론이 옳다. 그분이 이것을 행하셨고, 따라서 그분은 이것을 올바로 행하셨다는 것이다.[25]

하지만 신학적 설명이나 라이프니츠 식의 철학적 설명은 이전 세계의 산물에 불과했다. 이제 사람들은 그것을 믿기 어려운 것으로 간주하기 시작했다. 리스본 참사의 충격이 형세의 변화를 가져온 것이다. 리스본 참사 이후 하나님의 도덕적 인격이 이런 재난을 허용할 수 있다는 논증은 처음에는 철학자들에게, 나중에는 신학자들에게도 그 견인력을 잃기 시작했다. 리스본 참사는 중세적 사유에서 일어난 피로골절(stress fractures)을 아주 극적으로 드러냈으며, 한때는 이런 참사를 포용할 수 있었던 윤리적·신학적 범주를 단숨에 압도해버렸다. 그 끔찍한 재앙이 도시를 덮쳤을 때 리스본 시민들은 하나님께 기도와 찬양을 드리고 있었다. 이 엄청난 참사는 부유한 사람이든 가난한 사람이든 경건한 사람이든 타락한 사람이든 선한 사람이든 악한 사람이든 그 누구도 가리지 않고 모두에게 임했다. 만일 이런 끔찍한 사건을 일으킨 지적 존재가 있다면 그것이 누구든 간에, 피에 굶주린 그의 폭력성은 무작위적이고 무분별하다고 볼 수 있었다. 만성절에 일어났던 리스본 참사 배후에 도덕적 의지가 존재했다면, 그것이 전달할 수 있었던 도덕적 교훈이 무엇이었든지 간에 그 의지적 잔인함은 극단적이었다.

이런 도전적인 질문을 던질 만큼 용감했던 이들이 바로 계몽주의 철학자들이었다. 예를 들어 볼테르가 쓴 풍자 소설을 보면, 주인공 캉디드는 리스본 지진의 공포와 심판의 여파를 겪은 다음 너무 놀란 나머지 어안이 벙벙해서 온몸이 피투성이가 된 채 바르르 떨며 다음과 같이 자문하는데, 이 질문은 다분히 라이프니츠를 겨냥하고 있다. "이것이 가능한 최선의 세상이라면 다른 세상은 도대체 어떤 세상이란 말인가?"[26] 여기에 대해 테오도르 아도르노(Theodor Adorno)는 이렇게 썼다. "리스본의 지진은 볼테르에게서 라이프니츠의 신정론이라는 질병을 제거하기에 충분했다."[27]

신학 역시 라이프니츠라는 질병에서 서서히 치유되어갔다. 리스본 지진이 있기 이백 년 전, 섭리적 유신론의 세계에서 작성된 "하이델베르크 교리문답"은 이렇게 말한다.

제27 질문: 하나님의 섭리란 무엇입니까?

답: 섭리란 하나님이 항상 지니고 계신 전능하신 능력으로서 그분은 그것으로 하늘과 땅과 모든 만물을 붙들고 다스리십니다. 그렇게 하심으로 꽃과 풀, 비와 가뭄, 풍년과 흉년, 양식과 음료, 건강과 질병, 번영과 궁핍, 이 모든 것이 사실상 우연히 다가오는 것이 아니라 그분의 자애로운 손길로부터 오는 것입니다.

그러나 18세기에 이르러 합리적으로 사유하는 사람들 편에서는 리스본의 공포를 하나님의 "자애로운 손길"로부터 오는 선물이라고 보기가 어려워졌다. 이런 잔인한 공포를 널리 알릴 수 있는 하나님, 신적 의지 안에서 이런 무분별한 고통의 여지를 발견할 수 있는 하나님은 도덕적 괴물일 뿐이었다.

수잔 니먼은 리스본이 현대성의 탄생을 상징하며, 이때를 기점으로 세계가 마침내 신학과 형이상학을 떠나 과학과 인간의 책임으로 이동하며 성장하기 시작했다고 주장한다. 니먼은 이전의 신학적 세계관을 앞다투어 파수하고자 했던 18세기 사상가들의 노력을 지적 미성숙의 산물로 보았다. 그녀는 "이 세계를 다스리는 분이 선하고 전능한 아버지와 같은 인물이라고 믿는다면, 그의 질서가 온전히 공의롭기를 기대하는 것은 당연하다"라고 썼다. 하지만 누가 리스본에서 온전한 공의를 찾아 그 정당성을 입증할 수 있겠는가? 리스본과 직면해서는 선하고 전능한 아버지 되신 하나님이라는 개념 전부를 포기해야 했다. 다시 니먼은 이렇게 썼다. "그 믿음을 버리라!(여기서 믿음은 지혜로우신 아버지 하나님을 믿는 믿음이다) 무엇이든 남아 있는 기대는 유치한 공상의 해결되지 못한 잔여물일 뿐이다. 결국 리스본에서 일어난 지적 충격파는 나타난 결과를 놓고 볼 때 스스로 사는 법을 체득한, 슬프지만 더욱 지혜로운 시대를 위한 산통으로 보인다."[28]

미국인들이 자신만의 리스본을 갖게 된 것은 그로부터 1세기 후다. 드루 길핀 파우스트(Drew Gilpin Faust)는 탁월한 저서 『고통의 공화국: 죽음과 남북 전쟁』(*The Republic of Suffering: Death and the Civil War*)에서 다음과 같은 점을 지적했다. 즉 삶과 죽음, 영혼과 육신, 천국과 영생의 본질에 대한 전형적인 19세기 미국인의 종교적 견해로는, 기계적인 학살과 버지니아, 펜실베이니아, 조지아, 미시시피 주의 들판에 널려 있던 젊은이들의 훼손된 시신을 포함해서 60만이 넘는 엄청난 사상자를 냈던 남북전쟁을 이해하는 것이 불가능했다는 것이다. 2001년

9월 11일의 테러 공격 훨씬 이전에 남북전쟁은 미국인들에게 신앙의 위기였다. 남북전쟁이 끝나갈 무렵 사우스캐롤라이나에서 열린 장로교의 한 노회는 다음과 같은 내용을 인정했다. "많은 그리스도인들의 신앙이 전혀 예상치 못한 신비한 신적 섭리의 전개로 흔들렸다." 미국 남부의 한 여성은 일기에 기록하기를, 자신이 마치 선장이나 나침반이 없는 배와 같고 하나님은 어떤 책임도 지지 않으시는 듯 느껴진다고 했다.[29]

유럽에서 일어난 철학적 변화의 계승자로서 일부 학식 있는 19세기 미국인들은 종교적 회의와 의문을 경험했으며, 전쟁으로 인한 대규모의 파괴는 이런 동향을 가속화하고 민주화했다. 길핀 파우스트는 다음과 같이 표현했다. "남북전쟁 당시 벌어진 대학살은 19세기 중반 성장하던 종교적 의심을 신앙의 위기로 바꾸었으며, 많은 미국인들은 자신에게 자애롭게 반응하는 신의 존재를 믿는 신앙을 재정의하거나 거절하기에 이르렀다."[30]

리스본의 후손

우리 모두는 리스본의 후손이다. 오늘날 교회에 나와 앉아 있는 많은 사람들이 1755년에 일어났던 리스본 지진에 대해 전혀 들어보지 못했다고 할지라도, 그 비통한 날로 상징되는 사고의 전환으로부터 강력한 영향을 받았기 때문이다. 한때 18세기 일부 철학자들의 터무니없는 생각이었고 그 이후 19세기 엘리트들의 대담한 회의론이었던 것이 현재는 교회에 몸담고 있는 이들을 포함해서 평범한 사람들의 일반적 딜레마가 되었다. 즉 전능하고 사랑이 풍성하신 하나님의 존재를 믿는 믿음이 무고한 고통이라는 불합리와 불가해로 인해 큰 도전을 받는다는 것이다. 사람들의 신앙은 소위 신정론의 문제로 알려진 것 때문에, 좋게 표현하자면 어려움을 겪고 있고 나쁘게 표현하자면 신정론의 호적수도 되지 못하는 실정이다.

신학교를 다니던 시절 한번은 주일 오전 예배를 인도하게 되었다. 당시 나는 이런 책임을 맡아본 경험이 별로 없었다. 예배가 끝나고 나서 문 앞에서 성도들과 인사를 나누고 있는데 어떤 여자 분이 내게로 다가왔다. 내가 알기로 그분은 불행한 결혼 생활을 하고 있었고 감정적 문제로 몹시 괴로운 상태였으며, 장애를 가진 두 아이의 엄마였다. 한마디로, 그녀는 힘겨운 삶을 간신히 버텨내고 있었다. 그런 그녀가 내 손을 잡고 내 눈을 바라보더니 이렇게 이야기하는 것이었다. "오늘 아침 첫 찬송이 너무 좋았습니다."

솔직히 첫 찬송이 무엇이었는지 잘 기억이 나지 않았지만 그녀가 너무도 진지하게 말을 하는 통에, 뭐라고 대답을 해야만 할 것 같았다. "네, 제가 제일 좋아하는 찬송 중 하나입니다." 나는 이렇게 허세를 부렸다. 그러자 갑자기 그녀의 표정이 어두워지면서 얼굴에는 혐오감이 가득 찼다. 나는 깜짝 놀랐다. 그리고 이내 그녀가 첫 찬송이 좋았다고 한 것이 빈정거림이었음을 깨닫게 되었다.

"저는 그 찬송이 잔인하다고 생각했어요." 그녀는 내 손을 밀치더니 급히 밖으로 걸어 나갔다. 나는 곧장 예배당 안으로 뛰어 들어가 주보를 집어 들었다. 처음 부른 찬송은 〈너 근심 걱정 말아라 주 너를 지키리〉였다. 리스본의 사람들 역시 그렇게 믿었을 것이다.

리스본 재앙의 소식이 유럽 전역으로 퍼져나가기까지는 2주가량의 시간이 걸렸다. 오늘날도 우리는 케이블 방송을 통해 리스본에서 일어났던 사건과 비슷한 소식을 매주 접한다. 주택가 화재로 잠자고 있던 아이들이 목숨을 잃기도 하고, 쓰나미가 몰려와 20만 명의 목숨을 단숨에 앗아가기도 한다. 지금도 신자들 대부분은 삼백 년 전 리스본이 야기했던 질문을 던지고 있다. 주일 아침마다 우리 설교자들은, 신앙을 유지하고 싶지만 혹시 신앙을 유치한 공상이라 했던 수잔 니먼이 옳은 것은 아닐까 남몰래(때로는 조용하게, 심지어 스스로도 부인하며 알지 못하는 방식으로) 고민하는 학식 있고 사유하는 그리스도인들을 만나고 있다. 자신이 보고 아는 것만으로는, 이 세계를 선하고 전능한 아버지 같은 하나님이 다스리신다는 주장을 쉽게 받아들이기가 어렵다. 따라서 이들은 자신이 믿고 좇아 살도록 요구되는 신앙, 또한 그렇게 믿고 좇아 살고 싶은 신앙이, 단순히 폭풍을 지날 때 우리를 안심시키는 방법은 아닌지, 따라서 지금은 홀로 서서 슬프지만 더욱 지혜로운 세계로 성장하고 나아가야 할 시점이 아닌지 고민하는 것이다.

2장

불가능한 체스 경기

신앙심이 깊었던 테드 터너는 장차 선교사가 되겠다고 결심했다. 그 후 그의 여동생이 병들었다. 열두 살이던 메리 제인이 면역 체계가 자기 체조직을 공격하는 질병인 전신성 홍반성 낭창에 걸렸을 때 테드의 나이는 열다섯이었다. 여동생은 고통에 시달렸고 계속해서 구토를 했으며, 집안은 그녀의 비명 소리로 가득했다. 테드는 정기적으로 집에 들러 여동생의 손을 잡고 위로하고자 애썼다. 그는 여동생의 회복을 위해 기도했고, 여동생은 죽음을 위해 기도했다. 수년에 걸친 투병 끝에 그녀는 숨을 거두었다. 테드는 신앙을 잃어버렸다. "나는 하나님이 사랑이시며 전능하신 분이라고 배웠다. 하지만 어떻게 그런 분이 무고한 사람이 이렇게 고통 당하도록 허용하시는지 이해할 수 없었다."

테드 터너에 대한 켄 올레타의 글, 「뉴요커」[1]

내게 무덤이 비었다는 사실을 가르쳐준 아그네스 수녀님과 아이리스 수녀님, 내 여동생 벨, 그리고 내 머리가 그곳에 뉘일 필요가 없다는 사실을 가르쳐준 루스와 조 브라운 러브에게 이 책을 바칩니다.

제임스 A. 샌더스, *God Has a Story, Too*의 헌사 중에서

융성했던 도시의 아름다운 건물들을 파괴한 지 이백 년이 더 지났을 때, 리스본의 지진은 또 다른 체계 하나를 완전히 무너뜨리게 된다. 이번에는 바트 D. 어만(Bart D. Ehrman)이라는 이름을 가진 젊은 성서학자의 확고했던 믿음이 그 대상이었다. 파괴된 것은 문자적인 의미에서의 포르투갈의 수도 지역이라기보다, 수세대 전 만성절에 일어난 끔찍했던 참사로 상징되는, 현존하고 전능하며 자애로우신 하나님을 신뢰하는 기초의 흔들림, 삶과 세계에 대한 포괄적인 이해의 허물어짐이었다.

1980년대 후반, 약관 30세의 어만은 촉망받던 학자였다. 그런 그에게, 18세기의 사유하는 많은 사람들에게 리스본이 제시했던 도전이 개인적·지성적·영적 위기로 다가오기 시작했다. 당시 어만은 신학 박사 과정을 마무리하면서, 작은 침례교회에서 목회를 하는 동시에 가까운 대학에서 강의를 하고 있었다. 어만이 출강하던 대학은 그에게 "성경적 전통 안에서의 고통의 문제"라는 수업을 맡도록 요구했는데, 이 주제가 그의 마음속에 불러일으킨 질문들은 더 이상 그가 과거에 믿었던 방식대로 믿을 수 없는 상태에 이르기까지 발전해버렸던 것이다. 어만이 신앙을 버리게 된 순례의 여정을 전부 기록하려면 너무 긴 이야기가 되겠지만, 그는 결정적 위기가 볼테르나 다른 유럽의 지식인들이 리스본의 지진 이후 맞닥뜨렸던 것과 같은 도전이었다고 이야기한다. 어만은 사랑이 많고 전능하신 하나님에 대한 신앙의 그림을 세상의 무고한 고통의 실재들과 조화시킬 수 없었다. 설령 예수님이 광야에서 오병이어의 기적으로 굶주린 군중을 먹이셨다 한들, 그것이 기아로 5초마다 한 아이가 죽어가는 이 세상에서 무슨 소용이 있다는 말인가?

신앙의 상실을 기록한 책인『하나님의 문제: 성경은 우리의 가장 중요한 질문, 왜 우리는 고통받는가에 대해 대답하지 못한다』(God's Problem: How the Bible Fails to Answer Our Most Important Question Why We Suffer)에서 어만은 이렇게 쓴다.

> 나는 더 이상 종교적인 주장들과 삶의 현실들을 조화시킬 수 없다는 사실을 깨달았다. 특히 세계의 상황을 볼 때 선하고 전능하신 하나님이 존재하시는지, 그분이 이런 세상에 적극적으로 관여하고 계신지 더 이상 설명할 수가 없었다. 이 세상을 살아가는 수많은 사람들에게 인생은 고통과 괴로움으로 점철되어 있다. 나는 선하고 친절하게 행동하기 원하는 통치자가 계시고, 그가 이 세상을 책임지신다는 사실을 순순히 믿을 수 없는 지경에 이르렀다.[2]

바트가 쓴『하나님의 문제』는 의미심장한 책이다. 그것은 이 책이 심오하기 때문이 아니라(사실 신학적으로는 약간 가볍다), 어만이 신정론의 문제를 표현하는 방식이 오늘날 교회 회중석에 앉아 있는 수많은 사람들을 포함해서, 종교적 탐색을 하는 이들이 이해하기 쉽도록 세속 사회의 지식과 상식을 사용하기 때문이다. 오늘날 어만의 신앙을 시험했던 문제는 다른 많은 이들의 신앙도 시험에 빠뜨리고 있다. 어만은 매우 정확한 언어를 구사한다. 그는 하나님의 문제와 무고한 고통에 이

름을 붙여주었으며, 그것에 대해 고뇌하면서 증거를 꼼꼼하게 살필 뿐
아니라 사유하는 다른 많은 신자들이 그러하듯, 무고한 고통이라는 진
퇴양난 앞에서 가능한 여러 대답을 평가하기도 한다. 물론 모든 사람이
다 어만처럼 자신의 신앙을 버리는 것은 아니다. 그러나 많은 이들이
그가 던진 질문의 위급함에 공감하고, 자신의 믿는 능력에 대해 동일한
압력을 경험한다. 『하나님의 문제』를 읽는 것은 바트 어만의 견해를 접
하는 것일 뿐 아니라 수많은 그리스도인들이 흔히 감추고 있는 생각과
질문을 듣는 것이기도 하다.

고착 상태

어만은 회중파 교회에서 세례를 받고 영국성공회 신자로 성장했지만,
거듭남의 체험은 십대 고등학교 시절에 선교회 모임을 통해서였다. 어
만이 접한 새로운 신앙은 열정적이었을 뿐 아니라 지성적으로도 엄격
했다. 그는 근본주의 방식에 대해 명석하고 논리적이며 이성적으로 의
존하는 열성적인 복음주의 신앙으로 회심한 것이다. 그리스도인들은
가슴으로 하나님께 헌신하는 것은 물론, 지성적으로 교리적 가설을 굳
건한 사실로 확신하는 측면에서도 헌신해야 했다. 자신의 교리 체계에
있을지도 모를 헐거운 판자들을 단단하게 고정시키기 위해, 어만은 고
등학교를 졸업한 후 스스로 "근본주의자들의 신학교"라고 묘사한 시카
고의 무디 신학교로 진학했다. 무디 신학교를 졸업한 후에는 역사적으
로 복음주의 신학교였으며 빌리 그레이엄을 동문으로 둔 휘튼 대학에
서 학사 학위를 마무리하면서 자기 신앙을 더욱 가다듬었다.

하지만 그 후 공부를 하면 할수록, 어만이 쥐고 있던 근본주의라는 단단한 밧줄은 닳아빠지기 시작하더니 결국은 아예 끊어져버렸다. 먼저 성경에 대한 그의 믿음이 위기를 맞았다. 어만은 "하나님의 감동으로 기록되었고" 무오하다고 확신했던 성경 본문이 실제로는 오류를 범하기 쉬운 사람의 손에 의해 쓰였고 심지어 상당 부분 편집되었다는 피할 수 없는 사실을 발견했다. 그가 찾아낸 성경 본문은 모순과 차이점들을 가지고 있었다. 게다가 그것이 다가 아니었다. 정경이라고 불리는 성경 속으로 파고들면 들수록 단지 영감만이 아니라 논란과 정치적 책략도 문제가 되었다. 성경이 영감으로 쓰인 책이라 해도, 어만은 이 영감이 자신이 생각했던 것보다 훨씬 더 엉망인 상태에서 역사적인 투쟁을 통해 이루어졌다는 사실을 깨달았다. 그는 근본주의적인 성경관을 버렸다. 동시에 어만 자신의 근본주의 역시 버림받았다.

하지만 어만의 기독교 신앙은 같은 취급을 받지 않았다. 적어도 그때까지는 그랬다. 성경을 둘러싼 문제들은 그로 하여금 성경에 대한 견해를 바꾸도록 했지만 신자의 신분까지 버리도록 만들지는 않았다. 마침내 어만이 예배당 문을 박차고 떠나게 된 것은 성경에 대한 문제가 아니라 그 성경에 나타난 하나님에 관한 문제였다. 어만은 하나님의 능력, 현존, 자비에 관해 성경이 주장하는 것과 인생의 엄연한 사실들 사이에 벌어지는 충돌을 대수롭지 않게 치부할 수가 없었다. 세상은 고통당하는 인간의 결핍과 고난으로 가득 차 있다. 하지만 어만이 볼 때 하나님은 그것에 대해 어떤 일도 행하기를 꺼려하셨다.

한때나마 내가 믿었던 하나님은 이 세상에 대해 적극적인 하나님이셨다.

그분은 이스라엘 민족을 노예의 신분에서 해방시키고 세상을 구원하기 위해 예수님을 보내셨으며, 자기 백성이 간절한 필요에 처해 있을 때 이들을 대신해서 개입하셨을 뿐 아니라 내 삶에도 적극적으로 관여하셨다. 하지만 지금 내가 바라보는 세상에서 그분은 더 이상 이 세계에 개입하지 않으신다. 따라서 나는 더 이상 하나님이 존재하신다고 믿을 수가 없다. 이런 내 생각에 대한 한 가지 반론은, 그분이 고통 받는 자들의 마음에 찾아오셔서 가장 어두운 결핍의 때에 이들에게 위로와 소망을 주신다는 것이다. 멋진 생각이기는 하지만, 유감스럽게도 내가 서 있는 자리에서 볼 때 이것은 전혀 사실이 아니다.[3]

어만이 14세기에 살았다면, 자신이 고통에 대해 느끼는 부당함을 애통하는 기도와 하늘을 향해 하나님이 오셔서 구원하시기를 갈망하는 처절한 울부짖음으로 표현했을 것이다. 하지만 어만은 현대성이라고 하는 수렁을 놓고 볼 때 이쪽 편에 살고 있었다. 그가 만난 신앙의 위기는 그를 무릎 꿇고 기도하도록 하기보다는 머리를 사용해서 이성적인 사유를 하게끔 만들었다. 14세기의 정신이라면, 끔찍한 고통을 만났을 때 "이것은 하나님의 손으로부터 왔다. 하나님이 우리에게 무엇을 말씀하고 계시는가?"라고 말했을 것이다. 반면에 현대의 정신은 고통을 당할 때, "이 고통이라는 실재가 나의 세계관과 어떻게 어울리는가? 내가 사실이라고 생각하는 실재의 조각들은 어떻게 서로서로 논리적으로 조화를 이루는가?"라고 물을 것이다. 결국 어만도 18세기 이후 많은 사람들이 그랬던 것처럼, 하나님과 무고한 고통이라는 신학적 질문을 신자들이 습관적으로 내세웠던 네 가지 가설 사이의 연관성을 포함하는 논리적인 문제로 놓고 접근했다.

(1) 하나님은 존재하신다.

(2) 하나님은 전능하시다.

(3) 하나님은 사랑이 많고 선하시다.

(4) 무고한 고통이 존재한다.[4]

　그리스도인 대다수와 마찬가지로, 어만도 한때는 이 목록을 명백한 진리, 즉 기정 사실로 보았다. 하나님은 당연히 존재하신다. 죽음에서 예수님을 일으키셔서 죄와 사망의 권세를 꺾으신 하나님은 전능하시다. 예수님의 얼굴을 통해 우리가 보는 하나님은 당연히 사랑이 많고 선하시다. 명백히 잘못한 것이 없음에도 고통을 겪는 인생의 많은 순간들이 존재한다. 이 주장들은 전부 사실이다. 하지만 어만을 위시한 많은 사람들에게 문제는, 이 주장들이 논리적으로 서로 조화를 이루지 못한다는 점이었다. 직접적인 사실에 대한 진술로 표현되었을 때 이것들은 상호 간에 충돌을 일으켰다. 이 모든 것이 동시에 사실일 수는 없었다. 하나님이 전능하시다면, 당연히 그분은 리스본 대성당이 공포에 떨던 회중의 머리 위로 무너져 내리지 않도록 하실 수 있다. 하나님이 그렇게 하실 수 있었다면, 사랑의 하나님은 정말 그렇게 하려 하지 않으셨을까?

　존 업다이크(John Updike)의 소설 『달려라 토끼』에 등장하는 해리 앵스트롬은 고등학교 시절만 해도 스타 농구선수였지만, 현재는 자신이 생각할 때 무감각하고 막다른 골목에 부딪힌 결혼 생활, 직업, 인생에 갇혀 있을 뿐이다. 이런 상황에서 해리는 다양한 형태의 종잡을 수 없고 무책임한 행동을 저질렀다. 가령 잠시나마 자기 가족을 버리고 매춘부와 동거를 하는 식이었다. 이로 인해 해리의 아내 제니스는 우울증을 앓게 되었으며, 그녀의 알코올 중독은 점점 정도가 심해졌다. 해리가 집을 비우고 제니스가 술을 심하게 마신 어느 날 오후, 그녀가 갓난쟁이 딸 베키를 씻기던 도중 아이가 욕조에서 익사하는 사고가 일어났다. 도덕적으로 문제가 있는 사람은 해리와 제니스였지만 그것에 대해 혹독한 대가를 치른 것은 아이였다.

사고가 일어난 날 저녁, 해리는 아무도 없는 아파트로 돌아왔다. 그는 욕실로 들어섰고, 욕조에는 베키가 빠져 죽은 물이 여전히 남아 있었다.

냄새도, 맛도, 색깔도 없는 묵직하고 차분한 부피. 물은 충격을 준다. 마치 욕실에 입을 다문 사람이 있는 것 같다. 고요가 그 잔잔한 수면에 죽은 거죽을 입힌다. 심지어 먼지 같은 것도 덮여 있다. 그는 소매를 걷고 팔을 아래로 내려 마개를 뽑는다. 물이 흔들리고 배수구가 헐떡거린다. 그는 수면의 선이 욕조의 벽을 따라 천천히, 균일하게 아래로 미끄러지다가 이윽고 미친 듯한 소용돌이의 외침과 함께 마지막 남은 것마저 빨려나가는 것을 지켜본다. 그는 생각한다. 이 얼마나 쉬운가. 그런데도 하나님은 그 모든 힘을 갖고도 아무런 일도 하지 않았다. 저 작은 고무마개만 들어 올리면 되는데.[5]

저 작은 고무마개만 들어 올리면 되는데. 전능하신 하나님께는 이 작은 고무마개를 들어 올리는 일이 얼마나 쉬웠을 것인가. 그렇게 했다면 베키는 살았을 것이다. 하나님께 그럴 만한 힘이 있었더라면, 사랑의 하나님은 개입하지 않으셨을까?

하나님이 존재하시고, 하나님은 전능하시며, 하나님은 선하고 사랑이 많으시며, 무고한 고통 역시 존재한다는 이 네 가지 가설 사이에서 일어나는 외형적인 충돌은 라이프니츠 시대로부터 신정론 문제와 관련하여 대표적인 공식을 형성해왔다. 이 네 가지 가설을 동시에 붙들려는 노력은 "불가능한 체스 경기", 즉 신학적 교착 상태라고 불렸는데, 이는 어떤 적절한 수도 가능해 보이지 않았기 때문이다. 18세기 스코틀랜드의 철학자 데이비드 흄은 이 문제를 다음과 같은 인상적인 방식으로 표현했다.

> 하나님이 악을 막기를 원했으나 그렇게 하실 수 없었을 것이라고? 그렇다면 그는 무능하다.
> 하나님이 악을 막을 수 있었지만 그렇게 안 하시려고 한 것은 아닐까? 그렇다면 그는 사악하다.
> 하나님은 악을 막을 수 있고 또한 그렇게 하기를 원하실까? 그렇다면 대체 악은 어디에서 오는 것일까?[6]

불가능한 체스 경기에 직면한 우리가 할 수 있는 유일한 일은 이 가설들 중 하나를 포기하는 일인 것 같다. 그러나 무엇을 기꺼이 포기하겠는가? 하나님의 존재에 대한 믿음인가? 하나님의 선하심인가? 아니면 눈을 감고 무고한 고통이 존재한다는 사실을 부인할 것인가?

우리 문화 안에서 상당수 사람들이 볼 때, 하나님이 사랑이 충만하고 전능하시다는 개념은 보다 더 근본적인 유신론, 곧 하나님이 존재하시는 것이 틀림없다는 주장에 대한 교회적·교리적인 표현으로 이해된다. 따라서 이들은 본론으로 직행하여, 세상에 엄연히 존재하는 강력하고 무고한 고통이란 실재를 유신론에 반대하는 실질적인 증거로 간주한다. 한 블로거는 데이비드 흄의 언급을 인터넷에 올린 후 이렇게 덧붙였다. "이 한마디 말이 나를 무신론자로 만들었다. 얼마나 멋진 일인가?"[7] 흥미로운 것은 무신론으로 향하는 이 지름길이 사실은 서구의 의식 속에 하나님에 대한 성경적 이해가 얼마나 깊이 자리 잡고 있었는지를 보여주는 징표일 수도 있다는 점이다. 세속적인 사람들 상당수가 하나님의 존재를 믿지 않는다. 하지만 실제로 그들은 사랑이 많고 은혜롭고 긍휼하며 전능하신 하나님을 믿지 않는 것이다. 이런 사실은 불가능한 체스 경기를 두 가지 관점으로 간단하게 정리한다. 첫째 주장은 사랑과 긍휼, 능력이 많으신 하나님이 존재하신다는 것이고, 둘째 주장은 무고한 고통이 존재한다는 것이다. 이 둘 모두 분명한 사실이다. 따라서 우리는 둘 중 하나를 통째로 버려야 한다.

어만에게로 돌아가보자. 좀 모호하게 언급하기는 했지만 그는 결국 이렇게 선택한 것 같다. "나는 하나님이 존재하시는지에 대해서는 알 수 없다. 하지만 만일 하나님이 존재하신다 해도 그분은 분명히 유대-기독교 전통이 선언하는, 이 세상에 적극적으로 개입하시는 분은 아니다. 따라서 나는 교회를 나가지 않기로 했다."[8]

하나님을그리워하다

신앙을 상실한 바트 어만에 대해서는 비애를 느끼지만, 나는 그가 신정론 문제를 서술한 방식에 대해서만큼은 여전히 감사하고 있다. 어만은 에둘러 말하지 않고 일리가 있는 방식으로 이야기하고 논증하는데, 이것은 사유하는 많은 그리스도인들이 공감하는 방식이다. 내 생각에 그는 위험이 얼마나 큰지를 선명하게 보여준다. "불가능한 체스 경기"가 초래하는 피할 수 없는 논리는 많은 신실한 사람들을 어만이 둔 마지막 수, 곧 하나님에 대한 신뢰를 반드시 접어야만 하는 지점으로 인도한다. 사려 깊고 명민한 많은 그리스도인들이 신정론의 덤불을 헤쳐 나오기 위해 몸부림치고 있으며, 이들도 어만과 같은 도구와 자원을 사용하고 있다. 어만처럼 이들도 확실한 길을 찾기 위해 고통스러운 시간을 보내고 있다는 사실은, 설교자들에게 큰 주의를 불러일으켜야 마땅하다.

이 책의 뒷부분에서 자세히 이야기하겠지만, 나는 이런 질문들을 성실히 통과하는 길을 찾아내기 위해서는 신학적인 상상력이 필요하다고 생각한다. 나는 어만에게 부족했던 것이 정확히 이 신학적인 상상력이었다고 믿는다. 결국 이 결핍은 그에게 큰 대가를 치르게 했다. 그는 더 이상 근본주의자가 아니었음에도 불구하고 그 범주의 완고함과 합리적 논리의 뻣뻣함을 벗어나지 못한 채 여러 면에서 여전히 근본주의자처럼 사고했다. 하지만 문제를 제시하는 방법에 있어서만큼은 어만은 신뢰할 만한 길라잡이다. 그가 냉혹한 진리를 대신해서 감성적인 경건을 받아들이지 않은 것은 백번 옳다. 그는 분명한 논리의 대체물로 한낱 시에 불과한 것을 받아들이기를 거절했다.

오늘날 우리가 설교하는 대상은 천사나 스랍이 아닌 사람들이다. 이들 중 다수는 교회에 소속된 만큼이나 확실히 세속적인 세상에 소속되어 있으며, 신앙에 한쪽 발을 딛고 있을 수는 있지만 다른 한쪽 발은 과학과 이성의 세상에 굳건히 내려놓고 있다. 우리가 그들에게 복음을 믿으라고 할 때, 이 복음은 어떤 식으로든 그들에게 이해될 수 있어야 한다. 그렇다고 해서 복음을 현대적이고 합리적인 과학의 범주에 맞추어 축소시켜야 한다는 뜻은 아니다. 반대로 복음이 때로는 바로 이 범주들에 도전하며, 사람들에게 이해되는 것과 사실로 받아들여질 수 있는 것의 가능성을 확장하기 위해 시도한다는 의미다. 어만이 가진 진리여과 장치의 폭을 결정지은 것은 역사주의와 문자주의였다. 그러나 이 장치는 최종적으로 너무나 협소했다. 가장 크고 깊은 진리가 이 여과 장치를 통과해 그에게 도달하지 못했기 때문이다. "당신은 하나님이 사랑과 능력이 많다고 주장한다. 그렇다면 엄마를 위해 꽃 몇 송이를 손에 들고 집으로 걸어가던 어린 소녀가 음주 운전자의 차에 치여 즉사했고 하나님이 그것을 가로막지 않으신 일에 대해 당신은 설명해야 한다"라는 어만의 말은 사실상 많은 사람의 생각을 대변할 뿐 아니라 당연한 말이기도 하다.

어만의 책이 가치 있는 이유가 더 있다. 이 책에서 어만은 자신의 회의론을 용감하게 발설한 것 이상으로 그 무엇인가에 대한 허기를 감동적으로 표현했기 때문이다. 그는 자신을 강인한 정신과 용맹스럽고 지성적인 불가지론자, 달리 말해 순진한 기독교의 미신에 더 이상 휘둘리지 않을 만큼 충분히 현명하며 정직하며 사실 그대로의 진리에 헌신되어 있는 사람으로 보이고자 노력한다. 하지만 실제 그의 모습은 다음과 같은 문장으로 자신의 회고록을 시작한 영국의 소설가 줄리언 반스(Julian Barnes)와 닮아 있다. "나는 하나님의 존재를 믿지는 않는다. 하지만 그가 그립다."[9]

어만은 하나님을 그리워하고 있다. 내 생각에 그는 누군가가 자신의 지성을 모욕하지 않으면서도 다시 한 번 자신이 하나님을 경험할 수 있도록 설교해주기를 원한다. 그는 불신자가 된 후에 겪은 고통에 대해 이렇게 짧게 언급했다.

> 내 삶이 너무도 환상적이어서 나는 여기에 큰 감사를 느낀다. 그 무엇으로도 다 표현할 수 없을 만큼 나는 운이 좋은 사람이다. 하지만 내게는 이 감사를 표현할 대상이 없다. 이것은 내 깊은 내면에 존재하는 공허함, 즉 누군가에게 감사하기를 원하는 공허함이다. 내게는 이것을 채울 마땅한 방법이 없다.[10]

하지만 감사하고 싶어도 하지 못하는 아쉬움보다도 더 심각한 것이 있다. 종종 어만이 존재하는지 확신하지도 못하는 하나님의 주권에 대해 당혹스러울 만큼 열렬히 변호한다는 점이다. 책의 군데군데에서 그는 많은 기독교 신학자들이 제시하는 견해, 곧, 신정론에 대한 복음의 반응을 제대로 이해하기 위한 열쇠가 바로 그리스도 안에 계신 하나님의 고통에 달려 있다는 견해를 논의한다. 어만은 이런 견해가 지나치게 관대하다는 이유로 거절한다. 고통 당하시는 하나님이라고? 어만의 불평에 따르면 "이런 생각은 하나님이 자신의 창조를 주관하신다는 견해를 무효화시킨다. 이런 하나님은 진짜 하나님이 아니다."[11] 그런데 이것은 불가지론자가 제시하기에는 이상한 반대라고 할 수 있다.

심지어 어만은 하나님이 하나님 되시지 못한 것에 대해 분노하는 듯 보이기까지 한다. 그는 기독교 신자인 아내의 요청으로, 어느 해 성탄 전야 예배에 참석한 일에 대해 적고 있다. 어만은 그 예배가 자신의 감정을 불쾌하게 만들었다고 말한다. 특히 한 평신도가 회중 가운데 서서 이렇게 기도한 것이 불쾌했다는 것이다. "당신은 어두움 가운데 오셔서 모든 것을 변화시켜주셨습니다. 어두움 가운데 다시 한 번 임하여 주시옵소서." 이 기도를 들으면서 어만은 눈물을 흘렸는데 그것은 기쁨의 눈물이 아닌 좌절의 눈물이었다. "왜 하나님은 다시 한 번 이 어두움 속으로 들어오시지 않는가?" 그는 궁금했다. "고난과 아픔이 가득한 이 세상에서 하나님의 임재는 어디에 있는가? 왜 어두움이 이토록 강력한가?"[12] 달리 표현하면 그의 기도는 "하나님, 나는 당신이 존재하시는지 잘 모르겠습니다만, 하늘을 찢고 내려와주십시오"였다.

교회에 출석하는 대다수 그리스도인들과 비교하면 어만의 고민은 훨씬 급진적인 형태를 띨 것이다. 이런 세계 안에서, 세상 모든 사건을 주관하는 선하고 전능하신 하나님에 대한 복음은 전혀 사실처럼 들리지 않겠지만, 그는 이제 고인이 된 하나님의 차가운 시신이 뉘인 영안실로 들어가 계속 외치고 있다. "하나님, 여전히 죽어 계시는 겁니까? 제발 일어나십시오. 저는 당신의 존재를 믿지는 않지만 당신이 그립습니다."

세속화 문제를 다룬 가장 권위 있고 훌륭한 책으로 꼽히는 『세속화 시대』(*A Secular Age*)에서 철학자이자 가톨릭 신자인 찰스 테일러는 이런 종류의 괴로움, 곧 어만의 괴로움, 우리 교회에서 가장 생각을 많이 하는 사람들의 괴로움, 지성적으로 온전히 받아들이기 힘든 신앙과 또한 영적으로 받아들이기 힘든 세속화 사이에 끼어 있는 사람들의 괴로움을 묘사하고 있다. 테일러에 따르면, 우리 문화 속에 존재하는 세속화의 상당 부분은 종교적 헌신이 사라진 결과가 아니라, 신앙의 언어보다 실재를 묘사하는 데 있어 더욱 설득력을 지닌 것처럼 보이는 대안이 등장한 결과다. 이 대안에 대해 테일러는 이렇게 쓰고 있다.

> 오늘날 자연주의적 물질주의는 단순히 한 가지 제안이 아니다. 자연주의적 물질주의는 현대 세계에서 가장 권위 있는 견해, 즉 과학과 경쟁할 수 있는 유일한 견해로 나타난다. 신앙에 대한 의심, 변화의 능력에 대한 의심, 자신의 신앙이 얼마나 유치하고 부적절한지에 대한 의식이 이 강력한 이데올로기와 맞물리면 신앙을 상실하는 길로 갈 수 있다. 비록 때때로 후회와 향수가 동반된다고 하더라도 말이다.[13]

오늘날 설교 사역이 직면하고 있는 도전을 이보다 더 적절하게 표현하기는 어렵다. 회중석에 앉아 있는 사람들은 믿고는 싶지만 솔직히 의심을 제거할 수 없어 괴로워하고 있다. 그들은 명시적이자 암시적인 방식으로 인류를 사랑하시는 하나님, 이 세상에 자애롭게 역사하시는 하나님을 믿는 자신의 믿음이 다만 "유치한 공상 속의 해결되지 못한 잔여물"일 뿐이라고 매일매일 상기시키는 목소리에 둘러싸여 있다. 과학이라는 강력한 이데올로기와 세속 문화의 압력 앞에서 지성의 가방을 꾸린 다음 불신의 길에 올라 "에덴의 동쪽"을 향하면서도, 후회와 향수를 느끼며 못내 뒤를 돌아다보는 것이다. 누군가가 나타나 다시 한

번 자신의 신앙에 불을 붙여주지는 않는가 하고. 하나님은 살아 계시며, 인생은 원초적인 인간의 야망과 권력으로 휘둘러지거나 무작위적이고 무의미한 고난으로 점철된 생기 없고 기술적인 세계 그 이상임을 선언하는 누군가가 없는가 찾으면서.

함께함의 사역

신학교에서의 수련 과정을 마친 목회자들은 대부분 신정론의 문제를 알고 있다. 바트 어만이 신정론 문제를 설명한 첫 번째 인물도 마지막 인물도 결코 아닐 것이다. 우리 모두가 알 듯, 수백 년 동안 철학자와 신학자들은 하나님과 무고한 고통의 문제와 씨름해온 반면에, 우리 목회자들은 신정론의 문제를 잘 비켜가라는 경고를 들어왔다. 오늘날 목회자들은 이 문제가 해결 불가능하다는 사실을 분명히 배웠다. 우리는 고통과 악을 다 설명할 수 없고, 하나님의 방식이 정당하다는 것을 증명할 수 없다. 목회에서 이것을 시도한다면 유익보다는 훨씬 더 큰 해를 불러올 것이다. 어떤 여자가 남편이 갑작스런 심장마비로 숨을 거둔 상태에서 남은 것이라고는 어린 두 자녀와 미납된 대출금, 불확실한 미래뿐이라고 해보자. 우리는 그녀 곁에서 함께 슬퍼하면서 도움을 줄 수는 있다. 하지만 이 모든 비극의 의미에 대해 우리가 생각하는 바는 이야기하지 않는 것이 낫다. 일어난 일에 대해 이유를 제시하거나, "하나님이 당신의 고통 가운데 함께하고 계십니다"처럼 확실한 말을 넘어서 그것의 배후에 있는 그분의 역할을 추측하는 것은 당사자의 경험을 하찮게 만들 뿐 아니라 그것을 해명하는 일에 불과하다. 이런 위기 속에서 우리가 무엇을 할 수 있고 복음이 무엇을 할 수 있는가 하는 질문에 대해, 우리는 "함께함의 사역"을 자주 답으로 내놓는다. 위로와 연대의 말을 제외하고는 오직 침묵 속에서, 긍휼한 마음으로 이들과 함께하는 것이다.

나는 크나큰 슬픔을 겪을 때 목회적 돌봄의 한 형태로서 함께함이란 사역에 도전을 던지고 싶지는 않다. 필요한 시간에 상대방과 단순히 함께 있어주는 것도 굉장히 의미 있는 일이다. 우리에게는 욥의 친구들과 같이 사람의 고통에 대해 수다스럽고 피상적인 설명만을 늘어놓는 목회자가 필요하지 않다. 하지만 나는 "함께함의 사역"을 악과 고통의 질문에 대한 포괄적인 접근으로 간주하는 입장에 대해서는 도전하고 싶다. 치명적인 고난의 때가 최선의 가르침의 순간은 아닐 수 있지만, 여기에도 가르침의 순간이 존재한다. 자기 경우든 다른 사람의 경우든, 많은 그리스도인들에게 고통의 문제는 단순히 목회적 돌봄의 문제가 아니다. 고통은 지적으로 혼란스러운 문제이며, 거기에 대해 많은 생각을 해도 최종적으로 사고할 자원이 부족한 문제다. 우리는 마음과 지성을 다해 하나님을 사랑하기 원하지만 자신의 길을 분명하게 찾지 못한다. 단순히 목회자들에게 마법 같은 해결책과 모든 것을 분명히 밝혀주는 경이로운 해답이 없다고 해서, 오랜 시간에 걸쳐서 이 문제를 생각해온 방식마저 없다는 뜻은 아니다. 고통과 하나님의 사랑이라는 문제를 숙고하는 가장 신실한 방법은 기도다. 나는 설교자들이 회중에게 이런 지성적 탐구, 곧 합리성을 갖춘 신앙을 추구하는 기도가 갖는 유익을 가르쳐야 한다고 생각한다.

여기서 위험한 것은 먼저 신앙의 중요한 기초로 우리의 인생이 하나님의 신비로 가득하다고 하는 주장이다. 예일 대학교 의과대학에서 근무했던 소아암 전문의 다이앤 캄프(Diane Komp)는 젊은 시절에 스스로를 "후기-기독교인(post-Christian) 의사"로 간주했다. 즉 이것은 "불가지론과 무신론 사이에서 방황하는" 과학자를 의미하는 동시에, 자신이 이 범주 사이 어딘가에 존재하는지에 대해 신경 쓰지 않는다는 의미였다.[14] 소아암 전문의인 캄프는 늘 암에 걸린 아이들을 돌보아야 했으며 이들 중에는 불치병 환자도 있었다. 죽어가는 아이를 처음 접했을 때 그녀는 젊은 의사로서 자신의 임상 멘토에게 무고한 고통을 대할 때 찾아오는 감정적 스트레스를 어떻게 감당해야 할지 질문했다. 그녀가 들은 대답은 자신의 감정을 잊고 일에 집중하라는 것이었다. 그녀의 멘토에 따르면, "열심히 일하는 것은 통제되지 않는 불편한 감정에 잘 듣는 안정제"라는 것이었다.[15]

하지만 얼마 못 가 캄프는 이런 조언을 따르는 것이 불가능하다는 사실을 발견했다. 소아 환자들을 효과적으로 치료하기 위해서는 아이와 부모의 말을 경청해야 했다. 즉 이것은 그녀가 이들을 점점 사랑하게 되고 동시에 이들로부터 사랑받게 되는 것을 의미했다. 그녀는 이들이 생물학적 질병을 훨씬 넘어서는 무엇인가와 싸우고 있음을 알게 되었다. 이들은 고통, 삶, 죽음의 의미에 관한 질문들과 싸우고 있었다. 캄프는 많은 목회자가 대면하는 것과 똑같은 딜레마에 빠졌다. 그녀는 자신의 환자와 그 가족들을 사랑했기 때문에 이들로부터 감정적인 거리를 유지할 수 없었지만, 그렇다고 해서 이들이 갖고 있는 의미에 대한 비의학적인 질문에 답을 줄 수도 없었다. 그녀는 성직자들이 "함께함의 사역"이라고 부르는 것과 유사한 무언가를 실행하기로 결정했다.

나는 사람들이 당면한 실존적 딜레마에 대해 신학적으로 유용한 해결책을 가진 척하지는 않았지만 그 길에서 친구가 되어줄 수는 있었다. 많은 경우, 나는 가장 괴로운 시간 속에서 하나님을 더듬어 찾고 있는 부모들의 이야기에 공손히 귀를 기울였다. 나는 이들의 모든 여정을 존중했지만, 이들의 계시로부터 내가 생각하는 방식에 도전을 줄 만한 확실한 증거를 발견해 내지는 못했다. 만약 내가 믿게 된다면 그것은 믿을 만한 증인의 증언을 통해서일 것이라고 늘 생각했을 뿐이다.[16]

그런 어느 날 캄프는 애나의 병상 옆에 서 있게 된다. 애나는 두 살 때 백혈병에 걸린 환자였다. 최초의 발병 이후 몇 년에 걸쳐 지속적인 치료를 받았고 한때는 잠시나마 완치가 되었던 때도 있었다. 하지만 애나가 일곱 살 때 병은 걷잡을 수 없는 상태로 재발했다. 이제 애나는 죽음을 목전에 두고 있었다. 캄프는 생의 마지막 기로에 선 애나를 위로하기 위해 큰 상심에 빠져 있는 애나의 부모와 원목을 불러 모았다. 여기에 대해 그녀는 이렇게 쓰고 있다.

죽기 직전 마지막 힘을 쏟아가며 침대에서 몸을 일으킨 애나는 이렇게 이야기했다. "천사들이에요. 너무 예뻐요. 천사들의 노랫소리가 들리나요? 내가 들어본 노랫소리 중 최고예요." 그러고는 다시 베개 위로 머리를 대더니 숨을 거두었다.

그녀의 부모는 세상에서 가장 귀한 선물을 받은 것처럼 반응했다. 하지만 그 자리에 있던 원목은 영적인 것보다 심리적인 것을 더 편안하게 받아들였으며, 울고 있는 유가족을 실존주의자 의사의 손에 홀로 남겨둔 채 황

급히 자리를 떠났다. 우리는 함께 인간의 이해와 경험을 초월하는 영적 신비에 대해 생각했다. 그 뒤로도 수주간이나 내 머리 속에는 이런 생각이 계속 떠돌고 있었다. "나는 믿을 만한 증인을 찾은 것일까?"[17]

앞의 경험에서 두 가지 사실에 주목하라. 첫째는 원목이 "영적인 것보다 심리적인 것을 더 편안해했다"는 슬픈 사실이다. 목사는 갑작스러운 신비로 가득해진 방을 재빠르게 빠져나갔다. 목회자들이 자신이 감당할 수 있는 사역과 오직 경험적인 것만을 설명하는 기도의 말에 굴종하는 동안, 이 세속화 시대의 교인들은 작은 이적에 뒤집어졌던 것이다. 둘째는 지금 자신이 드디어 믿을 만한 증인을 찾은 것일까라고 고민하는 이 "실존주의자 의사"가, 함께함의 사역을 넘어 애나의 가족과 함께 "우리 이해와 경험을 초월하는 영적 신비"에 대해 생각하면서 참된 목회자의 역할을 감당하고 있다는 점이다. 우리는 측정이나 정량화가 가능한 사실들 이상의 그 무엇이 우리 곁에 존재한다는 것을 감지한다. 그리고 이것은 단지 우리의 희망 사항만이 아니다. 캄프의 말을 빌리자면, 이것은 "가장 괴로운 시간 속에서 하나님을 더듬어 찾는 행위"다. 훌륭한 목회자라면 아무런 말도 못한 채 거기 서 있지만은 않는다. 우리는 지난 수세기 동안에 걸쳐 삶이 던지는 가장 어려운 질문들을 헤쳐가면서 사유해온 용맹스러운 기독교 사상가들이 남긴 유산을 가지고 있다. 그렇다고 이 말이 병원 침대나 예배당을 세미나실로 바꾸고 싶다는 의미는 아니다. 형언할 수 없이 깊은 신비 앞에서 겸손해야하는 것도 맞다. 하지만 고난 앞에 선 복음이 건넬 수 있는 것이 함께 있어주는 것뿐이라는 듯이 아무 말 없이 서 있기만 하는 것도 신자들에게서 신학적 유산을 박탈하는 행위다.

지금 위험에 처해 있는 것은 신앙의 중요한 기초만이 아니라 진정한 예배의 능력이다. 몇 년 전, 나는 가까운 친구와 점심을 같이하면서 이야기를 나눈 적이 있다. 친구는 예전이 풍부한 전통 안에서 목회를 하고 있었는데, 그날의 대화 주제에 맞춰 나에게 이런 약 올리는 말을 던졌다. "나는 너희 장로교를 이해할 수가 없어. 너희는 언제나 교리를 바로잡겠다 애를 쓰고 신학을 주제로 싸움을 하지. 한마디로 너희는 완고할 정도로 지나치게 신학적이야. 반면에 우리 교회에서는 가급적 교리적인 불평이나 불화는 피하고 다만 전례와 기도, 성찬을 통해 하나님을 만나지." 이런 대화가 있은 지 몇 주 후, 그녀는 다음과 같은 이메일을 보내왔다. "교리와 신학의 문제에 대해 좀더 생각하다가 몇 가지 새로운 생각을 하게 되었어. 우리 전통의 문제는 우리가 고대의 전례에 갇혀 있다는 점인데, 여기에는 정말 큰 도움이 필요해. 우리는 매주 전통적인 속죄의 이론을 낭독하고 오래된 신조를 고백해. 하지만 이런 언어를 우리에게 의미 있는 방식으로 새롭게 이해하지 못한다면 결국 거기에 진정성을 담아서 고백할 수 없을 거야."

이 대화를 통해 내가 듣게 된 것은 교회 전통들 간의 선호도가 아니라(나는 아이스하키 경기장에서 발생하는 난투극처럼, 우리 전통에서 곧잘 벌어지는, 너무도 관용이 결여되고 난폭한 신학적 다툼에 대해 종종 수치심을 느낀다), 교회가 보존하고 있는 고대 전례와, 예배 언어에 대한 지속적이고 창조적인 신학적 재고 사이에는 유익하고 필수적인 관계가 존재한다는 인식이다. 예배 언어는 시적이다. 때때로 이 시적 언어에는 변화, 심지어 유기(遺棄)가 필요하다. 좋은 시적 은유라도 새로운 환경에서는 진부해지거나 상황과 무관해질 수 있기 때문이다.[18] 그러나 대부분의 경우 교회가 오랫동안 사용하면서 검증이 된 찬송가나 기도의 은유들은 여전히 가치를 지닌다. 물론 새로운 신학적 상상을 통해서라는 전제 하에서 말이다. 우리가 다음과 같은 찬송을 부른다고 하자.

다 찬양하여라 놀라운 만유의 주께
포근한 날개 밑 늘 품어 주시는 주님
성도들아 주님의 뜻 안에서
네 소원 다 이루리라

생각하는 사람들이라면 이 언어를 해석하고 이해하고 소유할 방식이 필요할 것이다. 하나님을 "놀라운 만유의 주님"으로 부르는 것은 가능하고 적절할까? 나는 그리스도인들이 그렇다고 대답하리라고 믿는다. 하지만 이것은 그 놀라운 만유의 주님이, 또한 바다에서 쓰나미를 일으켜 공포에 질린 채 자비를 구하는 수천의 사람들을 물에 빠져 죽게 하시는 하나님이라는 사실을 암시하지 않을 때만 가능하다.

함께함의 사역을 넘어서는 것과 관련해서 위험이 되는 것이 하나님에 대한 우리의 기본적 믿음만이 아니라, 기도하고 찬양하고 예배하는 우리의 능력도 마찬가지라면, 나는 세 번째 우려도 당연히 논의되어야 한다고 생각한다. 세 번째 우려는 바로 인간의 역사에 개입하시는 하나님을 긍정하는 기독교 신앙에 대한 이해다. 고통과 악이 횡행하는 세상에서 하나님의 행위와 의지를 이해하지 못하는 것은, 기독교 신자들에게 하나님이 역사와 시간, 물리적 전형과 실제적 상황의 주관자가 되신다는 성경적 주장을 버리고 자연과 영성의 신비스런 하나님을 지지하라고 알게 모르게 압력을 행사한다. 오늘날 사람들이 "영적이지만 종교적이지 않다면" 이것은 단순히 그들이 개인적인 자기도취에 빠졌거나 "제도적인 종교"가 무의미하고 제한적이라고 느끼기 때문이 아니라, 역사와 제도, 실제적인 인간관계, 구체적인 상황 속에서 역사하시는 하나님에 관해 의미 있게 말하고 생각할 수 있는 방식을 잃어버렸기 때문은 아닐까?

유대인 신학자 리처드 L. 루벤스타인(Richard L. Rubenstein)은 영향력 있는 저술 『아우슈비츠 이후』(After Auschwitz)에서, 어떻게 홀로코스트라는 끔찍한 고통이 자신과 다른 동료들을 일차적으로는 회당 예배와 절연하게 했으며, 그 후에는 역사의 하나님마저 떠나게 했는지를 묘사한다. 이런 이별은 기도하는 집에서의 침묵을 통해서였다.

> 안전한 곳에서든 아니면 피해자로서든, 끔찍한 시절을 통과해온 우리에게 홀로코스트는 신성하고 불경한 모든 것을 마주하는 방식에 영향을 미쳤다. 매우 결정적이었던 이 사건이 영향을 끼치지 않은 경험이라고는 단 한 가지도 없었다. 우리 중 일부는 기억과 고통, 운명과 소망을 공유함으로써 한데 묶인 사람들과 신성한 시간과 절기를 함께 보내기 위해 회당에 가기도 했다. 하지만 막상 회당 안으로 들어간 후에는 솔직히 말문이 막혀 어떤 말도 할 수가 없었다. 다만 우리가 할 수 있는 것이라고는 신 앞에서 경건하고 주의 깊은 침묵을 올려드리는 것뿐이었다.[19]

이렇게 "신 앞에서 드린 주의 깊은 침묵"은 점차적으로 다른 종류의 신적 임재에 대한 관심, 곧 영적 자연주의의 한 형태로 탈바꿈해갔다.

> 아우슈비츠 이후 그리고 팔레스타인으로의 귀환 이후, 유대인들은 역사의 하나님을 자연의 하나님, 좀더 정확히 말해 자기 자신을 자연 안에서, 자연을 통해서 현현하시는 하나님으로 대체시켰다. 특히 이스라엘에서는 이런 현상이 더욱 뚜렷했다. 성경적 역사의 하나님에 대한 나의 거절은 수정된 형태의 자연주의 이교도로 나를 이끌고 갔다.[20]

이렇듯 신자들이 울부짖음의 형태로 우리 목회자들이 제공하는 것보다 더 많은 것을 기대할 때, 함께함의 사역을 넘어서야 하는 이유는 더욱 커지게 된다. 영문도 모른 채 고통 당하는 사람들에게 하나님의 임재와 역할은 단순히 추상적인 난제나 신학적인 게임이 아니다. 매일 매일 우리 교인들은 고통을 마주하고 있으며, 이들의 신학은 충분하지 않다. 여기에 대한 예로서 신학자 루이스 스메데스(Lewis Smedes)가 직접 체험한 것을 기록한 글을 살펴보도록 하자. 스메데스와 그의 아내 도리스는 결혼 초기에 아이를 갖기 위해 백방으로 노력을 했지만 허사였다. 스메데스는 이렇게 쓰고 있다.

> 우리는 십여 년 동안 세 나라에 소재한 네 개의 불임 센터가 정해준 일정에 따라 부부 관계를 맺어왔다. 그러다가 미시간 호수의 모래 언덕 위에서 오직 사랑에만 빠진 채 아무 생각 없이 보낸 한여름 밤 이후, 마침내 도리스는 의학적으로 확증된 임산부가 되었다.
>
> 6개월이 지날 때까지 아무 이상이 없었다. 우리는 하나님이 우리 기도

를 들어주신 것이기 때문에 모든 것이 잘 되리라고 믿었다. 그런데 어느 날 밤 갑자기 양수가 터졌다. 나는 의사에게 전화를 걸었다. 의사는 말했다. "이제 곧 분만이 시작되려는 겁니다. 최대한 빨리 병원으로 오세요." 그리고 유감스럽게도 우리 아이가 심한 기형아가 될 것이라는 이야기를 들었다.

"기형 정도가 얼마나 심할까요?"

"대단히 심할 겁니다."

우리는 아무 말도 못하고 혼란스런 마음으로 차에 올랐다. 나는 아내에게 의사의 말을 전했다. 우리는 함께 울었다. 그리고 하나님과 서로에게, 우리 아이의 장애 정도가 어떻든 간에 그 아이를 사랑하겠다고 약속했다. 도리스가 잠들고 난 후, 나는 대기실에 앉아 걱정 속에서 몇 시간을 보냈다. 갑자기 의사가 들어왔고 그는 기쁨을 이기지 못한 채 이렇게 말했다. "축하드립니다. 건강한 남자아이의 아버지가 되셨습니다." 나는 도리스에게 이 소식을 전했다. 그녀는 못 미더워했지만, 집으로 돌아온 나는 마치 주님 앞에서 기뻐 날뛰었던 다윗처럼 춤을 추었다.

다음날 정오 직전에 소아과 의사에게서 다시 전화가 왔다. 즉시 병원으로 오라는 것이었다. 얼굴을 마주하자 의사는 우리 가정의 기적의 아이가 사망했다는 소식을 전해주었다. 이틀이 더 지난 아침, 내 옆에는 두어 명의 친구가 자리를 지키고 있었다. 목사님이 장례 설교문을 읽어 내려가는 동안 우리는 부활에 대한 분명하고 확실한 소망 가운데 아이를 땅에 묻었다. 도리스는 자신의 아이를 보지도 못한 상태였다.

한 경건한 이웃은 하나님이 모든 것을 주관하셨다는 사실을 상기시킴으로써 나를 위로하려 했다. 나는 이번만큼은 아니라고 대꾸하고 싶었다.

나는 모든 것(섬뜩하고 끔찍한 일까지 포함해서)이 정확히 하나님이 일어나도록 작정하신 때와 방법과 장소에 따라 일어난다는 장 칼뱅의 확고한 믿음에 지적으로 동의했었다. 칼뱅이 인정한 것처럼, 이것은 끔찍한 결정이기는 하다. 하지만 이것이 하나님의 영광에 기여한다면 거기에 대해 우리가 무엇이라고 불평할 수 있겠는가? 우리 아이가 죽었을 때, 차마 나는 하나님이 그 조그마한 아이의 생명이 시작되기도 전에 마감되도록 예정하셨다는 사실을 다시는 믿을 수 없으리라 생각했다. 또한 언젠가는 모든 것이 분명해지더라도, 이 일을 통해서만큼은 하나님을 찬양할 수 없으리라고 믿었다.

나는 하나님이 이 일을 명확히 해주시기를 바라지 않았다. 하나님이 이런 식의 나쁜 일이 일어난 것에 대해 선하고 필수적인 이유가 있었다는 사실을 보이신다면, 결국 이것은 나쁜 일이 될 수 없기 때문이다. 나는 이런 생각 자체를 수용할 수 없었다.

나는 스스로가 이처럼 어려운 신학을 소화해낼 수 있는 적절한 재료가 없다는 사실을 깨달았다. 나는 하나님이 어린아이들의 죽음에 일일이 관여하신다는 사실을 믿을 수 없었고, 히틀러가 자행한 홀로코스트에도 거시적으로 관여하셨다는 사실을 믿을 수 없었다. 어느 날 아침에 깨달은 비통한 직관과 함께, 나는 내가 가지고 있던 하나님에 대한 그림을 다시 그려야만 한다는 사실을 깨닫게 되었다.[21]

얼마나 많은 그리스도인들이 과거에 자신이 가지고 있던 하나님에 대한 그림을 다시 그리고 있는가? 그것도 자기보다 앞서 걸었던 기독교 사상가와 신학자들의 도움도 없이? 일부 신학자들은 우리가 아예 이 영역에 발을 들여놓지 않는 것이 옳다고 주장한다. 바트 어만 같은 사람들이 그 틀을 잡아놓은 이른바 신정론의 문제가 철학자들의 손에 의해 심하게 훼손되었기 때문에 신학은 그 대화의 자리에서 정중히 빠져나와야 한다는 것이다. 이것에 대한 반대 의견들은 나중에 다시 살펴볼 것이다. 하지만 반대 의견이 무엇이든 간에 설교자들이 이런 조언에 진지하게 귀를 기울이는 것은 불가능하다. 사람들이 어만과 유사한 용어로 신정론적 질문을 던질 때, 우리 설교자들이 "파울 볼입니다! 신학적으로 부적절한 질문이에요"라고 외칠 수만은 없는 것이다. 비록 이들의 질문이 잘못된 틀로 이루어졌다고 해도, 이것은 그들의 질문이며 우리는 이 질문으로부터 시작해야 한다.

기독교 철학자 메릴린 매코드 아담스(Marilyn McCord Adams)는 극심한 공포를 경험한 사람들이 최종적 의미에 대한 질문을 던지게 되고, 이 질문은 바트 어만이나 이 장의 도입부에 나왔던 신앙 상실의 주인공인 테드 터너의 언어와 그리 다르지 않다고 말한다. 나 역시 여기에 동의하는 바다. 이들은 이런 질문을 던진다. "하나님이 이것을 허용하셨을까? 왜일까? 하나님은 이것을 구속하실 수 있는가? 이 모든 것이 계속되어야 하는 이유는 무엇일까?" 아담스는 이렇게 쓰고 있다.

> 그들이 친구이자 조언자인 우리에게 요구하는 것은 시바 기간(역자 주─부모, 배우자와 사별한 유대인이 장례식 후 지키는 칠일 간의 복상 기간) 동안 자신과 함께 있어주는 것뿐 아니라, 자신을 도와 그들이 자신의 경험을 이해하도록 하는 것이다. 그들은 우리에게 힌트를 달라고 요구한다. 또한 하나님의 선하심과 참혹한 악의 경험을 의미 있는 하나의 삶으로 통합한다는, 영적으로 어려운 숙제를 끌어안고 감당하기 위해 애쓰는 동안 자

신을 이끌어달라고 간청한다.[22]

아담스는 이 문제가 가장 강렬하게 다가왔던 것이 에이즈가 급속히 확산되던 시기, 캘리포니아의 한 교회에서 사역하고 있던 때였다고 한다. "영적으로 갈급한 동성애자들"이 교회로 돌아오기 시작했던 것이다. 이들은 자신의 성적 취향 때문에 교회로부터 거절당한 경험이 있었고 따라서 자신이 "교회로부터 상처 입었다"라고 표현했지만, 그럼에도 영적 갈급함을 가지고 교회를 찾아왔다. 이들은 삼십대에서 사십대로서 자신과 자신의 반려자에게 닥친 죽음의 문제와 맞닥뜨렸다. 여기에는 다음과 같은 절박한 질문이 있었다. "유년 시절부터 기억하는 하나님과, 이 치명적인 재앙 사이에는 어떤 연관이 있는 것일까? 내가 동성애자인 것과 이 재앙은 무슨 관련이 있을까?"[23]

> 주일 아침 회중을 내려다보았을 때, AZT(역자 주—에이즈 치료약)의 복용으로 회녹색을 띤 이들의 눈동자를 들여다보면서 나는 이들의 요구를 느낄 수 있었다. "지금이 마지막 기회예요. 우리는 6주 후면 죽을 겁니다. 하나님을 위해, 현재의 망가짐에도 불구하고 하나님이 우리를 어떻게 사랑하시는지를 보여주세요. 우리를 위해 주시는 주님의 선한 말씀이 있지 않나요? 아니 분명히 있어야만 하지 않나요?"[24]

바로 이것이 우리 모두가 처한 상황이다. 우리는 언제나 죽음을 마주하고 있다. 시간이 없다. 하나님에 대해 우리에게 말해달라. 하나님은 우리를 사랑하시는가? 어떻게 그분이 우리를 사랑하시는지 보여달라.

주님으로부터 오는 선한 말씀이 있는가? 우리에게 그것을 말해달라.

내가 교구 목사로서 첫 해를 보내고 있을 때 다른 교회에서 참사가 일어났다. 화창했던 10월의 어느 주일 아침 11시 28분, 우리 교회가 예배로 모여 〈만유의 주재〉를 부르고 있는 동안, 오하이오 주 매리에타에 있는 제일침례교회에서 보일러가 폭발한 것이다. 당시 그 건물에는 140명이 있었는데 일부는 주일학교 교실에, 일부는 오르간 음악을 들으며 예배당에 있었다. 이들 중 다섯 명이 죽었는데, 사망자는 결혼하여 한 아이를 둔 30세의 주일학교 선생님과 그의 성경 공부 반에 있던 네 명의 십대 아이들이었다. 이들은 보일러실 바로 아래에 위치한 교실에 있었던 것이다. 그 외에도 건물에 있던 14명이 부상을 입었다.

다음 일요일 나는 우리 교회에서 몇몇 교인과 함께 이 사고에 대해, 무고한 아이들과 이들의 주일학교 선생님이 고통 속에서 순식간에 삶을 마감해야 했다는 사실이 얼마나 불가해한지 하는 이야기를 나누고 있었다. 나는 이렇게 말했다. "한 가지는 분명해요. 제가 이 일의 이치를 따져야 하는 자리에 있었다면 너무 힘들었을 거예요. 제가 그 교회 목사가 아닌 것이 너무나도 감사해요."

그러자 교인 중 한 명이 나를 똑바로 쳐다보면서 말했다. "목사님은 '그 교회'의 목사님이세요."

그렇다. 우리 모두가 그 교회의 목회자다.

3장에서 우리는 기독교의 전통과 복음이 우리를 도와 무엇을 말하도록 하는지, 무고한 고통이 가득한 세상에서 사람들이 의미를 찾는 동안 이들을 어떻게 도와야 하는지를 살펴볼 것이다.

위험한 길

낫 놓고 기역자도 모르는 농민이 하나님의 뜻에 빗대어 어린아이의 죽음을 설명하는 것은, 학식 높은 신학자가 무고한 고통이 하나님의 선하심과 전능하심 두 가지 개념 모두를 부정하지 않는다는 사실을 증명하기 위한 논문을 쓰는 것만큼이나 신정론의 문제에 관여하는 것이다.

*The Sacred Canopy*에서 피터 버거[1]

세상의 무고한 고통과 관련해서 하나님의 선하심과 능력에 대한 질문, 곧 신정론에 대한 질문을 깊이 묵상하고자 하는 목회자는 당신 혼자가 아니다. 많은 사유하는 신자들이 특히 지난 이백 년에 걸쳐 이런 문제들을 붙들고 씨름해왔다. 3장부터 우리는 이런 사상가 중 가장 탁월한 사례와 함께, 이들로부터 배우고 또 이들에게 도전하면서 순례의 길을 걸을 것이다. 그러나 그 길에는 우리가 주의해야 할 두 가지 중요한 경고 표시가 있다.

사랑 안에서 참된 것을 말하며

첫 번째 경고는 신학자 데이비드 벤틀리 하트(David Bentley Hart)가 『바다의 문: 쓰나미가 몰려올 때 하나님은 어디에 계셨는가?』(The Doors of the Sea: Where Was God in the Tsunami?)에서 제시한 윤리적 문제의 형태로 온다. 그는 인도양에서 발생한 쓰나미가 일으켰던 참사 직후 「뉴욕타임스」에 실렸던 한 기사를 인용한다.[2] 이 기사는 한 스리랑카인 아버지의 이야기를 통해 이 거대한 참사를 매우 인간적인 척도로 묘사했다. 스리랑카인 아버지는 거구와 엄청난 괴력의 소유자로 요동치는 바다 속에서 자신의 목을 휘감은 아내와 장모를 끌어안고 수영을 하는 등 필사적인 노력을 했지만 결국 밀려오는 바닷물에 네 명의 자녀와 아내를 잃고 말았다. 그는 기자 앞에서 네 명의 아이들의 이름을 순서대로 거명하다가 마지막으로 네 살 된 막내아들의 이름을 부르는 대목에 이르러서는 깊은 흐느낌, 비통함, 불신으로 완전히 압도되었다. "제 아내와 아이들은 분명히 '아빠가 같이 있잖아. 그러니 우리를 구해줄 거야'라고 생각했을 겁니다." 그는 울면서 이야기했다. "그런데 저는 그렇게 못했습니다."

여기에는 다음과 같은 윤리적 딜레마가 있다. 그가 눈물을 쏟던 바로 그 순간 이 사람에게 무언가 말할 기회가 주어진다면, 그가 슬픔에 휩싸여 가장 연약해진 그때 우리는 무엇을 말해야 할까? 무엇을 말할수 있을까가 아니라 무엇을 말해야 할까? 하트에 따르면, 오직 "도덕적 백치"만이 그 순간 이 아버지에게 다음과 같은 추상적인 설명을 가지고 접근할 것이다. "당신의 자녀들의 죽음은 하나님의 영원하고 신비한 경륜의 일부였습니다. 그러니 당신의 자녀들의 죽음은 현상적으로는 비극으로 보일 수 있지만 좀더 큰 차원에서 본다면 창조 세계를 향한 하나님의 복합적인 계획을 위한 것입니다."[3]

하트는 이렇게 쓴다. "우리 중 대부분은 [도탄에 빠진 이 아버지에게] 이런 말을 하는 것이 수치스러운 일이라고 판단할 수 있는 분별력이 있을 것이다."[4] 이어 하트는 이 시험을 토대로 다음과 같은 규칙을 세운다. "이것은 우리에게 분명 시사하는 바가 있다. 상대의 슬픔이 가장 현실적이고 저항할 수 없을 만큼 고통스러운 바로 그 순간, 이런 식으로 말하는 것이 수치스러울 만큼 어리석고 잔인하다고 생각된다면, 우리는 어떤 순간에도 그렇게 말해서는 안 된다."[5]

나는 이것이 신정론에 관해 설교할 때 훌륭한 규칙이 된다고 믿는다. 신정론 문제와 관련하여 하나님과 악, 고통에 대해서 우리가 어떤 통찰이나 지혜를 가지고 있다고 생각된다 해도, 그것이 깊은 상실과 비통 속에서 고통 받는 사람에게 전하고 싶은 말은 아니라면 그것은 이런 "지혜"가 실제로는 복음이 아니며 따라서 전혀 언급되어서는 안 된다는 믿을 만한 표시다.

신학자 테렌스 틸리(Terrence Tilley)는, 실제적인 고통을 무례하게 다루는 모든 추상적 "해결책"을 향해 하트가 취한 경멸에 공감했다. 틸리는 이런 경멸의 예로 샤를 주르네(Charles Journet)가 쓴 토마스주의 신학의 대표작 『악의 의미』(The Meaning of Evil)를 꼽았다. 여기서 주르네는 그가 "형이상학적 난제"라고 칭한 것, 곧 문제의 좀더 순수한 형태를 논의하기 위해 고통 받는 사람들의 실제 울음으로부터 등을 돌린다.[6] 주르네는 책을 마치면서 이런 말로 독자들을 안심시킨다. "역사에서 단 한 순간이라도 악이 선을 이기고자 위협하는 때가 있다면 하나님은 세상과 그것의 모든 운행을 전멸하실 것이다."[7] 틸리는 이것이 정말로 편리한 결론이라며 빈정거렸다. "과연 당신은 그 스리랑카 아버지에게 이렇게 말할 수 있겠는가? '당신이 경험한 것은 감당키 어려운 상실이지만, 제가 확신하기로는 정말로 악이 그 통제를 벗어나고 있었다면 하나님은 이 세상이라는 실험 자체를 멈추었을 것입니다.'" 틸리는 거의 혐오감을 느낀다. "주르네의 높은 추상적 수준에서는 신자들에게 문제를 불러일으키는 실제적인 걱정거리들이 무시될 뿐 아니라 소외되고 곡해되어, 결국 하나님이 창조하신 세계 전부를 그분 스스로 파괴하신다는 가능성조차 선한 일로 제시된다."[8]

하트의 윤리적 규칙에는 한 가지 수정이 필요하다. 하트가 신학적 목록으로부터 제거하기 원했던 것은 신정론 문제에 대한 반응들 중 추상적 수준으로는 만족스럽지만 실제적인 인간의 고통이라는 맥락 안에서는 잔인한 조롱거리가 될 수 있는 것들이었고, 이것은 백번 옳다고 할 수 있다. 하트가 반대한 것은 냉담하고 무심한 표정으로 신정론 문제에 대해 이렇게 이야기하는 신학자의 태도다. "실질적 문제들은 목회적·의학적·심리적 문제들이며 이것들은 경우가 다 다르기 때문에 유용한 일반화가 불가능하다. 우리 관심은 이론적인 문제에만 있다. 우리가 말하는 내용에 위안이나 요령이 들어 있지 않다고 해서 염려할 필요는 없다. 우리 역할은 가능하다면 무엇이 진리인지를 말하는 것이다."[9] 케네스 수린(Kenneth Surin) 역시 단호하게 이런 말을 남겼다. "신정론을 단순히 이론적이고 학문적인 훈련으로만 생각하는 것은 비록 의도된 바는 아니더라도 이 세상에 존재하는 무수한 악을 암묵적으로 승인하는 것이다."[10] 스리랑카인 아버지에게 그의 아내와 네 자녀가 죽은 것이 신정론의 이론적 이해와 어느 정도 부합한다고 말하는 것은, 냉담하고 무심한 하나님, 심지어 도덕적 괴물로서의 하나님을 암시하는 행위다. 위안과 요령이 부족한 것은 당연히 복음적 진리도 될 수 없다.

한 가지 매우 다른 문제는 목회적 진리를 언제 말해야 할지에 관한 것이다. 복음의 어떤 측면은 적절한 순간을 기다렸다가 표현되어야 한다. 가령 윌리엄 슬로언 코핀(William Sloane Coffin)은 자신의 아들 알렉스가 죽고 난 직후 전했던 유명한 설교를 통해, 자신이 많은 이들로부터 위문편지를 받았지만 모든 말이 다 진정한 위로가 되었던 것은 아니라고 말한 바 있다.

최고의, 아마도 최악의 편지는 동료 목사들이 보낸 것이었다. 이들 중 몇몇은 자신이 어느 누구보다 성경을 잘 안다는 사실을 증명하고 있었다. 나 역시 "애통하는 자는 복이 있나니"를 포함해 "적절한" 모든 성경 본문들을 알고 있었다. 내 신앙은 그리 엉성하지 않았으며, 나 역시 이 본문들이 사실임을 알고 있었다. 하지만 중요한 것은 이 성경 말씀들이 사실임에도 불구하고 슬픔이 이 말씀들을 비현실적으로 만들었다는 것이다. 슬픔의 실재는 하나님의 부재였다. "나의 하나님, 나의 하나님, 어찌하여 나를 버리셨나이까?"[11]

코핀이 경험한 슬픔의 깊이와 쓰라림은 "적절한" 모든 성경 본문들을 처음에는 그저 "비현실적"으로 들리도록 만들었다. 하지만 중요한 것은 시간이 지나면서 이런 감정이 바뀌어갔다는 점이다. 설교의 후반부에서 코핀은 이렇게 말한다. "한때는 감당할 수 없을 것만 같았던 비통함이 이제는 감당할 수 있는 슬픔으로 바뀌어갔고 적절한 성경 본문 속 진리가 다시 한 번 저를 사로잡기 시작했습니다."[12] 다른 말로 하자면, 깊은 비통에 빠진 사람에게 할 수 없는 말은 어느 때든 누구에게든 하지 말아야 한다는 원칙뿐 아니라, 특정한 진리를 말하기에 적절한 때를 찾기 위한 목회적 지혜도 필요하다는 것이다. 끔찍한 경험을 겪고 있는 사람이 심지어 우리를 찾아와 "왜?" 하고 질문한다고 해도, 이때는 고통의 문제를 주의 깊고 신학적으로 생각할 수 있는 때가 아니라는 의미다. 사람들이 자신의 정신뿐 아니라 마음으로도 하나님을 사랑할 수 있도록 이런 문제를 가지고 씨름해야 할 때가 따로 있다는 의미이기도 하다.

어떤 하나님인가? 누구의 지각인가?

신정론의 질문에 대한 반응을 살펴보기에 앞서 우리에게 주어진 두 번째 경고는 더욱 복합적이며 심각하다. 일부 신학자들은 솔직하게도, 우리가 어리석은 임무에 나서고 있다고 확언한다. 이들이 믿기로 신정론이라는 영역으로의 원정은 좋게는 무의미하거나 나쁘게는 신학적으로 위험하다.

이런 경고의 이유를 이해하기 위해 우리는 1755년의 리스본과 신정론으로 알려지게 된 것의 기원으로 돌아갈 필요가 있다. 역사 속 그 시점에서 유럽의 철학자와 과학자들은 우주를 묘사하는 데 있어 과학과 이성의 힘에 대해 점점 더 큰 존경심을 가지게 되었을 뿐 아니라, 개신교와 가톨릭교회의 교조주의와 편협함에 대해 더 강한 혐오감을 느끼고 있었다. 이것은 당연한 일이다. 유럽은 종교전쟁을 통해 큰 충격을 받았으며 도덕적으로도 탈진해 있었다. 대중에게 알려진 종교의 얼굴은 종종 권위주의적이고 억압적이며 폭력적이었고, 사회적으로는 지배적이었는데 이 모든 것이 "참된 종교"라는 이름으로 행해지고 있었다. 더욱이 개인주의, 이성, 자주성이 지적 유행을 이루던 시대 속에서, 예정과 인간의 부패 같은 문제와 관련된 교회 내부의 논쟁, 그리고 개인의 자유와 존엄을 약화시키는 것처럼 보이는 교리만큼 옹졸하고 사람과 무관하며 심지어 위험스러워 보이는 것은 없었다.

18세기 문화 속에서 종교가 차지했던 자리는 우리 시대 종교가 차지하고 있는 자리와 여러 측면에서 유사하다. 오늘날 세계에서 일어나는 폭력의 대부분은 종교적 갈등과 편협함에서 비롯된다. 엄격한 교조주의의 목소리는 드높기 이를 데 없다. 18세기 유럽의 지식인 계급은 종파주의에 싫증이 났고, 종교적 폭력에 진절머리를 냈으며, 교회의 권위에 기초해 만들어진 어떤 신학적 견해도 받아들이려 하지 않았다. 더이상 성경, 교황, 신조가 무엇을 말하는지는 중요하지 않았다. 사람들이 궁금해하는 것은 제프리 스타우트(Jeffrey Stout)가 명명한 다음의 내용이었다. "처음부터 특정한 문서와 사람에게 신적 권위가 있다는 주장을 사실로 추정하지 않는다면, 무엇이 하나님의 존재를 지지하는 손을 들어줄 것인가?"[13] 이런 철학자들 중 더욱 강경한 입장을 가진 몇몇은 오늘날의 새로운 무신론자들과 마찬가지로 과학과 이성에 대한 확신, 그리고 종교의 폭력과 미신적 경향에 대해 경멸조의 책을 써냈다. 크리스토퍼 히친스(Christopher Hitchens)는 『신은 위대하지 않다』(알마 역간)에서 종교가 지성적으로 폐쇄적이며 편협하다고 비난했는데, 그가 이 책을 기록한 것은 21세기이지만 그 견해는 18세기에 뿌리를 두고 있다.

사실상 종교는 스스로 내세우는 놀라운 주장과 위대한 보장에 만족하지 않을 뿐만 아니라 장기적인 관점에서 보면 도저히 만족하지 못한다고 할 수 있다. 종교는 언제나 신자가 아닌 사람, 이단자, 다른 종교를 믿는 사람의 삶에 개입하려고 한다. 황홀하기 짝이 없는 내세를 이야기하면서도 이승에서 권력을 잡고 싶어한다. 이것은 당연한 일이다. 결국 종교는 낱낱이 인간이 만든 것이니까 말이다. 게다가 종교는 자신의 다양한 가르침을 스스로 믿지 못하기 때문에 다른 종교와의 공존을 받아들이지 못한다.[14]

우리 시대의 히친스 혹은 리처드 도킨스(Richard Dawkins)와 과거 계몽주의 철학자들 사이에 있는 한 가지 중요한 차이점은, 18세기 지성인들 상당수는 전통적 종교에서 무신론으로 전향하지 않았다는 점이다. 몇몇 전향한 경우도 있지만 계몽주의적 지성인 대다수는 하나님의 존재에 대한 믿음을 유지하기를 원했다. 다만 그들은 편협하게 규정된 "비합리적인 신들"을 거절했을 뿐이다. 우리 시대의 표현을 빌리자면 이들은 "영성을 원했고 종교를 원하지 않았다." "영성"이란 것이 하나님의 본질을 이성적으로 이해할 수 있는 냉철한 믿음을 뜻한다는 전제하에서, 또한 "종교"란 것이 루터교도나 칼뱅주의자, 가톨릭 신자들이 예배하는 것과 같은 소망 없는 절충된 종류의 신성을 향한 맹목적이고 무지한 충성을 의미한다는 전제하에서 말이다.

종교에 대한 이런 철학적 견해는 배를 타고 대서양을 건너 신대륙까지 도달했다. 미국 건국의 아버지들 중 철학적으로 뛰어난 재능을 가지고 있던 몇몇은 동시대 유럽인들이 느꼈던 이전 시대의 계시종교들에 대한 혐오와, 자연과 인간의 이성 안에 드러난 하나님 개념에 공감했다. 가령 토마스 페인(Thomas Paine)은 도킨스와 히친스와 맞먹는 언어로 다음과 같이 기록했다.

그동안 인류를 괴롭혀온 최고로 가증스러운 사악성, 최고로 무시무시한 잔인성, 최고로 극에 달한 참혹성은 이른바 계시 내지 계시종교에서 유래했다. 인간이 존재하기 시작한 이래 전파되어온 계시종교는 신의 본성에 반하는 가장 치욕적인 신앙이었고, 인간의 도덕과 평화와 행복에 대한 최악의 파괴자였다. 모세, 여호수아, 사무엘, 그리고 구약의 예언자 같은 협

잡꾼이나 괴물들이 입으로는 하나님의 말씀인 양 헛된 말을 농하여 우리의 신뢰를 얻도록 허용하기보다는, 차라리 수천의 마귀들이, 만일 그런 것이 있다면, 떼 지어 몰려다니면서 마귀들의 교리를 길거리에서 공개적으로 전파하도록 허용하는 편이 훨씬 나을 것이다.[15]

한때는 조합교회의 신자였다가 자신의 철학적 견해 때문에 유니테리언 신자가 된 존 아담스(John Adams)는 이신론자 친구인 토마스 제퍼슨(Thomas Jefferson)에게 쓴 편지에서 삼위일체 신조의 결함과 자연종교의 덕목을 이렇게 설명했다.

인간의 이해는 조물주의 계시를 통해 결코 반박될 수도 부인될 수도 없네. 이런 천상의 소통을 증명하기 위해서는 어떤 예언이나 기적도 필요하지 않지. 이 계시는 하나 더하기 둘이 셋이라는 사실과, 하나는 셋이 아니며 셋 역시 하나가 될 수 없다는 사실을 명백히 하고 있네. 우리는 지금 스스로 확신하는 것만큼 어떤 예언이나 예언의 성취, 어떤 기적이나 기적의 설계에 대해 결코 확신할 수 없는데, 이는 둘과 둘의 합이 넷이라는 자연의 계시로부터 온다네. 너희 칼뱅주의자들이여, 울부짖고 으르렁거리고 물어뜯어라. 너희 아타나시우스파 성직자들도 그렇게 하라. 너희는 내가 그리스도인이 아니라 말할 것이고 나는 너희가 그리스도인이 아니라 말할 것인데, 이것으로 모든 것은 공평해진다고 할 수 있지.[16]

제퍼슨은 아담스에게 답장을 보내면서 친구에 대한 동의를 표현했다.

종교라는 것에 대해 우리가 이해할 수 있는 것이 종파를 분열시키는 신조들이라면 말이지, "이 세상에 종교가 없다면 그 세상은 가능한 모든 세상들 중 최선일 것이다"라는 그대의 탄식은 정당하다고 보네. 하지만 인간 안에 내재되어 있으며 사회적 존재에게 필요하기 때문에 우리 육체적 체질의 일부로 만들어진 도덕적 규율, 박애주의라는 숭고한 교리, 그리고 나사렛 예수가 우리에게 가르친 이신론이 참된 종교를 구성하는 것들이라면, 종교가 없이는 이 세상은 그대가 이야기했듯 "지옥이라는 이름조차 적합하지 않는 곳"이 될 것이네.[17)]

제퍼슨이 "종파를 분열시키는 신조들"과, 내면적 도덕 및 이신론적 신학의 "참된 종교"를 극명하게 대조하면서 나사렛 예수를 자신의 편에 두었다는 점에 주목하라. 계몽주의 사상가들은 교회의 하나님, 즉 성경, 역사, 이야기, 신조, 삼위일체 하나님을 좀더 친절하고 온화한 신으로 대체하고자 바쁘게 움직였다. 즉 그들이 선호하는 하나님은 그 장엄함이 자연 안에서 빛나고, 인간의 이성과 생각으로 쉽게 이해될 수 있는 인격을 가진 존재였다. 이들의 생각에 하나님은 손에 피를 묻힌 분도 아니었고, 자신을 설명하기 위해 논리를 파괴하는 삼위일체 공식이 필요한 분도 아니었다. 또한 그분은 질서 정연한 우주를 주재하는 것에 만족하는 분으로서, 쇠도끼를 물 위로 띄운다든지 물이 변하여 포도주가 되게 한다든지 해서 자연법칙을 위반하면서까지 기적을 행하셔서 신뢰를 산산조각내시는 하나님도 아니었다. 계몽주의자들의 하나님은 우주에 대한 뉴턴의 개념과 완벽히 조화를 이루는 존재, 곧 자연 질서의 위대한 설계자로서 최종 설계를 지키고 보존하는 역할을 수

행하는 존재였다. 계몽주의 시대의 대다수 철학자들에게 있어 선택은 분명했다. 한편으로 이들은 정통 기독교의 "미신"을 더 이상 받아들일 수 없었지만, 다른 한편으로는 무신론자가 된다는 것도 상상할 수 없었다. 따라서 이들은 이신론자나 범신론자, 또는 초월적 심령론자가 되었다.[18]

이 시기의 지식인 그리스도인들은 철학과 과학에서 일어난 발견과 발전을 알고 있었으며, 어쩔 수 없이 그것으로부터 영향을 받았다. 이들은 뉴턴이 기술한 수학적으로 질서 정연하고 광대한 우주를, 겨우 창세기에 나오는 몇몇 구절을 인용하여 납득시키려는 노력이 어리석다는 사실을 알았으며, 그렇게 할 마음도 없었다. 자연철학과 이성의 세계는 그들에게 호소력이 있었다. 따라서 실제로 이들 중 일부는 하나님을 알 수 있는 수단에는 두 가지의 방법, 두 권의 거룩한 책, 곧 말씀이라는 계시의 책과 자연의 책이 있다고 주장하기 시작했다. 신자들이 성경을 읽을 때 하나님의 진리가 이들에게 계시된다. 그리고 이들이 자연의 세계로 눈을 돌려 이성의 힘으로 이 세계를 바라볼 때 성경의 진리가 확증된다. 성경이 "하늘이 하나님의 영광을 선포한다"고 선언했다면, 이것이 사실임을 알기 위해 우리가 해야 할 일은 망원경을 통해 궤도를 따라 돌고 있는 경이롭고 조화로운 별과 행성들을 바라보는 것뿐이다.[19] 사실 뉴턴은 자신의 과학적 업적을 정확히 이와 같은 용어로 이해했다. 우주의 체계를 다룬 『프린키피아』를 썼을 때 뉴턴은 이렇게 이야기했다. "신성에 대한 믿음을 찾는 사람들처럼 나는 이 과학적 원리들에 시선을 주었다. 그래서 내게 돌아온 답은, 이렇게 하는 것이 이 목적에 유익하다는 것밖에는 없었다."[20]

성경의 책과 자연의 책이 함께 하나님의 영광이라는 아름다운 화음을 노래하고 있다는 상상은 의심할 바 없이 멋진 생각이지만 한편으로는 제 눈에 안경일 뿐이다. 신자는 성경 속에 계시된 하나님을 찾고, 계몽주의 철학자는 자연 속에서 신의 증거를 찾는다. 둘 다 하나님을 언급하지만 이 외견상의 합의 이면에는 위험한 모순이 자리 잡고 있다. 좀더 깊이 들여다보면 이들이 결코 동일한 하나님을 말하고 있지 않다는 사실을 깨닫게 된다. 위대한 설계자로서 자연 세계를 주재하시는 하나님, 즉 계몽주의의 유신론적 하나님은 철학적인 상상으로서, 신학자 발터 카스퍼(Walter Kasper)의 표현을 빌리자면 "인류를 곁에서 바라보고 계신 완벽한 존재, 추상적 실체로서의 하나님"이다.[21] 계몽주의는 이성의 힘과 인간 정신의 기량을 강조하면서 하나님을 자신들만의 형상으로 재정의했다. 그런데 이 하나님은 여러 존재 중 하나의 존재로서의 하나님, 좋게 말해 인간의 자기 확대에 불과한 존재였다. 우리에게 도덕적 선이 가능하다면, 하나님은 우리 도덕성의 최대치다. 우리에게 능력이 있다면, 하나님은 우리와 같은 종류의 능력을 최대한으로 갖는 분이다. 우리가 합리적인 존재라면, 하나님은 완벽한 합리성이다. 우리가 증기 기관을 설계함으로써 자신의 천재성을 보인다면, 하나님의 천재성은 우주의 설계를 통해 드러나며, 그분은 이 질서 정연한 창조 세계 바깥에서 우주의 질서를 설정하고 관리하는 존재로 서 계신다.

계몽주의의 하나님이 가지는 한 가지 문제점은 가장 자애로운 설계자와 관리자로서의 하나님 개념이 결국은 쇠퇴할 수밖에 없다는 것이다. 우주에 대해 더 많이 알게 될수록, 우주의 에너지와 움직임이 외부가 아닌 내부로부터 온다는 사실이 분명해지며, 따라서 신적 감독관의 필요 역시 줄어든다. 라플라스는 유신론적 하나님에 관한 한 틀리지 않았으며, 결국 우리는 이런 가설이 필요하지 않게 된다. 마찬가지로 제멋대로 움직이는 자연, 그러니까 길들여지지 않는 지진과 홍수와 허리케인에 대해 더 알아갈수록, 자연은 질서 정연하고 유순하지 않아 보이며, 가능한 모든 세계 중 최선의 세계에 대한 자부심으로 활짝 웃고 있는 자애로운 설계자의 개념은 의심스러워진다. 역설적으로 유신론과 무신론의 거리는 몇 발자국에 불과하며, 이것은 충분히 예상 가능한 사실이다. 신학자 윌리엄 J. 버클리(William J. Buckley)의 논증에 따르면, 계몽주의 사상가들은 계시된 종교를 소화하지 못해 이성의 하나님과 더불어 유신론을 만들어냈다. 이것은 믿음의 가능성을 보존하기 위한 치료책이 되어야 했지만 약이 질병보다 악했던 까닭에 결국은 이 치료약이 하나님을 살해하기에 이르렀다.[22]

반대로 성경의 하나님은 여러 존재 중 하나의 존재나 추상적인 제일원인이 아니다. 성경의 하나님은 "세상 안"이나 "세상 밖"이라는 말로는 충분히 묘사될 수 없다. 차라리 세상이 하나님의 사랑 안에 존재한다고 말하는 것이 낫다. E. A. 버트(E. A. Burtt)가 상기시킨 것처럼, 유신론의 하나님은 이미 완벽하게 질서가 잡혀 있는 창조물을 유지하는 데에만 관심을 둔 "우주적 보수당"이다. "참신함의 날들은 이미 지나갔다. 더 이상 시간에 따른 발전이나 새로운 창의적 행위는 없다. 현재 신은 일상적인 집안 살림을 돌보는 일에 제한되어 있다."[23] 반면에 성경의 하나님은 창조 세계 전체와 인간의 삶을 자신의 간단없고 애정 어린 창조성 속으로 불러 모으신다. 테리 이글턴(Terry Eagleton)은 이렇게 쓴다.

하나님이 모든 것을 무로부터 창조하셨다고 말하는 것은 그분의 뛰어난 재주를 측정하기 위함이 아니라 그분이 필요가 아닌 사랑으로 창조하셨다는 사실을 제시하기 위함이다. 세상은 원인과 결과의 끝없는 사슬로부터 나온 결과가 아니다. 모더니즘적 예술 작품처럼 여기에는 필요성이 전혀 들어 있지 않다. 하나님이 자신의 작품에 대해 이미 오래전에 후회하신 것은 당연한 일이다. 원래 창조는 동기가 없는 행위였다. 하나님은 순전한 사랑 때문에 또는 아무런 이유 없이 창조를 행한 예술가이지, 연구비를 지원해주는 단체에 강한 인상을 남기기 위해 합리적인 설계를 만든 과학자가 아니다.[24]

이제 우리는 두 번째 경고, 즉 일부 신학자들이 우리를 향해 신정론의 길에서 떠나라고 경고하는 이유의 성격을 깨닫기 시작한다. 철학자들에게 이 질문의 틀을 잡도록 허용하는 것은 결국 우상 숭배나 무신론과 위험한 장난을 벌이는 것과 다름없다. 어떤 신학자들이 보기에 이 불가피한 문제는 우리가 "불가능한 체스 경기"라고 표현한 신정론의 방식으로 귀결될 수밖에 없다.

(1) 하나님은 존재하신다.
(2) 하나님은 전능하시다.
(3) 하나님은 사랑이 많고 선하시다.
(4) 무고한 고통이 존재한다.

하지만 이 등식에 등장하는 "하나님"은 유신론의 하나님, 계몽주의의 하나님, 철학자들의 수학적인 제일원인이지 예수 그리스도의 하나님이 아니다. 따라서 이런 방식을 따른다면, 신정론 문제에 대해 내놓을 수 있는 유일한 대답은 하나님에 대한 추상적인 개념 아니면, 기독교 신앙에 생소한 견해를 수반하는 수학적이고 철학적인 "해결책"뿐이다. 사실 이런 방식으로 신정론 문제를 생각하는 것은 카지노를 상대로 포커를 치는 것과 마찬가지다. 이 문제의 철학적 주물(鑄物) 자체가 바트 어만 같은 사람들이 발견한 것처럼 "하나님은 존재하신다"라는 주장을 제거하는 방향, 즉 무신론을 향하도록 주조되어 있기 때문이다.

한 남자가 친구에게 결혼 생활의 위기를 털어놓고 있는 장면을 한번 상상해보자. 남자는 이제껏 그의 결혼 생활이 행복했으며 이들 부부는 상호 간의 사랑과 관심을 공유해왔다고 한다. 부부는 서로를 위해 헌신하는 것을 즐거워했지만, 지금은 갑자기 아내가 설명할 수 없는 이유로 남편을 향해 격한 말을 내뱉기도 하고 적대적인 행동을 보이기도 한다는 것이다. 이 남자는 친구에게 자기 아내의 낯선 행동이 당황스럽고 힘겹다고 하면서, 이런 일이 일어나는 이유를 찾기 위해 노력했다고 덧붙인다. 친구가 그 이유를 찾았냐고 물었을 때 남편이 이렇게 대답한다면 친구는 깜짝 놀라지 않을까? "응, 찾았어. 만일 내 아내가 선하고 사랑이 많은 사람이라면 그녀는 이런 행동을 멈출 수 있는 힘이 없는 것이 분명해. 반면에 내 아내에게 자신의 행동을 통제할 만한 충분한 힘이 있다면 그녀는 정말로 선하거나 사랑이 많은 사람이 아닐 거야. 그녀는 능력이 많은 동시에 선할 수 없고 따라서 나는 내 아내가 존재하지 않는다는 결론에 다다랐어."

물론 앞의 예는 황당하다. 아내의 존재에 대한 질문이 애당초 논의의 대상은 아니었기 때문이다. 이 남자의 아내는 그와 한 침대에서 자고 매일 아침이면 식탁에서 얼굴을 마주하는 사람이며, 두 아이의 어머니이기도 하다. 사실은 이 사람에게 아내가 있다는 사실 자체가 "왜"라는 질문을 불러일으킨 원인이다. 오직 "아내"가 이 남자의 실재 바깥에 존재하는 무엇, 가설적 상상을 의미할 때만 그녀의 존재에 대한 질문은 유효하다. "내 삶을 살펴볼 때 나는 선하고 능력이 많은 아내가 존재한다고 믿어. 그녀의 본성은 나의 삶을 즐거운 방식으로 정돈해주는 것인데 현재 나의 삶은 즐겁지 않아. 따라서 그와 같은 아내는 존재하지 않아."

마찬가지로 성경에서 하나님의 존재는 누구나 할 수 있는 질문이 아니라 부인할 수 없는 실재로 다른 모든 질문을 이끌어낸다. 섭리적 유신론의 세계에서 우리는 하나님을 기도와 나무들 사이로 바스락거리는 바람, 낯선 사람의 얼굴, 하루 중 선선할 때 거니는 정원을 통해 만날 수 있다. 성경은 "제가 보건대 악한 자들이 번성합니다. 저는 하나님이 존재하시는지 궁금합니다"가 아니라 "오 하나님, 어찌하여 악한 자들이 번성합니까?"라고 묻는다. 폴 틸리히(Paul Tillich)가 표현했듯, "하나님이 질문의 기초가 아니라 질문의 대상일 때 우리는 그분께 가닿을 수가 없다."[25] 이것을 달리 표현하면, 그리스도인에게 모든 신학적 질문은 일종의 기도라는 것이다. 계몽주의 사상가들이 "하나님의 존재에 대해 결론을 내리고자 추구하는 이성"에 참여했을 수는 있다. 하지만 성 안셀무스는 하나님을 향한 자신의 신학적 탐구를 "이해를 추구하는 신앙", 즉 머리가 아니라 무릎으로부터 출발하는 행위로 묘사했다. 철학자 존 카푸토(John Caputo)는 안셀무스의 기도를 이렇게 바꾸어 표현했다. "주님 어디에 계십니까? 제가 집을 멀리 떠나 길을 잃었다면 저는 제 집이 어디인지 묻고 싶습니다. 하지만 집이 존재한다는 사실은 의심하지 않습니다." 그러고서 카푸토는 이 기도를 후기 계몽주의가 종교적 질문에 접근하는 방식과 대조시켰다.

결과적으로 현대성의 측면에서 신의 문제는 심각하게 변질되었다. 우리 모두는 무릎을 꿇고 시작하는 대신 이성이라는 법정의 딱딱한 좌석에 근엄한 얼굴로 엄숙하게 좌정한다.

신은 손에 모자를 든 피고처럼 개회된 법정 앞으로 끌려나와, 만약 그가 법정의 인가를 얻기를 기대할 경우 스스로를 변론하고 "자신의" 존재론에 관한 증빙 자료를 제출하도록 요구받는다.

안셀무스의 관점에서 보면 이런 종류의 세계에서는 당신이 그 증거가 아무리 유효하다고 결론짓는다 하더라도, 신은 이미 죽은 것이 되고 만다. 왜냐하면 당신이 증명하거나 부인했다고 여긴 것이 무엇이든지 간에, 그 것은 안셀무스가 기도와 예배를 통해 경험한 신이 아니라 우상이기 때문이다. 법정은 이 신[존재]이 존재해야 할 충분한 이유가 있는가, 아닌가의 여부를 알기를 원한다. 만약 이성이 있다면 그것은 경험적인가, 아니면 선험적인가? 그것은 선한가, 아니면 악한가? 이 문제를 결정하기 위해 법정이 개회되었다. 피고는 스스로를 변론하기 위해 무엇을 말해야 할까? 당신이 말할 것은 무엇인가? 다만 약간의 찬송, 경건한 기도와 분향뿐인가? 피고는 변호인으로 누구를 부를 것인가? 셰이커 교도(Shakers, 역자 주—공동생활, 공산제, 독신주의를 표방하는 미국 기독교의 한 분파), 퀘이커 교도, 성령배령자들인가?[26]

신정론에 대한 탐구가 애초부터 유신론적 추정에 오염되었다고 주장하는 신학자들의 말에는 일리가 있다. 우리 설교를 듣는 청중이 냉담한 합리주의자로서, 팔짱을 끼고 자신이 하나님의 존재에 대한 결론을 내리기 전 누군가가 "불가능한 체스 경기"를 풀어내기를 기다리고 있다면, 우리가 하려는 일은 분명히 한강에서 바늘 찾기 같을 것이다. 우리가 한 손에 원고 뭉치를 들고 "드디어 신정론의 문제를 풀었습니다"라고 외치며 서재에서 강단까지 달려간다고 해도 믿음의 분량은 조금도 달라지지 않을 것이다. 사람들은 하나님과 사랑에 빠지지, 수학적 해답과는 사랑에 빠지지 않는다.

오염에 대한 위험에도 불구하고, 나는 여전히 신정론 문제에 대한 반응을 탐구함으로써 얻는 유익이 많다고 믿고 있다. 내가 이렇게 생각하는 데는 두 가지 주된 이유가 있다. 첫째는, "불가능한 체스 경기"가 오늘날 상당수 사유하는 그리스도인들이 세상의 고통의 문제에 대해 생각하는 방식이며, 설교자인 우리는 이 질문을 회피할 여지가 없기 때문이다. 성경적 설교는 문화가 던지는 이 질문에 의문을 제기하지만, 때로는 이 질문을 진지하게 받아들인다. 신정론의 질문이 표현되는 방식을 바꾸고 싶을 수는 있다. 그렇더라도 우리는 청중과 함께 그들이 현재 머무는 곳에서 새로운 곳으로 옮겨가야지, 처음부터 이들의 탐구가 부적절하다고 선언하기만 해서는 안 된다.

둘째로, 나는 21세기의 그리스도인들이 신정론에 관한 질문을 제기할 때 갑자기 이성의 시대로 돌아가 계몽주의 철학자 같은 자세를 취한다고는 생각하지 않는다. 다른 사람들처럼 그리스도인에게도 인생에 대한 일관성 있는 견해가 필요한데, 이는 그저 하루하루를 설계하면서 생업에 전념하기 위해서도 마찬가지다. 동물에게도 세계가 있고 인간 역시 다른 동물처럼 세계를 소유한다. 하지만 인간은 환경 이상의 그 무엇, 곧 의미가 필요하다. 우리 인간은 의미 있는 세상을 만들어가야 하는 존재다. 사회학자 피터 L. 버거(Peter L. Berger)가 썼듯, 모든 인간 사회는 세상을 만들어가는 기업이다.[27] 우리에게는 많은 도움이 있다. 우리는 혼자서 건설하지 않는다. 모든 각이 완벽히 직각을 이루거나 모든 모서리가 완벽히 맞을 필요도 없지만(인생은 결코 이처럼 깔끔하지 않다), 한 개인의 세계관은 인간이 번성하기 위한 필수적인 확신과 의미의 지각을 지지할 만큼 튼튼해야 한다. 삶에 대한 관점 속에서 무엇인가가 무너져 내린다면, 예컨대 친구가 배신한다거나 어떤 물체를 놓쳤을 때 그것이 아래로 떨어지지 않고 위로 올라가기 시작한다면, 이는 논의되어야 할 세계관의 위기라고 할 수 있다.

버거는 한 사람이 가지는 세계에 대한 질서 의식을 "노모스"(nomos)라고 명명했다. 그는 이런 세계관의 문제를 신정론의 질문과 연결했다.

> 각각의 노모스는…신정론을 함축한다. 모든 노모스는 개인을 의미 있는 실재로서 마주하는데, 이 실재에는 그와 그의 모든 경험이 포함된다. 이런 노모스는 그의 삶의 모순되고 고통스러운 측면에도 의미를 부여한다. 결과적으로 노모스라는 보호의 장막은 심지어 한 개인을 울부짖는 동물성으로 축소시킬 수도 있는 경험들을 덮기까지 확장되며, 이때 고통은 더욱 견딜 만한 것으로 공포는 덜 압도적인 것으로 변화된다.[28]

여기서 버거는 신정론에 대한 질문을 무고한 고통과 대면했을 때 하나님의 정당성을 증명한다는 차원을 넘어 더 확장시키고 있다. 여기서 "신정론"이 의미하는 것은 유효한 의미를 지각하는 것과, 세계관의 연속성에 도전을 경험하게 되었을 때 일관성을 유지하는 필요를 의미한다.

내 생각에, 신정론에 대한 이런 이해는 평범한 기독교 신자들이 신앙의 빛 안에서 무고한 고통을 어떻게 이해해야 할지 궁금해할 때의 의미와 가깝다. 이런 질문은 "하나님이 선하고 전능하시다면 왜 무고한 고통이 존재하는가?"와 같이 가설적으로 들리는 표현으로 제기될 수도 있지만, 그 필요는 더욱 실제적이다. 갓난아기들이 허리케인 카트리나가 일으킨 홍수에 빠져 익사했을 때, 나는 나 자신과 다른 사람들에게 하나님의 선하심에 대해 무엇을 말해야 할까? 세상과 나 자신을 생각할 때 나는 우리가 하나님의 사랑과 긍휼로 덮여 있다고 믿는다. 하지만 지진으로 공포에 떨던 예배자들 위로 성당의 벽채가 무너져 내렸을 때 긍휼의 하나님은 어디에 계셨을까?

그렇다면 신정론의 임무는 철학 안에서 논리적인 문제를 푸는 것이 아니라 신실하지만 위험에 처해 있는 세계관을 보수하는 것이 된다. 우리가 직면한 위험은 무신론과 위험한 장난을 벌이는 것이 아니라, 도저히 강화될 수 없는 것을 떠받칠 수단을 찾는 것이 되는 것이다. 버거는 이렇게 썼다.

신정론의 매우 중요한 사회적 기능 중 하나는 사회적으로 만연한 권력의 불평등성을 설명하는 일이다. 이런 기능을 통해 신정론은 논의의 대상이 되는 특정한 제도적 질서를 즉각 정당화시키기도 한다. 간단히 말해 신정론은 가난한 사람들에게는 가난이 지닌 의미를 제공하지만, 동시에 부유한 사람들에게는 부요함이 가진 의미를 제공할 수도 있다.[29]

이런 경고는 우리로 하여금 다시 첫 번째 경고, 즉 우리가 무고한 고통을 어떤 방식으로 설명하든지 간에, 결국 그 고통을 정당화하고 말리라는 경고로 인도한다. 이렇게 하는 것은 예수님을 십자가의 길로 좇는 것이 아니라, 욥의 친구들의 역할을 자처하는 것이다.

그럼 이제 이런 경고에 유념하면서, 눈과 귀를 활짝 열고 신정론의 영역으로 본격적으로 들어서보자.

4장

동료 순례자들

하나님의 전능하심에 대한 결정적인 증거는 그분이 우리를 구원하시기 위해 존재하실 필요가 없었다는 데 있다.

피터 드 브리스의 코믹 소설 *The Mackerel Plaza*에 등장하는 앤드류 매크럴 목사[1]

이곳은 하나님의 집입니다. 이 집에 오신 것을 환영합니다. 당신이 누구든, 이 집의 가솔이든 그렇지 않든 방황하는 사람이든 도망하는 사람이든 이곳에서는 당신을 환영합니다. 하지만 이 집의 식솔이 된 분들이여, 지금 우리를 위해, 우리와 이곳에 있는 모든 죄인과 세상을 떠난 이들을 위해 기도해주십시오, 자비가 우리 모두를 느리게나마 사랑하는 그분의 얼굴로, 수건을 벗으시고 눈부시게 빛나는 그 얼굴로 가까이 이끌도록 말입니다.

영국의 어느 오래된 교회 문에 걸린 문구[2]

철학자 J. L. 맥키(J. L. Mackie)가 선하고 전능하신 하나님은 존재하지 않는다는 사실을 확실히 증명한 지 반세기가 훌쩍 넘었다.

물론 이것은 다소 과장된 진술이다. 맥키는 설득력 있고 강철 같은 올가미식 논리를 사용해서, 이 세상에 악이 존재함에도 불구하고 선하고 전능하신 하나님의 존재를 믿고자 하는 사람들이 솔직히 비이성적이라는 사실을 공개적으로 표현한 것뿐이었다. 그는 모든 것을 요모조모 따져본 후 다음과 같은 사실을 차분하게 주장하게 되었다. 즉, 전통적 신자들은 비평가들의 비난처럼 구태의연한 경건에 매달리거나, 본인들의 주장처럼 모든 증거를 넘어서서 신앙으로 과감히 발을 내딛은 것이 아니라, 그저 비논리적일 뿐이라는 것이다. 이 주제를 다룬 맥키의 논문 "악과 전능"(Evil and Omnipotence)[3]은 지금도 철학적 담론의 대표작으로 꼽히고 있으며, 앞에서 우리가 "불가능한 체스 경기"라고 부른 것이 실제로도 불가능한 막다른 골목이라는 사실에 대한 압도적 논증으로 간주된다. 맥키의 추론에 따르면 신정론 문제는 희망이 없을 정도로 비효율적일 뿐 아니라, 하나님의 존재를 믿는 것 자체가 논리적으로 중대한 결함을 가지고 있다.

맥키는 총명하고 박식한 사람이며 철저한 무신론자였다. 『만들어진 신』(김영사 역간)에서 리처드 도킨스가 "간섭하고 기적을 베풀고 인간의 생각을 읽어내고 죄를 벌하고 기도에 응답하시는 성경의 하나님"[4]을 향해 맹공을 퍼부은 바 있지만, 그보다 훨씬 이전에 맥키가 있었다. 그는 아주 부드러운 태도로 하나님이 사랑이 많고 공의롭고 전능하시다는 사람들의 주장이 실제로 허튼소리에 불과하며, 그 이유는 이런 주장이 불가피한 모순, 즉 진정으로 만들어진 신을 수반하기 때문이라는 외견상 완벽해 보이는 논거를 펼쳤다. 그런 점에서 맥키는 도킨스의 선배다. 물론 사람들은 자신이 원하는 방식으로 하나님이 존재하신다는 믿음을 지속할 수 있다. 맥키의 논쟁이 이런 가능성을 파괴한 것은 아니었다. 하지만 그 대가는 매우 컸다. 논리적으로 볼 때, 하나님이 존재하신다는 것을 믿기 위해 우리는 하나님이 도덕적으로 선하신 동시에 전능하시다는 개념을 기꺼이 포기해야 했다. 하지만 전통적 신앙을 가진 많은 그리스도인들에게 하나님의 도덕적 선과 전능성은 그분의 존재에 동반되는 하나의 패키지다. 한 가지 주장이 무효화될 경우 나머지 주장도 함께 폐기되는 것이다.

맥키의 글에서 특히 인상적인 지점은, 신정론의 문제를 교묘하게 빠져나가기 위해 가장 즐겨 사용되는 논증인 소위 자유의지에 관한 변호에 대해 그가 표면적으로나마 치명타를 날린 방식이다. 본질적으로 자유의지 옹호론은 옳다. 이 세상에는 악이 존재하지만 그것은 하나님의 행위도 잘못도 아니다. 악은 전적으로 인간의 자유의지의 행사에 기인한다(다른 해석으로는 천사와 다른 피조물의 자유의지이기도 하다). 하나님은 직간접적으로 악의 원인과 관련해서 비난을 받으실 이유가 없다. 왜냐하면 자유의지가 주어지지 않았다면 인간은 그저 로봇 같은 존재에 불과할 것이기 때문이다.

위와 같은 논증에 맥키는 급소를 찌른다. 그는 소위 자유의지 옹호론이 결코 지지될 수 없다고 주장하면서 하나님을 이 논쟁에서 제외하기를 거절한다. 하나님을 전능하신 분으로 칭하는 것은 말 그대로 하나님께 무한한 가능성이 있고 그분이 실제로 무엇을 선택하시든 그대로 행하실 수 있음을 의미한다고 맥키는 추론했다. 따라서 논리적으로 전능하신 하나님이라면 인간이 자신의 선택으로부터 전적으로 자유로우면서도 모든 순간 선을 자유롭게 선택할 수 있는 세상을 창조할 수 있었다. 맥키는 이렇게 결론지었다. "이런 가능성을 사용하지 못한 하나님의 실패는 그분이 전능한 동시에 전적으로 선하시다는 주장과 부합하지 않는다."[5]

이렇게 사건은 종결된 것일까? 그렇지는 않다. 당연히 신실한 사람들은 계속해서 촛불을 밝히고 기도하고, 선하고 모든 것을 주관하시는 하나님께 영광의 찬송을 올려드렸다. 맥키와 그의 글에 설득된 사람들이 신실한 자들의 이런 행동을 허무하고 비합리적인 것으로 규정했다는 사실도 알지 못한 채 말이다. 하지만 바로 그때 앨빈 플랜팅가(Alvin Plantinga)라는 기독교 철학자가 맥키의 도전을 받아들여 자유의지 옹호론의 정당성을 활발히 입증하기 시작했다. 플랜팅가의 주장은 맥키처럼 뛰어난 논리적 추론을 담고 있는 데다가, 많은 내용이 촘촘히 엮여 있어 요약하기가 쉽지 않다. 하지만 중심적인 논거는 맥키가 씨름한 "전능성" 개념에는 결함이 있다는 것이다. 즉 플랜팅가가 보기에, 맥키의 전능 개념은 하나님이 아무런 제약도 없이 원하시는 것을 무엇이든 하실 수 있다는 의미였다. 플랜팅가는 전능하신 하나님이라도 논리 법칙을 위반하는 상황을 만드실 수 없다고, 예를 들어 각진 원이나 결혼한 총각을 창조하실 수는 없다고 반박했다.[6] 플랜팅가는 실제로 신자들이 전능이란 말을, 하나님이 너무 커서 자신이 들 수 없는 바위를 만들 수 있다는 식으로 한 번도 이해한 적이 없다고 주장했다. 플랜팅가가 여기서 아퀴나스를 인용하지는 않지만, 똑같은 논쟁이 13세기 아퀴나스의 『신학대전』에서 전개된 바 있다.

> 모든 사람이 하나님이 전능하시다는 것은 공통적으로 고백한다. 하지만 그분의 전능이 정확히 무엇으로 구성되었는지를 설명하는 일은 어렵다. 하나님이 "모든 것"을 할 수 있다고 할 때, 이 "모든 것"이 정확히 어떤 의미인가에 대해서는 의문이 있을 수 있다. 그러나 우리가 올바로 고찰한다면, 능력은 가능한 것들에 대해 말해지기 때문에, "하나님이 모든 것을 할 수 있다"라는 문장은 그분이 가능한 모든 일을 할 수 있다는 의미로 이해되는 것이 옳다. 그리고 바로 이런 이유로 하나님은 전능하다고 일컬어진다.[7]

플랜팅가는 여기에 동의한다. "유신론자가 하나님이 전능하시다고 말할 때 의미하는 것은, 그분의 능력에 제한이 없다는 뜻이 아니라 비논리적 제한이 없다는 뜻이다."[8]

전능에 대한 플랜팅가의 설명은 맥키의 주장에 걸려 있던 자물쇠를 푸는 역할을 했다. 맥키는 하나님께 무한한 가능성이 있기 때문에, 원한다면 도덕적으로 악한 것을 전혀 행하지 않고 언제나 선을 선택하는 자유로운 피조물을 창조할 수 있었다고 주장한다. 하지만 플랜팅가는 이런 피조물이 마치 부모를 가진 고아처럼 비논리적이며, 전능한 하나님이라도 이런 존재를 만드는 것이 창조의 한계를 벗어난다고 반박했다. 하나님에 의해 언제나 선만을 선택하도록 설정된 "자유로운" 피조물이라는 개념은 그들의 선택에 신적 인과관계가 있음을 함축하며, 결과적으로 자유의 개념을 논리적으로 부정한다.

> 하나님은 자유로운 피조물을 창조하실 수는 있었지만, 이 피조물이 옳은 것만을 행하도록 만들거나 그렇게 결정하실 수는 없었다. 그렇게 하셨다면 이들은 실제로 자유로운 존재가 아니며, 결과적으로 옳은 것을 자유롭게 행할 수 없었을 것이다. 따라서 도덕적 선이 가능한 피조물을 창조한다는 것은 도덕적 악이 가능한 피조물을 창조해야 함을 의미하며, 그에게 악을 행할 자유를 주는 동시에 악을 행하지 못하도록 만들 수 없었다. 유감스럽게도 하나님이 창조하신 자유로운 피조물 중 일부는 자신의 자유를 잘못 사용했는데, 바로 이것이 도덕적 악의 근원이다.[9]

물론 모든 사람이 플랜팅가의 신학에 동의하지는 않겠지만, 맥키에 대한 그의 논리적 반박은 피해가기 어렵다. 실제로 오늘날 대부분의 철학자들은 플랜팅가가 맥키의 주장에서 약점을 찾아냈다고 생각한다. 철학자 스티븐 데이비스(Stephen Davis)는 "악의 문제가 순전히 논리적인 문제이며 유신론자들이 자가당착적 존재라는 기존의 생각을 바꾼 데는 플랜팅가의 기여가 크다"[10]라고 언급한 바 있다. 악이 가득한 세상에서 하나님을 옹호하는 주장은 여전히 필요하다. 하지만 이 주장이 논리적 일관성이 없다는 이유로 법정에서 웃음거리가 되는 일이 사라진 것은 플랜팅가 덕분이다.

하지만 때로 선명한 논리는 차가운 위로밖에 주지 못한다. 하나님이 (1) 전능하고 사랑이 많으며 공의로우시다는 사실과 (2) 무고한 고통과 악이 이 세상에 존재한다는 사실을 동시에 주장하는 것이 비합리적이지 않다고 이야기하는 것은, 사랑이 많으신 하나님이 행하실 힘을 가지신 이 세상에 왜 이렇게 많은 고통이 일어나는가 하는 문제 앞에서 곤혹스러워하며 사유하는 그리스도인에게 참된 평안을 줄 수 있는 무엇을 이야기하는 것과는 거리가 멀다. 쓰나미로 네 자녀를 잃은 스리랑카인 아버지에게는 더더욱 그러할 것이다. 플랜팅가 같은 사상가들은 이제 문을 열어젖혔다. 신정론의 문제를 탐험하는 것이 비합리성 안에서 일어나는 일단의 운동이 아님을 증명한 것이다. 하지만 이 탐색의 목적은 단순히 논리적인 것만이 아니라 신앙에 대한 도전을 이해하기 위한 믿을 만한 방법을 찾는 것이기도 하다. 이제 우리가 할 일은 신실한 사람들이 이와 같은 믿을 만한 방법을 찾기 위해, 또 신정론을 목회적이고 논리적인 방법으로 설명하기 위해 노력한 몇 가지 대표적인 접근법을 탐험하는 것이다. 우리는 고통 받는 세상에서 하나님의 사랑과 임재를 이해하기 위해 애써온 동료 순례자들과 함께 솔직하면서도 비평적인 대화에 참여하게 될 것이다. 우리는 신정론에 대한 오래된 반응 대신 비교적 최근의 것으로, 수백만의 사람들이 설득력 있고 유익하다고 인정한 책, 랍비 해롤드 쿠쉬너(Harold Kushner)의 『왜 착한 사람에게 나쁜 일이 일어날까』에서 시작할 것이다.

착한 사람에게 나쁜 일이 일어날 때

랍비 해롤드 쿠쉬너가 1981년에 발표해서 베스트셀러가 된 『왜 착한 사람에게 나쁜 일이 일어날까』(창 역간, *When Bad Things Happen to*

Good People)[11])는 대중신학 저서이면서 많은 독자들이 감사와 찬사를 표했다는 사실만으로도 진지하게 받아들일 필요가 있는 책이다. 레슬리 웨더헤드(Leslie Weatherhead)의 『하나님의 뜻』(한국기독교연구소 역간)이 제2차 세계대전 세대에게 했던 것과 마찬가지로 쿠쉬너의 책은 악의 문제에 대해 우리 시대 많은 사람에게 위안을 주고 설득력 있는 방법을 제공했다. 이 책의 첫 단락은 이 저술이 가진 대중성을 암시하는 동시에, 이런 주제를 놓고 설교하는 이들을 위한 지혜로운 조언을 제공한다.

> 이 책은 하나님이나 신학에 대해 요약한 것이 아니다. 그렇다고 공연히 거창한 말이나 같은 질문을 교묘하게 반복하면서 "우리가 문제라고 생각하는 것이 사실은 별 문제가 아니며 다만 우리가 문제라고 생각하고 있을 뿐"이라고 역설하기 위한 책도 아니다. 이 책은 자기 자신이 하나님과 세상의 선함을 믿는 동시에 다른 사람들도 그것을 믿도록 돕는 데 삶의 대부분을 바쳤지만, 개인적인 비극을 겪으면서 자기가 지금까지 가르쳐온 하나님의 길에 대해 다시 한 번 숙고하게 된 사람이 쓴 지극히 개인적인 기록이다.[12]

쿠쉬너로 하여금 이 책을 쓰도록 한 것은 개인적인 비극이었다. 그의 아들 아론은 선천성 조로증으로 사망했다. 조로증은 대단히 희귀한 병이며 보통 치명적인 유전병으로서 그 증상으로는 급격한 노화 현상이 나타난다. 아론이 세 살이었을 때 쿠쉬너와 그의 아내는 의사로부터, 앞으로 아론이 90센티미터 정도로밖에 자라지 않을 것이고 머리나

몸의 체모도 자라지 않을 것이며, 어린아이임에도 불구하고 노인과 같은 모습일 것이고, 결국 십대 초반에 사망하게 되리라는 이야기를 들었다. 의사의 말은 옳았다. 아론은 이 모든 징후를 다 경험한 후 불과 14살의 나이로 숨을 거두었다.

이 끔찍한 진단 앞에서 쿠쉬너는 다양한 반응을 보였는데, 그중에는 하나님을 향한 도덕적인 분노도 포함되어 있었다. 이 일이 공평치 못했기 때문이다. 쿠쉬너 부부는 윤리적인 사람들, 즉 다른 누구와 견주어도 모자람이 없는, 종교적으로 매우 헌신된 사람들이었다. 설령 쿠쉬너가 도덕적 범죄를 지은 일이 있고 그래서 하나님의 형벌을 받아 마땅하다고 쳐도 그것은 아론과는 무관한 일이었다. "아론은 이제 겨우 세 살밖에 안 된, 항상 명랑하고 발랄한 죄 없는 어린아이일 뿐이다. 왜 순진무구한 아론이 남은 생애 전부를 육체적·정신적 고통 속에서 살아가야 하는가? 왜 그가 사람들의 눈총과 손가락질을 받아야 하는가? 왜 그는 같은 또래 아이들이 데이트를 하고 결혼해서 아버지가 되는 모습을 지켜보고만 있어야 하는가?"[13] 이것은 하나님이 만드신 세상이 작동하는 방식이 아니었다.

쿠쉬너는 "왜?"라는 질문에 대한 답을 찾아 나섰다. 그의 탐구 이면에는 "불가능한 체스 경기"로서의 문제라는 익숙한 틀이 버티고 서 있었다. 쿠쉬너는 늘 하나님이 공의롭고 공평하며 전능하시다고 믿어왔지만 이제 더 이상 이런 믿음을 아들이 겪고 있는 부당한 고통과 일치시킬 수가 없었다. 신적 사랑과 능력은 무고한 고통과 화해할 수 없었다. 무엇인가 설명이 필요했다.[14]

시간이 지나면서 쿠쉬너는 무고한 고통에 대한 많은 상투적인 대답과 설명, 수세기 동안 사람들이 위로받기 위해 의지해온 경건한 말들, 가령 하나님이 각자에게 합당한 것을 주신다든지, 하나님이 고통을 사용하셔서 우리의 지식과 인격을 세워가신다든지, 고통은 우리가 지금은 다 알지 못하지만 그분의 더 큰 계획의 일부라든지 하는 말을 접하게 되었다. 쿠쉬너의 책이 가진 장점은 그가 솔직하고 체계적인 방식으로 이런 위로들이 모두 공허하다고 까발리는 데 있다. 그는 다음과 같이 친구들에게 격분하는 성경의 욥과 같다. "전에는 나도 지금의 너와 똑같이 이야기하곤 했어. 나 역시 케케묵은 진정제를 언급했지만, 지금 내 고통은 그런 대답을 거짓으로 만들어버렸어."

예컨대 고통이 우리에게 주어진 것은 어떤 방식으로든 그 고통이 우리를 강하게 만들고 우리 인격을 단련하기 위함이라는 개념을 거절하면서 쿠쉬너는 해리엇 쉬프(Harriet Schiff)의 이야기를 들려준다. 해리엇의 어린 아들은 선천적인 심장 질환을 고치는 수술 도중 목숨을 잃었다. 해리엇의 목사는 그녀를 한쪽으로 데리고 가서 이렇게 말했다. "얼마나 견디기 어려운 시련인지 저도 잘 압니다. 하지만 당신이 이 시련을 잘 극복해내리라 믿어요. 하나님은 감당할 수 있을 만큼만 시련을 주시니까요." 해리엇은 이 말을 들으면서, 자신이 더 연약했더라면 아들 로비가 아직 살아 있었을 텐데 하는 생각이 들었다.[15]

쿠쉬너는 고통이 지금은 우리에게 거대한 수수께끼이지만 언젠가는 그 이유가 분명해질 것이라는 종말론적인 설명과 확신 역시 밀쳐낸다. 우리는 이것을 조금씩 이해하게 될 것이다. 쿠쉬너는 손톤 와일더(Thornton Wilder)가 『제8일』이라는 소설에서 전개했던 거대한 벽걸이 융단의 이미지를 묘사한다. 와일더의 주장에 따르면 인간의 삶은 이 벽걸이 융단과도 같다. 앞에서 "좋은" 면을 볼 때는 위대한 아름다움과 복잡함과 하나님의 원대한 계획의 패턴을 드러내지만, 우리가 삶을 경험하는 것은 이 융단의 반대편, 곧 끊어진 실들과 깔끔하지 못한 마무리로 엉성하기 짝이 없는 융단의 "뒷면"이다. 우리 삶의 조각들과 깨어짐이 원대한 계획에 어떻게 공헌하고 있는지, 우리는 미래에 보게 될 것을 미리 볼 수 없다. 누군가는 상대적으로 더 건강하고 평안한 삶을 살며, 또 다른 누군가는 갑작스런 죽음을 맞이한다. 이것은 전자가 더 정당해서가 아니라 원대한 패턴이 그것을 요구하기 때문이다. 여기에 대해 쿠쉬너는 콧방귀를 뀐다. 그는 제아무리 낙관적으로 생각한다 할지라도 이런 설명이 고작해야 "현실 문제에 대한 가설책에 불과"할 뿐이라고 말한다. 인간의 고통은 현실이다. 쿠쉬너는 이렇게 말한다. "우리는 인간의 고통을 두 눈으로 목격하고 있다. 그러나 와일더의 벽걸이 융단은 아무도 본 적이 없다."[16]

신정론의 문제에 대한 몇몇 일반적인 반응을 살펴본 쿠쉬너는 이 모든 것을 일축해버린다. 쿠쉬너가 관찰한 바에 따르면 이런 반응들의 공통점은 어떤 이유에서든 하나님이 인간의 고통의 원인이 되신다는 가정으로부터 시작한다는 것이다. 하나님이 우리에게 고통을 허용하시는 것은 인격을 연단하거나 교훈하기 위해서라거나, 아니면 단순히 그분이 무정하신 까닭에 우리의 곤경에는 별 관심이 없이 고통을 허락하신다는 것이다. 하지만 쿠쉬너가 찾아낸 이 모든 일반적인 설명에 따르면 인간의 고통의 배후에는 하나님의 손길이 있다.

이런 관례적인 대답에 만족하지 못한 쿠쉬너는 왜 하나님이 자신의 아들에게 그토록 끔찍한 고통을 허용하셨는가 하는 질문에 대한 다른 대답을 직접 찾아 나섰다. 그가 도움을 받기 위해 향한 곳은, 다른 많은 사람들처럼 구약성경 중 욥기였다. 쿠쉬너는 욥기에 대해 이렇게 말했다. "성경에서…인간의 고난에 대해 욥기만큼 완벽하게 성찰하고 있는 책은 없을 것이다."[17] 욥의 이야기를 더듬어가면서 욥과 하나님의 대화를 탐구한 쿠쉬너는 아주 놀라운 발견을 하게 된다. 욥기가 끝나갈 즈음, 하나님이 욥에게 "폭풍우 가운데서 들려주셨던 말씀" 중 하나를 통해 쿠쉬너는 "불가능한 체스 경기", 곧 어떻게 선하신 하나님이 무고한 사람에게 끔찍한 고통을 허용하실 수 있는가 하는 괴로운 질문에 대한 욥의 해결책이라고 믿어지는 것을 발견하게 된다. 쿠쉬너가 발견한 답은 하나님은 사랑이 많고 공의로우시지만 모든 악과 고통을 제거할 만큼 강력하시지는 않다는 것이었다. 하나님은 왜 모든 고통을 끝내지 않으시는가? 그것을 하실 수 없기 때문이다. 쿠쉬너가 읽은 욥기에 따르면 하나님은 고통을 끝낼 수 있을 만큼 강하시지는 않다.

쿠쉬너가 매우 통찰력이 있다고 생각한 말씀은 욥기 40장에 등장한다. 기이하게도 그는 이 텍스트를 "욥기 전반에 걸쳐 가장 중요한 부분"으로 지목했다.[18] 여기서 하나님은 욥에게 이렇게 말씀하신다.

네가 하나님처럼 능력이 있느냐 하나님처럼 천둥소리를 내겠느냐

[너는] 악인을 그들의 처소에서 짓밟을지니라

그들을 함께 진토에 묻고…

그리하면 네 오른손이 너를 구원할 수 있다고 내가 인정하리라[19]

캐롤 뉴솜(Carol Newsom)의 멋진 표현처럼, 욥기에 나타난 하나님

의 말씀에는 자신을 이해시키는 것을 "거부하는 짓궂음"이 나타난다.[20] 이 말씀이 높은 곳에서 천둥같이 들렸는지, 아니면 고요하고 지혜로운 역설과 함께 속삭임으로 들렸는지는 알 수 없다. 하지만 이 본문이 해석상 상당히 난해함에도 불구하고, 욥기를 전공하는 신학자들 상당수는 이것을 쿠쉬너와는 다르게 이해한다. 불확실성의 여지는 있지만 성서학자 대부분은 욥기 40장의 기본 줄거리가 매우 명확하다고 생각한다. 즉 하나님은 자신의 신적 능력과 인간의 연약함을 대조하면서 이렇게 말씀하신다. "욥, 너는 네가 나와 대등하다고, 네가 가진 보잘 것 없는 인간의 힘으로 악을 물리치고 너 자신을 구원할 수 있다고 생각하느냐? 그렇다면 한번 해보아라." 하지만 쿠쉬너는 이 본문 속에서 다른 내용을 듣는다. 그는 하나님이 이렇게 말씀하신다고 이해한다. "욥, 나는 내가 할 수 있는 최선을 다하고 있지만 내가 이 모든 것을 주관하는 것은 아니다. 악을 다스리는 것은 나에게도 쉬운 일이 아니다. 그러니 '만약 네가 이 세상을 바르고 참되게 만드는 것과 사람들에게 불공평한 일이 일어나지 않도록 하는 일이 쉽다고 생각한다면, 네가 한번 해보아라.'"[21]

우리는 실제로 이것이 쿠쉬너가 성경 해석을 통해 얻은 통찰은 아니었으리라는 인상을 받는다.[22] 쿠쉬너는 앞과 같은 생각에 이끌려 욥기의 본문을 자신이 이미 사실이라고 결정한 내용에 끼워맞춘 것이다. 간단히 말해 "불가능한 체스 경기"에서 쿠쉬너의 선택은 제한되어 있었다. 그는 무고한 고통이 존재한다는 사실을 직접적인 체험을 통해 알았지만, 동시에 사랑이 많고 공의로우신 하나님에 대한 자신의 믿음을 포기하고 싶지도 않았다. 따라서 그가 희생시켜야 할 유일한 체스의 말은 하나님의 전능하심에 대한 믿음이었다. 쿠쉬너는 이렇게 썼다.

> 나는 더 이상 질병과 사고, 자연재해의 책임이 하나님께 있다고 생각하지
> 않는다. 왜냐하면 이런 일들의 책임을 하나님께로 돌릴 때, 얻는 것은 적고
> 잃는 것은 너무나도 많다는 사실을 깨달았기 때문이다. 내게는 고통을 미
> 워하시지만 그것을 제거하실 능력이 없는 하나님을 예배하는 편이, 비록
> 숭고한 이유 때문이라 할지라도 어린아이들이 고통 받고 죽도록 선택하시
> 는 하나님을 예배하는 것보다 훨씬 수월하다.[23]

악의 책임이 하나님께 있지 않다면, 쿠쉬너는 악이 어디서부터 온
다고 생각했던 걸까? 악은 순전히 불운으로부터 오기도 하고 부도덕한
사람들의 잔인한 행위로부터 오기도 하지만, 대부분의 경우 자연의 임
의성과 운명으로부터 비롯된다. "우리에게 골칫거리를 던져주는 것은
운명이지 하나님이 아니다."[24]

신정론의 문제에 대한 쿠쉬너의 대중적인 답변은 많은 사람에게 목
회적 유익을 제공했다. 특히 비극을 몸소 경험한 사람들에게 큰 위안
을 주었다. 쿠쉬너는 하나님이 이런 고통을 야기하지 않으셨고, 그들의
악행을 벌하는 것도 아니며, 그분께 능력이 있다면 당연히 그들의 고
통과 슬픔을 멈추셨을 것이라며 안심시켰다. 하지만 신정론의 문제에
대한 쿠쉬너의 접근은 신학적으로 튼튼한가? 신학자 더글러스 존 홀
(Douglas John Hall)은 최소한 두 가지 기본적 관점에 입각해서 쿠쉬너
를 비판한다. 홀의 첫 번째 비판은 본질적으로 쿠쉬너가 사용한 "선"과
"악"이라는 용어에 대한 개신교적 이의 제기라고 할 수 있다(물론 쿠쉬

너 자신은 이런 설명에 동의하지 않겠지만). 즉, "착한" 사람에게 "나쁜" 일이 일어난다는 이야기 자체가 도덕적으로 불완전하다는 주장이다. "나쁜" 일이 좋은 결말을 맞이하는 경우도 있다. 또한 바울의 말에 비추어 보면 "착한" 사람이 꼭 착한 것만도 아니다. 이런 사실은 선과 악에 대한 쿠쉬너의 도덕적 범주 간의 차이를 불충분하고 미묘하게 만든다. 홀에게 더 중요한 문제는 "이 책이 북미의 평범하고 착한 중산층으로 하여금 자신과 사회에 대한 기본적 추정들을 의심하도록 전혀 유도하지 않는다"라는 것이다. 우리가 자신과 같은 착한 사람들에게 고통스러운 일이 일어난다는 사실에 불쾌감을 느낀다면, 우리는 자신이 의롭다는 생각에 빠진 나머지, 이사야처럼 부정한 백성 중에 거하는 입술이 부정한 사람으로 자신을 결코 간주하지 못할 것이다.[25]

하지만 여기서 나는 홀에 반대하여 쿠쉬너와 같은 입장을 취하고 싶다. 바울이 "모든 사람이 죄를 범하였으매 하나님의 영광에 이르지 못하더니"라고 말했음을 잘 알지만, 이것은 문제의 핵심과는 거리가 멀다. 맞다. 우리 중 누구도 최종적으로 자신을 선하다고 주장할 수 없다. 선과 악에 대한 쿠쉬너의 정의는 대략적이다. 하지만 쿠쉬너는 개인의 의로움 때문에 하나님이 당연히 보호해주셔야 한다고 주장하고 있는 것이 아니다. 쿠쉬너의 책의 문맥 안에서 선하다는 것은 주로 이 세상이 하나님의 선하심과 공의 위에 지어졌다는 사실을 신뢰하는 삶을 의미한다. 쿠쉬너가 가진 도덕적 문제는 자신의 노래를 불러볼 기회도 얻기 전에 끔찍하게 죽어간 아이와, 하나님을 섬기려 애쓰면서도 슬픔과 당혹감, 극도의 고통 속에서 무너지는 그의 부모에 관해서다. 이 문제는 이들의 도덕적 결함이 무엇이든 간에 그것과는 비교할 수 없이 크다. 간단히 말해 "착한 사람"과 "악한 사람"을 어떻게 정의하든지 간에, 쿠쉬너의 아들이 왜 끔찍한 질병으로 고통당해야 하는지를 설명하는 데는 도움이 되지 않는다. 확실히 하나님의 선하심은 이 우주에 어느 정도 도덕적 안정감이 존재한다는 사실을 의미해야만 한다. 또한 확실히 하나님의 사랑은 도덕을 가르치고 피조물을 징계하며, 윤리적 주장을 펼치기 위해 무력한 아이들을 죽이지 않고도 회개를 촉구할 방법을 찾아낼 수 있다. 나는 쿠쉬너가 자신만의 고유한 랍비적 방식으로, 본질적으로는 예수님이 하신 다음과 같은 말씀을 하고 있다고 생각한다. "우리가 악할지라도 좋은 것을 자식에게 줄 줄 알거든 하물며 우리 하늘 아버지께서도 그렇게 하시지 않겠느냐"(눅 11:13).

쿠쉬너를 보면서 절로 감탄이 나오는 바는 그가 하나님을 악과 고통의 주체로 인정하지 않는다는 점이다. 쿠쉬너는 사랑이 많고 공의로우신 하나님을 신뢰했다. 그는 요행을 비는 마음으로 아들의 질병과 죽음을 신적 사랑과 공의의 표현으로 받아들일 방법을 찾고자 노력하지 않았다. 이런 노력은 그를 논리적 곤경에 직면하도록 만들었다. 그가 이 곤경에서 빠져나가는 유일한 길은 하나님의 전능하심을 양보하는 것이었다. 내가 생각할 때 쿠쉬너가 처했던 문제는 하나님에 대한 이런 식의 교리에 의해 발생하는 부수적인 폐해였다. 괴물 같은 악은 기원이 있어야만 했으며, 쿠쉬너에게 이 기원은 최종적으로 운명이었다. 개인적인 운명이 아니라, 모든 인간의 삶을 관장하는 "운명의 신"(Fate) 말이다. 그에게 운명은 중립적이고 무관심한 자연의 무작위적 결론 그 이상의 적극적 힘이었다. 쿠쉬너는 하나님이 인간의 삶에 문제를 보내신다는 개념은 잘못된 것이라고 말한다. "우리에게 골칫거리를 던져주는 것은 운명이지 하나님이 아니다."[26] 그의 아들의 생명을 앗아간 것은 운명이었다. 운명은 창조 때부터 존재했던 무작위적 혼란의 힘으로서 하나님은 그 힘을 길들이실 수 없었다.

이후 쿠쉬너는 자기도 모르게 두 번째 우주적인 힘, 즉 하나님의 경쟁 상대를 설정한다. 곧 쿠쉬너는 선한 하나님과 악한 하나님이라는 우주적 이원론에 빠지고 만다.[27] 홀은 바로 이것이 쿠쉬너의 두 번째 문제라고 비판했다. 쿠쉬너의 이런 가정은 본질적으로 영지주의적인 자세다. 고대 영지주의자들은 나름대로 초기 형태의 신정론적 도전을 받았으며, 물질세계가 부당한 고통으로 가득하다는 사실에 불안감을 느꼈다. 마침내 이들은 하나님이 갈등을 겪는 창조의 주체가 되실 수 없다는 결론을 내렸다. 따라서 고통은 보다 열등한 신인 데미우르고스로부터 온 것이어야 했다. 쿠쉬너가 말한 "운명"은 이름만 다를 뿐 실제로는 데미우르고스와 위험할 만큼 흡사하다. 닥치는 대로 인류에게 고통을 쏘아대는 예측할 수 없는 운명의 신과, "상처받은 이들을 돌보라는 격려 외에는 아무것도 하실 수 없는" 연약한 하나님을 마주한 쿠쉬너는 인간의 잠재력에 기댈 수밖에 없었다. 우리에게 일어나는 나쁜 일에는 의미가 없지만 "우리는 그것에 의미를 부여할 수 있다. 우리는 그것에 의미를 부여함으로써 무의미함으로부터 이 비극을 구속할 수 있다."[28] 쿠쉬너에 따르면 악과 고통에 관한 한 구속은 하나님이 아닌 우리가 행하는 무엇이다. 하나님은 우리를 도우실 수 있지만 이 과업은 본질적으로 우리 몫이다. 이것은 대담한 견해일 수는 있지만 하나님에 대한 결핍된 이해일 뿐이다. 홀의 표현을 빌리자면 "신학적으로나 인간적으로나 이 견해는 만족스럽지 못하다."[29]

쿠쉬너의 책에서 성경적 언어와 목회적 이야기를 모두 벗겨낸다면 남는 것은 극심한 삭막함뿐이다. 우리는 무작위적인 운명의 신이 고통과 아픔을 일으켜서 이런 고통이 마구잡이로 발생하는 세상에 살고 있다. 하나님은 용기와 협력을 진작시키는 메세지를 보내시는 것 말고는 달리 하실 수 있는 일이 없다. 고통 속에서 존재하는 선한 사람들에게 남은 것은 자신의 허리띠를 졸라매고 용감하게 인생에 맞서서 현실이 건네는 것을 기꺼이 받아들이고 더 나은 세상을 위해 할 일을 하는 것뿐이다. 이런 태도는 사르트르에게는 나름대로 가치가 있겠지만, 기독교 신앙은 더욱 큰 약속을 선사한다.

신정론과 관련해서 쿠쉬너가 출발한 지점과, 바트 어만이 자신이 이해한 방식대로 전도서 저자의 견해를 받아들이며 도달한 지점 사이에는 선명한 연관성이 있다. "인생은 수수께끼이고 이것의 상당 부분은 불가해하다. 공의를 기대하지 말아야 한다. 선한 사람이 패하기도 하고 악한 사람이 승리하기도 하기 때문이다. 나쁜 일은 무작위적으로 일어나고 좋은 일도 마찬가지다. 따라서 덧없이 지나가는 인생을 붙들고, 할 수 있는 한 그것을 즐겨라."[30] 이런 세계관 속에서 도덕이라는 나침판은 걷잡을 수 없이 돌아간다. 결국 그 바늘이 어디를 가리킬지는 누구도 장담할 수 없다. 최소한 쿠쉬너는 외부로, 곧 다른 사람들과 하나님을 믿는 신앙으로 눈을 돌렸지만 어만은 내면을 향했다.

나는 우리 자신을 위해 이 세상, 즉 우리가 살고 있는 이곳을 가장 만족스러운 곳으로 만들기 위해 애써야 한다고 생각한다. 우리는 사랑하고 사랑받아야 한다. 우리는 우정을 공고히 만들고 친밀한 관계를 즐거워하며 가족의 삶을 소중히 여겨야 한다. 우리는 돈을 벌고 소비해야 한다. 많을수록 좋다. 맛있는 음식과 음료를 즐겨야 한다. 우리는 외식을 하고 건강에 이로운 후식을 즐기고 그릴에 스테이크를 굽고 보르도산 포도주를 마셔야 한다. 우리는 동네를 걷고 정원 일을 하고 농구 경기를 관람하고 맥주를 마셔야 한다. 여행을 하고 책을 읽고 도서관을 찾고 예술 작품을 보고 음악을 들어야 한다. 좋은 차를 몰며 좋은 집에서 살아야 한다. 육체적인 사랑을 나누고 아이를 낳고 가정을 꾸려야 한다. 삶을 사랑하기 위해 우리가 할 수 있는 것을 해야 한다. 이 모든 것은 선물이다. 하지만 그 무엇도 우리와 영원히 함께하지는 않을 것이다.[31]

어느 회중 속에든 깊은 상처와 은밀한 고통을 가진 사람들이 존재한다. 앞과 같은 조언을 깊은 상처와 고통을 가진 회중이 듣는다고 생각해보면, 금방 이것이 불충분하다는 사실이 드러날 것이다. 더군다나 아이티에서 일어난 지진이나 인도양에서 발생한 쓰나미 같은 맥락 안에서 이런 무기력한 엘리트주의는 잔인함으로까지 비추어진다. 어떤 멍청이가 밀려오는 바닷물에 가족을 잃어버린 한 남자의 어깨에 팔을 두르고 이렇게 말할 수 있겠는가? "저는 당신이 그릴에 스테이크를 굽고 보르도를 한 잔 들이키고 농구 토너먼트를 관람해야 한다고 생각합니다. 삶을 사랑하십시오. 이것은 선물이며, 이 선물은 우리와 영원히 함께하지는 않을 것입니다."

과정 사상

쿠쉬너는 불가능한 체스 경기를 하나님의 전능성을 양보함으로써 극복했다. 동일한 영역에서 씨름하던 미국의 과정 신학자들은 하나님을 유약한 존재로 만드는 대신, 능력에 대한 정의 자체를 근본적으로 바꾸어버렸다. 과정 신학자 존 캅(John Cobb)은 대부분의 신학이 하나님의 능력을 진흙을 빚는 토기장이처럼 상상한다고 비난한 바 있다. 토기장이는 진흙을 어떻게 빚을 것인지 결정한 다음 자신의 의지에 따라 능력을 발휘하여 그 진흙을 빚어간다. 하나님을 토기장이로 그리는 것은 신정론의 문제를 급격하게 부상시킨다. 어떤 일이 잘못되어갈 때, 비극이 닥칠 때, 토기가 잘못 빚어졌을 때, 하나님은 왜 손을 뻗어 진흙을 다시 빚지 않으시는 걸까?

하지만 캅에 따르면, 하나님의 능력을 이런 식으로 상상하는 것은 사실상 그분의 능력을 감소시키는 것이다. 겁을 먹은 부모나 교도소의 교도관이나 폭군들은 토기장이가 진흙에 행사하는 능력, 즉 강요하고 강제하는 능력을 사용하겠지만, 결국 이것은 그들이 연약하다는 표지일 뿐이다.[32] 캅은 하나님의 능력이란 토기장이의 능력이 아니라 설득자의 능력이라고 말한다. 하나님의 능력은 토기장이의 능력보다는 지혜롭고 경험이 많은 부모의 능력과 같다. 하나님은 모든 것 가운데서, 존재하는 것이 무엇이든 이것 가운데 선을 극대화시키기 위해 설득적인 능력을 발휘하고 계시다.[33]

하지만 설득하시는 하나님과, 하나님이 천지를 지으셨다는 주장은 어떻게 서로 조화를 이룰 수 있을까? 과정 신학에서는 하나님이 세상을 "무로부터"(ex nihilo) 창조하지 않으셨다는 사실이 매우 중요하다. 무로부터의 창조는 하나님을 토기장이, 즉 절대적 주관자로 묘사한다.[34] 하지만 세상은 하나님이 창조 역사를 시작하시기 전, 곧 설득적인 능력을 행사하시기 전에 이미 존재했다. 과정 신학자들은 창세기 1:1에 대한 특정 해석을 선호한다. "태초에, 즉 하나님이 천지를 창조하셨을 때"라는 보다 친숙한 번역보다는 "하나님이 천지를 창조하기 시작하셨을 때 땅이 혼돈하고 공허하며"라는 번역을 선호하는 것이다.[35] 이런 번역은 하나님이 창조 역사를 시작하시기 전에 이미 무엇인가가 존재했다는 사실을 암시한다. 또한 이 번역은 과정 신학의 핵심, 즉 인생의 어떤 환경도, 심지어 우리가 창조라고 부르는 것조차도 백지 상태를 의미하지 않으며, 하나님께는 창조의 무한한 가능성이 없음을 의미한다. 하나님의 능력은 각각의 환경에 내재된 자유와 가능성에 달려 있다. 간단히 말해 하나님은 백지 위에 완벽한 집을 설계하는 건축가가 아니다. 오히려 그분은 낡은 집을 사서 그것을 거할 만한 공간으로 리모델링하는 사람에 가깝다.

알프레드 노스 화이트헤드(Alfred North Whitehead)의 철학에서 도출된 개념들을 바탕으로 과정 신학자들은 하나님을 존재가 아닌 과정, 곧 진화 중인 보다 큰 체계에 내재되어 있는 지속적인 창조의 에너지로 보았다. 하나님은 가능한 것들 안에서 그것들과 함께 일하시며, 세상을 더욱 큰 선으로 이끌기 위해 강요하는 대신 유혹하는 분이다. 캅은 우리가 진화라고 부르는 것을, 설득하시는 하나님의 부르심에 대한 응답으로 상상했다. 하나님은 원시 상태의 진흙을 불러 동물적 생명체가 되도록, 그리고 그 후에는 진짜 동물이 되도록 하셨다.

하나님이 말씀하셨다. "진흙을 버리고 일어서서 더 나은 네가 되어라!"

하지만 동물들은 저항했다. "그러고 싶지 않습니다. 저희는 할 수 없습니다!"

하나님은 포기하지 않으셨다. "너는 할 수 없지만 나는 할 수 있다. 일어나라!"

아, 영겁의 시간이 여러 번 지난 후, 여전히 단단치 못한 다리를 떨면서 인류가 탄생했다.[36]

존 캅의 주장에 따르면, 사랑하고 설득하시는 하나님의 능력에 대한 과정 신학의 견해는 자연적 악의 문제를 근본적으로 해결하지는 못해도 적어도 최소화시킨다. 우리의 세상에는 지진과 쓰나미가 존재하지만 이것은 도덕적으로 중립적인 사건이다. 이 사건들은 단순히 자연적 과정으로서, 파괴될 만한 생명체가 존재하지 않았다면 이것들은 악으로 간주되지도 않았을 것이다. 15미터에 달하는 파도가 북대서양 한복판에서 일었다면 누구도 이것을 악한 일로 여기지 않는다. 하지만 이 파도가 고기잡이 어선을 집어삼키고 거기 타고 있던 일곱 명의 선원이 익사했다면 우리는 비극과 악에 대해 이야기할 것이다. 파도는 악하지 않다. 악은 인간의 생명이 피해를 입었기 때문에 일어난 것이다. 하지만 생명체를 나오라 설득하신 것은 하나님이었고, 그 생명체를 더욱 복잡한 존재로, 궁극적으로 인간으로 부르신 것도 하나님이었으며, 선원을 잔뜩 태운 배를 사고가 난 바다의 바로 그 지점까지 인도한 과정의 원인을 제공한 것도 하나님이었다. 하나님이 세상을 생명체로, 특별히 고등한 생명체로 가득 차도록 설득한 것은 잘못일 수 없다. 하나님은 인간의 생명을 자신이 통제하지 못하는 세상으로 불러내셨는데, 그로 인한 한 가지 결과는 인간이 끔찍한 고통과 아픔에 노출되었다는 점이다. 이것 때문에 우리가 하나님을 기소할 수 있는가? 하나님이 실제로 우리를 설득하여 가스로 가득 찬 방에서 불장난을 하도록 하셨는가?

과정 신학자 데이비드 레이 그리핀(David Ray Griffin)은 『과정 신정론』에서 이런 문제를 제기한다. "하나님은 원시 상태의 혼돈스러움을 그대로 두고 그 혼돈으로부터 질서를 이끌어내지 말았어야 했을까? 아니면 복잡한 생명의 형태가 나오도록 촉구하기 직전에 멈춘 채, 적어도 고등한 형태의 악이 가능하지 않도록 하셨어야 했을까?"[37] 그리핀이 인정한 것처럼 하나님이 창조와 함께 큰 위험을 감수하셨다는 것은 분명하다. 왜냐하면 하나님은 세상의 모든 도덕적 악에 대해 명백한 책임을 지게 되셨기 때문이다.[38] 하지만 그리핀의 주장에 따르면, 이로 인해 하나님의 면전에서 주먹을 휘두르고 싶은 이가 있다면 그는 적어도 다음과 같은 두 가지 중요한 사실을 고려해야 한다.

첫째로, 무엇이 악을 구성하는가 하는 문제를 고려해야 한다. 하나님이 창조와 연관된 위험을 감수하셨다는 것을 비판하는 사람들은 부조화가 악의 유일한 형태라고 생각하는데, 이것은 "불필요한 사소함 역시 진정한 악"[39]이라는 사실을 간과하기 때문이다. 하나님이 모든 것을 홀로 두어도 괜찮은 상태로 만들고, 보다 복잡한 생명체가 탄생하도록 하지 않으셨다면 극심한 부조화는 일어나지 않았겠지만 동시에 완벽한 조화의 즐거움 또한 나타나지 않았을 것이다. 고난도의 부조화도 조화도 존재하지 않는 이런 세상에서는 익사하는 고기잡이 선원도, 비행기 사고로 목숨을 잃는 음악가도, 우주 왕복선의 폭발로 비명횡사하는 우주 비행사도 없었을 것이다. 하지만 노동과 음악과 탐험 같은 경험이 없는 세상은 보다 못한 세계, 곧 생명의 부재와 사소함이라는 악으로 메워진 세상이 아닐까라고 그리핀은 논증한다. 여기서 그리핀이 제시하는 논쟁은 플립 윌슨(Flip Wilson)의 오래된 코미디를 연상시킨다. 윌슨은 현대판 크리스토퍼 콜럼버스를 연기하면서, 스페인의 이사벨라 여왕에게 대서양 너머의 미국을 발견하도록 자신을 보내지 않는다면 레이 찰스는 없을 것이라고 이야기한 바 있다. 그리핀은 하나님이 고등한 생명체를 창조하지 말았어야 했는가라고 묻는다. 물론 그랬다면 히틀러나 스탈린이 없었겠지만 예수와 모차르트, 간디, 플로렌스 나이팅게일, 루이 암스트롱 역시 없었을 것이다.[40]

둘째로, 그리핀은 과정 사상에서의 하나님이 고전적 유신론의 하나님, 곧 고통의 경험 바깥에 서 계신 무감각한 신이 아니라 창조와 함께 모든 위험의 결과를 감수하고 공유하시는 하나님이심을 상기시킨다. 하나님이 모든 고통에 노출된 채 분노와 진창의 경험 속에서 인류와 함께 거하신다는 사실은 그분을 향한 모든 분노의 이유를 제거한다. 왜냐하면 이런 하나님은,

> 창조와 함께 거대한 위험을 감수하기로 한, 무표정하고 방관자적인 신을 겨냥한 도덕적 격분의 기초를 제거하기 때문이다. 창조라는 위험의 달고 쓴 열매 모두를 경험적으로 아는 입장에 서 있는 이 존재는 창조적인 위험을 감수하는 과정을 격려했으며, 지금도 지속적으로 격려하고 있는 존재와 동일하다.[41]

과정 신학의 하나님은 전능하지 않다. 하나님께서는 완벽한 선을 빚을 만한 능력이 없으며, 오직 세상이 최선의 가능한 대안을 향하도록 설득하는 능력만 갖고 있을 뿐이다. 하지만 생명으로 가득한 세상이 비록 위험에 처했다고 하더라도, 안전하지만 생명이 없는 세상보다는 낫다. 아마도 원시적 혼란이라는 상황을 고려할 때 하나님은 이 혼란으로부터 모든 것이 전개될 수 있었던 결정적 한 순간을 놓치지 않고 생명을 불러내셨을 것이다. 이런 논증은 만일 하나님이 생명을 창조하시기 위해 더 기다리셨더라면 이 절호의 기회를 잃어버리셨으리라는 데까지 나아간다.[42]

신정론에 대한 과정 신학의 반응을 어떻게 이해해야 할까? 물론 신적 능력의 개념을 새롭게 상상하려는 노력에는 유익한 점이 있다. 성경을 샅샅이 뒤져서 과정 신학에 반대되는 하나님의 능력에 대한 다양한 심상을 찾는 사람도 있을 것이다. 하나님이 설득력 이상의 능력을 행사하시는 부분들, 즉 해와 달을 창조하시고 홍해를 가르신 것, 전쟁 중인 군대의 운명을 뒤바꾸신 것 등 말이다. 실제로 토기장이의 이미지, 즉 진흙으로 자신이 원하는 모든 것을 만들어내실 수 있는 하나님의 이미지는 존 캅의 생각에는 교도소의 교도관에게나 어울릴 법한 능력이지만, 이것은 엄연히 그분의 능력에 관한 성경적 심상이다. 하지만 하나님의 능력을 가장 분명하게 현현한 것이 예수님이라면, 성경이 묘사하는 가장 사실적인 신적 능력은 단순히 빚고 조종하고 강제하는 것과는 확연히 다르다.

능력의 개념을 이렇게 재정의함으로써, 과정 신학 역시 엄밀한 의미에서 "불가능한 체스 경기"의 해결책을 제시한다. 쿠쉬너와 마찬가지로,

왜 하나님이 리스본의 지진이나 인도양의 쓰나미를 막지 않으신 것인가라는 질문에 과정 신학자들은 이것이 하나님의 능력을 벗어난 일이었기 때문이라고 대답한다. 라이프니츠와 마찬가지로 과정 신학자들은 하나님이 가능한 모든 세계들 중 최선의 세계를 존재하게 하셨다고 믿지만, 과정 신학에서 이것은 여전히 진행 중인 일이며, 가능한 모든 세계들 중 최선이라는 것은 상태가 아닌 지속적으로 진화하는 과정이다.

우리는 과정 신학에 대해 쿠쉬너에게 했던 것과 똑같은 질문을 던져야 한다. "신정론의 문제를 해결하기 위해 어떤 대가를 지불했는가?" 과정 신학은 창조성과 심미성, 신앙과 자연과학 사이의 연결점을 이해하는 데는 많은 도움을 주지만, 내가 장담하건대 결국은 신정론 위에서 심하게 휘청거린다. 먼저 과정 신학자들은 쿠쉬너와 마찬가지로 하나님에 대한 교리를 심각하게 훼손시킨다. 비평가들은 과정 신학자들이 하나님에 대해 공감의 그림을 그리고 싶어하지만 결국에는 불쌍하기 짝이 없는 하나님, 그러니까 사랑스러울지는 몰라도 예배 받으실 만하지는 않은 존재를 그려낼 뿐이라고 불평하는데 이 불평에는 충분히 일리가 있다. 여기서 하나님은 혼돈 가운데 서서 속삭이고 애원하시며, 말을 듣지 않는 세상이 좀더 나아지고 덜 사소해지고 심미적으로 더욱 만족스럽게 되도록 힘껏 설득하고 계시지만 그 결과는 그리 신통하지 않다. 철학자 존 로스(John Roth)는 이렇게 불만을 토로한다.

아우슈비츠에서 하나님이 할 수 있었던 최선의 일은 매일같이 만 명의 유대인이 연기 속에 사라지도록 허용하는 것뿐이었다. 이 과정이 여러 해 동안 계속되었지만, 다른 결과를 이끌어내기 위해 하나님이 하실 수 있었던 일은 단지 자신이 할 수 있는 한 모든 것을 열심히 설득하시는 것뿐이었음을 상기해보라. 이렇게 연약한 하나님은 그분이 얼마나 열심히 설득하셨는지와 상관없이 너무나 한심하다. 이런 하나님은 너무 작은 나머지 아무런 경외심이나 거룩한 느낌을 불러일으키지 못한다. 이런 하나님께는 많은 관심이 합당하지 않으며 또 그런 관심을 얻지도 못할 것이다.[43]

신학자 로버트 네빌(Robert Neville)은 자신의 저술에서 과정 신학의 일부 범주들을 재구성했다. 특히 그는 화이트헤드의 하나님 개념에 대해 매우 비판적이었다. 화이트헤드의 견해 속에서 하나님이 마치 헬리콥터 부모나 자녀를 숨 막히게 하는 엄마같이 언제나 주위를 맴돌며 이렇게 애원하고 회유한다는 이유에서였다. "이제 엄마는 너를 대신해 어떤 결정도 내려줄 수가 없어. 네가 스스로 선택해야 해. 너도 무엇이 최선인 줄은 잘 알거야. 나는 네 행복을 위해 할 수 있는 모든 일을 했고 이제 최선을 선택하는 것은 너의 몫이야." 네빌은 성경의 하나님이 경이로우면서도 가공할 만한 자유가 있는 분이시지, 화이트헤드의 하나님처럼 그저 좋기만 한 분은 아니라고 단언했다.[44]

창조와 함께 위험을 감수하셨을 뿐 아니라 그 위험을 인간과 공유하는 과정 중에 계신 하나님, 그 과정 중에서 인간과 함께 고통 받으시는 하나님은 실제적으로 우리의 도덕적 분노를 가라앉히지도 위로를 건네지도 못하신다. 비록 그리핀은 이런 생각을 통해 사람들을 위로하려고 했지만 말이다. 리스본 시민들에게 막상 우려했던 일이 일어나는 것을 보고 하나님이 "이런!⋯상황이 위험하긴 하지만, 그래도 내가 너희와 함께 이 위험을 공유하고 고통을 같이 느끼고 있다는 사실을 잊지 말아라" 하고 말하는 것은 누군가의 농담처럼, 만취한 운전사가 아무것도 모르는 승객에게 "위험천만한 일이긴 하지만 저도 같이 타고 있으니 안심하세요"라고 주정 부리는 것과 같다. 칼 라너(Karl Rahner)는 위르겐 몰트만(Jürgen Moltmann)과의 대화에서 이렇게 말한 바 있다. "툭 까놓고 말해, 하나님이 나와 동일한 곤경을 겪고 계시다는 사실은 내가 엉망진창인 상태와 혼동, 절망을 벗어나는 데 아무런 도움도 되지 않는다."[45] 윌리엄 플래처(William Placher)가 불평했듯이, 하나님을 진행 중인 과정 속에 참여하는 존재로만 정의하는 것은 길들여진 초월적 존재일 뿐 기독교적 하나님은 아니다.[46] 과정 신학의 하나님 개념을 향해 라너는 이런 멋진 질문을 던졌다. "만일 그것이 사실이라면, 내게 어떤 위로를 줄 수 있단 말인가?"

자유의지

신정론의 질문에 대해 쿠쉬너와 과정 신학자들이 하나님이 전능하시다는 개념을 축소시키거나 재정의함으로써 답하고자 했다면, 인간의 고통이 무고하다는 개념에 도전하려고 했던 그리스도인들도 있었다. 이들 중 가장 오래되고 설득력 있는 논지를 제출한 인물은 아우구스티누스다. 그는 악의 기원을 피조물의 자유의지와 반역에서 찾았다.

아우구스티누스에 따르면 하나님이 인간과 다른 피조물을 위해 창조하신 세상은 완벽한 낙원 그 자체였다. 그곳은 너무 덥거나 춥지 않았다. 인간은 어떤 아쉬움도 없이 영원히 살았다. 음식과 음료가 있었고 이들을 늙지 않도록 지켜줄 생명나무도 있었다. 누구도 병들거나 사고를 당하지 않았다. 자유로운 존재로서 인간은 무엇이든 자유로이 선택했다. 자유롭게 선을 행하거나 그렇지 않거나 할 수 있었지만 십계명이 필요한 것은 아니었다. 사람들은 서로 간에는 물론이거니와 하나님과도 의견을 같이했다. 슬픔도 어리석은 경솔함도 없었다. 인간이 해야할 일이 있었지만 그 때문에 피곤함을 느끼지는 않았다. 섹스는 있었지만 음욕은 없었고 결혼 생활은 있었지만 의지 사이의 다툼은 없었다. 참된 기쁨이 하나님의 임재로부터 흘러나왔다. 하나님은 인간의 청결한 마음과 선한 양심, 깊은 신앙을 통해 찬양과 경배를 받으셨다. 정녕 그곳은 낙원이었다.[47]

하지만 신비하고 불가해한 자유의 본질에 속한 이유로 인해, 하나님이 만드신 피조물들은 선과 하나님으로부터 고의적으로 돌아서게 되었다. 인간은 최고의 선이 아닌 다른 무엇을 갈망함으로써 그렇게 하고 말았다. 이런 돌아섬은 단순히 인간의 영역에만 국한되지 않았다. 천사들도 하나님으로부터 돌아섰으며 창조 세계 전체가 하나님이 주신 선으로부터 떨어져나갔다. 하나님은 무로부터 피조물을 선하게 창조하셨지만 이제 피조물은 그 은혜를 무로부터 악을 창조하는 것으로 갚았다. 엄밀히 말해 악에는 실재가 없다. 악은 무(無)다. 악은 선의 결여, 부패이지만 강한 진공과 같아서 그 공허함 자체로 강력한 힘을 가진다. 죽음의 수용소에서 지진에 이르기까지 고통과 관련하여 악은 자유의지를 남용해서 창조 세계를 혼란으로 던져넣은 결과다. 이제 하나님의 계획은 실패한 세상을 구원하는 것이다. 이리하여 불가능한 체스 경기는, 정확히 말해 무고한 고통이 존재하지 않는다는 의미에서 극복이 가능해졌다.

이러한 소위 "자유의지 옹호론"은 악에 대한 여러 반응 중 하나로서, 미국 그리스도인들에게 가장 익숙한 용어로 자리 잡은 듯하다. 이 주장은 아담과 하와의 이야기에 대한 가장 대중적인 해석으로 이해하기 쉽다. 바트 어만은 고통에 대한 책을 집필할 당시, 칵테일파티 같은 곳에서 자신이 하나님이 너무 많은 고통을 허용하시는 이유에 대해 글을 쓰고 있다고 사람들에게 이야기하곤 했다. 개중에는 이런 주제에 대해 이야기하고 싶지 않다며 일부러 자리를 뜨는 사람도 있었다. 하지만 이 문제에 대해 거침없이 설명하려 하거나 이후에 이메일을 보내오는 이들도 있었는데, 그들은 대부분 자유의지 개념을 들먹이기 위해서였다. "우리에게 자유의지가 없다면 우리는 로봇과 같을 것입니다. 자유의지에는 위험이 따르기 마련이고요."[48]

자유의지 옹호론의 장점은 이 주장이 결정론이나 이원론에 굴복하지 않는다는 것이다. 자유의지론은 인간이 도덕적 자유와 선택이 가능한 우주 속에 살고 있으며 이런 선택이 매우 중요하다는 사실을 인정한다. 삶은 마치 철도 시간 기록원과 같은 통제적인 신에 의해 미리 결정되지 않으며 어느 정도의 예측 불가능성을 가지고 전개된다. 더욱이 여기서는 쿠쉬너 식의 선하신 하나님과 악한 운명의 전쟁도 없다. 하나님의 능력은 총체적으로 유지되며, 악에게는 독립적이고 존재론적인 상태가 부여되지 않는다. 악은 그 자체로 무엇이 아니며, 하나님이 존재하는 모든 것을 창조하셨기 때문에 그분께 책임을 물어야 할 어떤 것도 아니다. 자유의지론에서 악은 무엇인가의 결여, 곧 하나님이 의도하신 선의 결여(*privatio boni*)이자 부패다. 더욱이 아우구스티누스의 포괄적인 견해는 구원론적인 동시에 종말론적이다. 이것은 하나님이 예수 그리스도 안에서 타락한 창조를 구속하시기 위해 역사하신다는 것과, 그분의 구원이 궁극적으로 죄와 악을 이기실 것을 의미한다.

자유의지 옹호론의 문제는 상식적인 차원에서 이 주장의 타당성이 그리 크지 않다는 것이다. 이 주장에 비추어볼 때 다음과 같은 질문들이 넘쳐나게 된다. 이 세상이 낙원으로 창조되었다면 반역의 충동은 어디에서 온 것일까? 우리는 자유의 신비를 운운할 수는 있지만 이것 자체가 지적인 질문들을 유발한다. 신학에서 신비라는 카드를 사용하는 것이 옳을 때도 있지만 여기서는 책임 회피용인 것처럼 보인다. 여기에 대해 나는 데이비드 레이 그리핀과 의견을 같이한다.

유럽 기독교 역사에서 (대략 4세기에서 18세기까지) 문화적 상황은 하나님의 실재가 대다수 사람들에게 저항하기 힘들 만큼 분명했음을 보여준다.…이런 상황에서 서로 조화를 이루지 않는 듯 보이는 기독교 교리들에 대해 신학자들은 자신의 신학적 의무를 소홀히 하는 잘못을 범하지 않고도 신비에 호소할 수 있었다. 마찬가지로 기독교 교리가 이성적 추론과 충돌할 때에도 신학자들은 단순히 권위에 호소할 수 있었으며(여기에는 하나님의 존재에 대해 증거를 제공하는 이성의 권위가 포함된다), 바로 이것이 기독교 교리를 지탱해주었다. 달리 말해 신학자는 세상에 대해 설득력 있는 통합적 견해를 제시할 필요가 근본적으로 없었다. 이런 상황에서 악의 문제는 신앙 자체를 약화시키는 위협을 지닌 중차대한 문제가 아니었다. 악에 대한 해결책이 존재하고 그것을 하나님이 아신다는 광범위한 확신이 있었기 때문에 이 해결책이 무엇인지 발견해야 한다는 필요성은 그리 크지 않았다. 여기에 대해 신학자들이 많은 글을 쓰긴 했지만, 답할 수 없는 질문을 만날 경우에도 절박하지는 않았다. 이들은 남아 있는 문제들이 우리가 이해할 수 없도록 정해진 신비라고 침착하게 이야기할 수 있었다. 하지만 오늘날 이 모든 상황은 완전히 바뀌었다.[49]

이제는 피할 길이 없다. 낙원에 반역이 존재했다면, 어딘가에는 질병도 있었을 것이다. 세상이 완벽했다면 이런 것들은 도대체 어디서부터 온 것일까?

과연 일체의 도덕적이고 자연적인 악의 출처를 인류 공통의 역사에서 일어난 반역의 행위로부터 찾아내는 것이 타당할까? 자연과학에 따르면 화산, 허리케인, 지진의 조건은 처음부터 이 세상에 존재했으며, 결코 지질학적(이거나 신학적) 역사에서 갑자기 촉발된 변화의 결과가 아니다. 자유의지라는 개념이 악과 고통의 형태 중 일부를 설명해줄 수는 있다. 어떤 고등학교의 졸업 파티 직후 교통사고가 일어나 네 명이 목숨을 잃는 것은 분명히 비극이다. 하지만 우리는 이 사건에 자유의지가 어떻게 연관되어 있는지를 알 수 있다. 하지만 거대한 규모의 고통에 대해서도 이렇게 말할 수 있을까? 인도양의 쓰나미로 사망한 수천 명의 아이와 어른들, 홀로코스트로 죽은 수백만의 희생자들. 이들의 죽음에 대한 책임을, 자유를 남용한 인간이나 이들의 조상과 천사의 반역으로 돌리는 것은 실제적으로 어떤 도덕적 의미가 있는가?

오늘날 대다수 사람들에게 창세기에 나오는 타락 이야기는 인과관계를 설명하는 기술이라기보다는 신화적 기술이다. 즉, 오래전 일어난 어떤 사건이 다른 상태를 야기하게 되었다는 이야기, 예컨대 어떻게 뱀이 발로 걷는 대신 배로 다니게 되었으며 어떻게 죄가 세상에 들어오게 되었는지를 설명하는 이야기라기보다는, 삶과 인간의 경험에서 언제나 사실이었던 상태를 묘사하는 신화적 기술이라는 견해가 더 우세하다. 죄가 세상에 존재한다면, 그것은 아담과 하와라는 역사 속에 실재했던 인물이 역사의 특정 시점에 죄를 지었으며 그 후 도덕적 감염이 천연두처럼 자손에게로 퍼져나갔기 때문이 아니다. 아담과 하와의 이야기는 언제나 반복되어온 인류의 이야기일 뿐이다. 이들은 우리 인류를 대표한다. 이들이 죄를 범한 것처럼 우리도 죄를 범한다. 이들이 인간이었으며 우리 역시 인간이기 때문이다. 이런 사실을 바울은 다음과 같이 표현했다. "무릇 흙에 속한 자들은 저 흙에 속한 자[아담]와 같고"(고전 15:48a).

텔레비전 복음전도자 팻 로버트슨(Pat Robertson)은 2010년 1월 아이티에서 일어난 지진이 이백 년 전 아이티인들이 저지른 악한 선택의 결과라고 주장함으로써 자유의지 신정론에 대한 매우 혐오스러운 사례를 제시했다. 1804년, 자유 노예인 프랑수아-도미니크 투생 루베르튀르가 이끈 혁명 운동을 통해 아이티인들은 프랑스의 식민지배에서 독립하는 데 성공했다. 로버트슨은 엄청난 상상력을 사용해서 이 사건으로부터 그럴듯한 설명을 이끌어냈다.

나폴레옹 3세 치하[실제로는 나폴레옹 1세] 프랑스의 압제 아래 있던 아이티인들은 한데 모여 악마에게 맹세를 했습니다. "프랑스의 군주로부터 우리를 자유롭게만 해주신다면 당신[악마]을 섬기겠습니다." 이것은 실제 이야기입니다. 악마는 이렇게 대답합니다. "좋다. 그렇게 하지." 아이티인들은 봉기해서 프랑스를 몰아내고 자유를 얻어냈습니다. 하지만 그 후 그들

의 후손에게는 저주가 연달아 임하게 됩니다.[50]

　분명히 로버트슨의 설명은 매우 어리석고 도덕적으로도 문제가 있다. 하지만 그의 설명은 자유의지 신정론을 설명하는 어떤 식의 논리도 직면할 수밖에 없는 타당성의 문제를 선명하게 보여준다. 즉 현재 일어나는 허리케인과 지진, 산사태 등 자연재해의 책임을 과거에 존재했던 인간 역사의 도덕적 악행에 귀속시키는 자유의지 신정론의 논리는 현대인들에게는 잘 이해가 되지 않는다.

이레나이우스의 신정론?

신학자이자 철학자인 존 힉은 『악과 사랑의 하나님』(*Evil and the God of Love*)[51]에서 아우구스티누스의 자유의지의 입장을 면밀히 탐구하면서 신정론의 자유의지 옹호론에 대한 대안을 제시했다. 힉은 이 대안을 초대 교회의 목회자이자 신학자인 이레나이우스로부터 가져왔다고 주장했지만, 힉의 주장은 거센 비판을 받았다.[52] 앞에서 살펴본 대로 신정론의 문제는 엄격히 말해 18세기에 일어난 신학과 철학의 발전이다. 2-3세기에 저술 활동을 했던 이레나이우스는 신정론 문제의 현대적 형태에 대해서는 전혀 알지 못했음이 분명하다. 물론 아우구스티누스에 대해서도 동일한 주장을 할 수 있다. 아우구스티누스의 자유의지에 대한 묘사는 현대의 신정론, 즉 하나님의 존재를 믿는 믿음에 대한 옹호가 아니라, 어떻게 인류가 악에 매이고 그리스도의 구속을 필요로 하게 되었는지에 대한 설명이다. 케네스 수린의 주장에 따르면, 아우구스티누스와 이레나이우스 같은 신학자들의 경우에, 일반적으로는 현대의 문제로 손꼽히는 신정론과 불가해하게 엮인 형이상학적 혹은 존재론적 책략에 대한 범주가 조금도 허용되지 않는다.[53]

하지만 힉이 신정론에 대한 도움을 얻기 위해 이레나이우스를 검토했던 방식은, 다른 신학자들이 현대적 문제에 대한 통찰을 얻기 위해 고대 자료를 연구하는 방식과 별반 다르지 않았다. 물론 이레나이우스는 신정론에 관심이 없었다. 그의 신학적 저술을 차지하는 내용은 당대의 교회를 침범하던 영지주의와의 전투와 그 밖의 목회적 근심들이었다. 하지만 힉은 이런 이레나이우스의 글로부터 사유와 주제를 뽑아내어 이것을 신정론이라는 현대적 질문에 대한 답으로 종합해낸 것이다. 비평가들의 말처럼, 이 결과는 이레나이우스의 것이 아니라 힉의 것이다. 하지만 이른바 힉의 이레나이우스적 신정론은 이 문제에 대한 아주 흥미로운 접근이므로, 출처의 문제는 일단 제쳐두고라도 그 자체로 연구해볼 만한 가치가 있다.

앞에서 살핀 대로, 아우구스티누스는 하나님이 낙원, 곧 너무 덥지도 춥지도 않은 가장 적당한 곳을 창조하셨다고 상상했다. 하지만 힉은 이런 식의 이상적인 환경이 낙원에 대한 하나님의 생각이 아니라 우리의 생각은 아닐까 하고 질문한다. 하나님의 이상적인 창조가 카리브 해에서 즐기는 영원한 휴가가 아니라, 험하고 부담되는 환경, 인간이 변화되고 자라가는 장소, 영혼이 다듬어지기에 적합한 환경이라면? 이레나이우스는 이런 유명한 말을 남겼다. "하나님의 영광은 생생하게 살아 있는 한 사람을 통해 나타난다. 따라서 우리 각자를 향한 하나님의 영광이 영원한 기쁨의 온실 속에서 휴식을 취하는 것이 아니라, 우리가 하나님

안에서 생생하게 살아 있기까지 자라고 성숙해가는 것이라면 어쩔 것인가? 과연 하나님은 어떤 종류의 세상을 창조하시고자 했을까?"

하나님은 아우구스티누스가 상상한 것 같은 낙원을 창조하지 않으셨다. 대신 그분은 다음과 같은 두 가지 조건을 가진 세상을 창조하셨을 것이다. 먼저 인류는 하나님과 "인식론적인 거리"를 가지고 떨어져 있는 존재로 창조되었으며, 하나님은 인류로부터 감추어져 계시다. 고전적인 용어로 말하자면, 인간은 완벽한 상태로 창조된 후 그 완벽함에서 추락한 것이 아니다. 인간은 충만한 잠재력을 가진 미성숙한 자로서 하나님을 향해, 인간성의 충만한 완성을 향해 먼 거리를 순례해야 하는 존재다. 그리고 이 순례 과정에서 하나님은 어느 정도 감추어져 계셔야 한다. 그분의 존재가 충만하게 나타난다면 이것이 우리를 쓰러뜨려, 인간의 의미 있는 선택과 자유의 실행을 방해할 것이기 때문이다.[54]

딸이 인형 놀이를 즐기던 꼬마 시절에 우리는 아이에게 많은 인형을 선물하곤 했다. 그 인형들은 대개 헝겊이나 플라스틱 제품으로 얼굴마다 예쁜 미소가 새겨져 있었다. 하지만 어느 때였던가, 생일인지 크리스마스인지 정확히 기억은 안 나지만, 딸아이가 울면서 오줌을 싸는 인형을 갖고 싶다고 요구했다. 아버지인 나는 적잖이 당황해서 아내에게 이렇게 물어볼 수밖에 없었다. "울면서 오줌을 싸는 인형을 갖고 싶다고? 웃기만 하는 인형이 아니고? 왜 그런 골칫거리를 원하지?" 딸아이가 "골칫거리"를 원한 것은 그 마음에 엄마처럼 진짜 아기를 돌보고 싶은 갈망이 자리하면서, 자신을 정말로 필요로 하는 존재를 원했기 때문이다. 이미 완벽한 행복의 상태 속에 고정되어버린 존재가 아니라, 자신을 갈망하고 사랑하기로 선택하고 자신을 향해 자라오는 존재를 원했던 것이다.

하나님이 이와 같다면 어떠할까? 하나님의 사랑에 우리가 자유롭게 반응하고, 그분을 향해 우리가 자라가기로 선택하는 것을 하나님이 원하셨다면? 만약 그렇다면 하나님은 과연 어떤 종류의 세상을 창조하셨을까? 어떤 세상이 낙원일까? 아마도 지금 우리가 살고 있는 바로 이 세상이 아닐까? 위험과 기쁨, 고통과 경이로움으로 가득한, 하나님이 존재하시지만 시야에서 감추어진 이 세상이 영혼을 빚어가기에는 모든 세상들 중 가장 최선의 세상일 것이다.

인류가 자기중심적이고 자신에게 치우친 상태에서 출발한 것은 불가피했다. 하나님은 멀리 숨어 계신 분이신데 어떻게 인류에게 다른 상태가 가능할 수 있었겠는가? 다르게 표현하면, 죄는 낙원에서 일어난 수수께끼 같은 사건이 아니라 영혼을 빚기 위한 필수적인 전제 조건이다. 좀더 과격하게 말해, 영혼을 빚기 위한 세상에서는 태초에 하나님이 계시지 않는 것처럼 보이는 일이 필수적이었다.[55] 하지만 인류는 자기 자신 너머로 성장과 성숙을 독려하는 신비라는 사랑의 초청을 의식한다. 완벽을 향해 고군분투하는 인류라는 개념은 완전무결한 상태로 창조된 인류라는 개념보다 낫다. 모든 인류가 하나님과의 하나 됨에 이르기까지 자라가는 것이 그분의 인내심 많은 계획이다. 여기서 힉은 노리치의 줄리안(Julian of Norwich)을 인용하는데, 줄리안은 이렇게 말씀하시는 예수님의 음성을 들었다고 한다. "죄는 반드시 존재해야 하지만 다 잘 되리라. 다 잘 되리라. 결국은 모든 것이 다 잘 되리라."[56]

신정론에 대한 이레나이우스의 답변은 우리의 논의가 진척되도록 돕는다. 이것은 우리의 경험과, 그리고 우리가 세상의 악과 고통에 어떤 반응을 보이든 그 반응이 논리적 공식이 아니라 고군분투하는 실질적인 경험으로부터 올 것이라는 신실한 직관과 잘 어울린다. 이것은 기독교 신앙이 실제로 영혼을 빚어가는 일종의 순례로서, 언젠가 결국 모든 게 다 잘 되리라는 종말의 소망을 향하여 때로는 지치고 고통스러운 길에서 한 발 또 한 발 내딛는 과정임을 인식한다. 이레나이우스의 신정론은 〈나 같은 죄인 살리신〉이라는 찬송과도 잘 어울린다.

이제껏 내가 산 것도
주님의 은혜라
또 나를 장차 본향에
인도해주시리

이런 점은 흑인들의 애국가라고도 불리는 〈모두 목소리 높여 찬양하라〉라는 찬송의 가사에서 더욱 생생히 표현된다.

때로는 고난에 때로는 고통에
이 세상 모든 희망 사라져
수많은 시련에 피곤한 발걸음
가야 할 길 아직도 남았네
슬픔의 골짜기 눈물로 헤쳐왔도다
죽음의 골짜기 눈물로 헤쳐왔도다
어둔 밤 지나고 새 아침 밝았네
빛나는 해 새날을 비추네

이레나이우스의 접근이 흥미롭기는 하지만, 문제가 있기는 마찬가지다. 먼저 영혼을 빚는다는 논리의 이 신정론은 비극적이고 터무니없는 악이라는 모래톱에 좌초하고 만다. 악과 고통 중 어떤 형태는 너무도 거대하고 비이성적이며 구속적 가치마저 전혀 결여하고 있기 때문에, 거기서 영혼을 빚어가는 기능이 작용하는 것을 찾기란 불가능하다.[57] 육백 만의 유대인이 홀로코스트에서 살육당했으며, 다섯 살짜리 소녀가 친부에게 반복해서 강간당하다가 살해되었다. 이런 일을 통해 대체 누구의 영혼이 빚어진다는 말인가? 이런 터무니없는 악은 그 안에서 구속적 목적을 찾으려는 모든 합리적 능력을 뛰어넘어 버린다. 존 힉도 이런 문제를 인식했지만 단지 두 손을 들고 "이것은 신비다"라고 말할 뿐이다.

> 과도하고 부당한 고통이라는 곤혹스런 문제에 대한 우리의 해결책은 신비라는 긍정적 가치를 향해 솔직하게 호소하는 것이다. 이런 고통은 여전히 부당하고 이해하기 어렵고 무작위적이고 잔혹하리만큼 과도하며, 합리적인 인간의 정신에는 불가해한 참된 신비다. 이 고통은 굉장히 당황스럽고 생경하며 파괴적인 무의미함과 더불어 기독교 신앙에 대해 도전한다. 하지만 동시에 냉정한 신학적 숙고는 이런 불합리와 윤리적 의미의 결핍이 이 세상을 참된 인간의 선이 나타날 수 있는 곳, 사랑의 동정과 연민 어린 자기희생이 나타날 수 있는 곳으로 만드는 데 일조한다는 사실을 지적한다. H. H. 파머(H. H. Farmer)의 말을 빌리자면, "이런 역설적 이유로 모든 신비를 해결하지 못한 유신론의 실패는 이 실패를 변호하는 논거가 되기도 한다."[58]

하지만 대다수 사유하는 그리스도인들에게는 그렇지 않다. 어떻게 비극적 악이 영혼을 빚어가는 세상의 일부인지는 신비에 속한다. 하지만 이런 점을 믿는다는 말로 토론을 여는 것은 우리가 애초에 정해놓은 윤리적 테스트에는 불합격이다. 쓰나미로 온 가족을 잃어버린 아버지에게 이렇게 말할 수 있겠는가? "이 쓰나미는 터무니없는 비극이고 무의미한 고통입니다. 하지만 냉정한 신학적 숙고의 관점에서 볼 때 이런 불합리와 윤리적 의미의 결핍이 이 세상을 참된 인간의 선이 나타날 수 있는 곳으로 만드는 데 일조했다고 저는 확신합니다." 나는 이렇게 말할 수는 없다고 생각한다.

이레나이우스의 신정론에 대한 또 다른 강력한 반대는 터무니없는 악이 아니라, 타당한 것으로 강요되는 악과 고통에서 발견된다. 이런 주장은 한편으로는 하나님을 악의 주체로 만든다. 적어도 완전한 인간성을 향해 가는 길이 영혼을 빚어가는 장기간의 여정이라면 그 길은 고통과 악으로 점철될 수밖에 없다. 고통은 영혼을 빚어가기 위한 필수적인 전제 조건이고 하나님이 세상을 창조하신 방식이기도 하다. 악과 고통은 더 높은 선을 얻기 위한 전체 과정 속에서 역사한다.

이런 주장에 대해 가장 인상적이고 감동적인 반대를 제기한 이가 『카라마조프가의 형제들』을 쓴 도스토예프스키다. 이 작품에는 등장인물인 이반과 알료사가 악의 문제에 대해 논쟁하는 장면이 나온다. 여기서 이반은 갓난아기들을 공중에 던져 올려 총검으로 찔러 죽이는 군인, 실수로 어떤 군인의 개를 다치게 했다는 이유로 옷이 벗겨진 채 몸이 갈기갈기 찢길 때까지 사냥개에게 쫓겨야 했던 어린아이, 매서운 칼바람이 부는 날씨에 부모의 집에서 쫓겨나 밤새도록 하나님을 불렀지만 누구도 눈물을 닦아주지 않았던 소녀와 같은 끔찍한 예를 나열하고 있다.

그런 후 이반은 언젠가 천국에서 창조 전체가 조화를 이루리라는 약속을 자신도 알고 있다고 말한다. 언젠가는 개 떼에게 몸을 찢긴 아이의 어머니가 그런 짓을 한 군인을 사랑과 용서로 끌어안고, 아이도 군인을 용서할 것이다. 하늘과 땅이 하나가 될 때 온 우주는 떨 것이고, 모든 사람이 어떻게 모든 것들이 합력하여 선을 이루었는지를 목도할 것이며, 찬송 가운데 "오, 공의로우신 하나님이여 당신의 길이 드러났나이다"라고 고백할 날을 상상할 수는 있다. 하지만 이반은 이런 약속을 알고 있다고 하면서도, 천국으로 들어가는 입장권 액수가 그 아이들 중 하나가 고문을 당하는 것이라면, 이 값은 너무 비싸다고 덧붙인다. "알료사, 나는 신을 받아들이지 않는 것이 아니라 단지 신에게 그 입장권을 지극히 공손히 반납하는 것뿐이야."[59]

데이비드 벤틀리 하트는 이반(도스토예프스키)의 반응을 의심과 불신앙이 아니라 지극히 기독교적인 것이라고 보았는데 이런 판단은 옳다. 세상의 실제적인 고통, 곧 가설적 문제로서의 고통이 아니라 실제 인간의 고통 앞에서 그것이 하나님이 영혼을 빚기 위해 창조의 일부로 주신 도구라고 주장하는 신학은, 거기에 제아무리 아름다운 조화를 이루는 종말론이 가미되었다고 해도 기독교적이라 할 수 없다. 세상을 구속하기 위한 필수 요인으로 어린아이가 고문당하는 것을 요구하거나 허용하는 하나님은 악의 주체이며 도덕적 괴물이라고밖에 할 수 없다. 악과 하나님에 대한 이런 견해는 응급 수술을 앞둔 아이에게 "몹시 아프긴 하겠지만 이것은 너의 목숨을 살리기 위해서야. 언젠가는 너도 이해할 수 있을 거야"라고 말하는 부모와 같지 않다. 오히려 이런 하나님은 뜨거운 다리미를 아이 얼굴에 갖다 대면서 "언젠가는 너도 이해할 수 있을 거야" 하고 말하는 부모와 같다. 어떤 종류의 "언젠가"도 이런 행동을 도저히 설명하지 못한다. 우리는 이런 식으로 양육하는 하나님을 신뢰할 수 없다. 더 구체적으로 말해 이런 하나님은 예수 그리스도 안에서 계시된 하나님이 아니다. 2장에서 언급했던 루이스 스메데스는 언젠가 좋은 날이 이르러 하나님이 자신의 갓난 아들이 죽은 이유를 확실하고 명백하게 설명해주시고, 그리하여 그것이 왜 필요했는지를 이해하게 된 자신이 그 일에 대해 하나님을 찬송하게 되리라는 것을 믿지도 원하지도 않는다고 말했다. 하트는 다음과 같이 썼다. "[이신론자였던] 볼테르는 단지 고통과 죽음의 역사를 도덕적으로 이해할 수 없다는 사실이 끔찍하다고 생각했다. [그리스도인이었던] 도스토예프스키는 그것을 이해할 수 있다면 훨씬 더 끔찍했을 것이라고 생각했다."[60]

무엇을 포기해야 할까?

오늘날 사유하는 많은 그리스도인들이 네 가지 신학적 주장 중 최소한 하나를 포기해야 하는 불가능한 체스 경기 식으로 신정론의 질문을 던진다면, 지금까지 살펴본 신정론의 대안들 가운데서 당신은 무엇을 배웠는가? 우리는 어떤 주장을 포기해야 하는가?

(1) 하나님은 존재하신다.

(2) 하나님은 전능하시다.

(3) 하나님은 사랑이 많고 선하시다.

(4) 무고한 고통이 존재한다.

동료 순례자들의 생각을 지금까지 탐구한 결과, 내가 주장하고 싶은 최선의 대답은 "위에서 언급한 주장 전부"다. 네 가지 주장 모두 기독교 복음에 의해 변모되었다. 이 책에서 묘사했던 신정론 각각은 맹인이 코끼리를 만지는 옛날이야기처럼 진리의 일부만을 제시한다. 이 부분들을 한데 엮음으로써만 우리는 불가능한 체스 경기의 네 가지 표현 하나하나가 그리스도인들을 위해 어떻게 수정과 새로운 묘사를 요구하고 있는지를 깨닫게 된다. 내가 의미하는 바를 간략히 설명하자면 다음과 같다.

먼저 하나님의 존재에 대한 질문이 있다. 18세기 식의 정의에서 전통적인 신정론의 문제는 하나님을 본질적으로 자연 바깥에 존재하는 (다른 말로는 초자연적인) 완고한 에너지의 거대한 출처로 상상한다는 것이다. 이 논리에서 하나님은 원하시기만 하면 이 에너지를 바깥에서 자연계 안으로 주입해서 사건의 진행을 뒤바꿀 수 있었다. 하나님은 마치 미식축구 경기를 관람 중인 초월적인 관중과도 같다. 하프백이 상대 팀 방어선을 돌파하여 터치다운을 하려고 쏜살같이 달려가고 있는데, 이것이 마뜩지 않은 하나님이 손을 뻗어 그 하프백을 넘어뜨리고 터치다운을 저지하신다는 식이다. 그렇다면 이 "하프백"이 리스본의 지진이었을 때, 하나님은 왜 손을 뻗지 않으셨을까?

하지만 그리스도인들은 하나님을 이처럼 초자연적인 방식으로 자연의 질서 바깥에 존재하는 강력한 에너지로 생각하지 않는다. 과정 신학자들은(어느 정도는 쿠쉬너 역시) 우리가 하나님에 대해 이런 비성경적 견해를 채택하지 않도록 돕는다. 대다수 기독교 신학은 하나님과 "자연적" 세계라는 창조 사이의 관계를 묘사하는 데 있어 섬세한 균형을 유지하도록 주의를 기울인다. 한편으로 하나님과 창조 세계는 하나이거나 똑같지 않다. 하나님은 단순히 자연 속에 존재하는 모든 생명을 제공하는 과정들의 총합도 아니다(이런 사유는 범신론이다). 다른 한편으로 하나님과 창조는 완전히 분리된 독립체도 아니다. 기독교의 하나님, 즉 성경이 이야기하는 하나님은 창조 세계에 관여하지만 창조 세계에 완전히 묶이지 않으신다. 실제로 기독교는 세상 "속에" 계신 하나님이나 세상으로부터 "분리된" 하나님을 이야기하는 대신 창조 세계 전체가 하나님 안에 존재한다고 말한다.

　아이티 지진에서 살아남은 한 젊은이가 "우리는 하나님의 은혜로 살았습니다"라고 말했을 때, 아이티의 주교 에릭 투생(Eric Toussaint)이 파괴된 성당 근처에 서서 "우리는 지금 하나님의 손안에 있습니다"라고 말했을 때, 「뉴요커」의 기자며 하버드 대학교의 문학평론가 제임스 우드(James Wood)는 이 말에 공감하면서도 결국에는 신에 대한 이런 식의 언급을 경멸했다. 그는 신에 대한 이런 반응이 우리 대다수의 경험을 넘어서는 폐허의 풍경으로부터 흘러나왔기에 충분히 이해될 수 있으며, 그 주교의 간절한 양 떼에게는 그럴 듯한 목회적 위안이 될 것이라고 썼다. 그럼에도 우드는 이런 말이 무기력한 신비와 낙관적인 절망이라는 모순적인 울음에 불과하다는 사실을 간과해서는 안 된다고 덧붙였다.[61] 논평가 로버트 라이스(Robert Reyes)는 더욱 경멸적인 태도를 취했다. 라이스는 이런 말이 전혀 논리적이지 않은 데다 종교가 고무시키는 광기일 뿐이라고 평가절하했다. 아이티 지진의 생존자들에 대해 그는 이렇게 말했다.

> 아이티 지진의 생존자들은 하나님의 손안에 있지 않고(사실 그분의 손안도
> 그리 안전하지 않다) 이들의 강력한 이웃인 미국의 손안에 있다. 이들의 구
> 원은 전능하신 하나님께 달려 있지 않고 이들이 간절히 필요로 하는 음식
> 과 물, 건축 자재, 의료품을 싣고 오는 미국의 배와 비행기에 달려 있다.[62]

하지만 우드와 라이스는 삼위일체 하나님에 대한 신앙과는 무관한
철학과 이신론으로부터 온 신(神) 개념에 갇혀 있다. 아이티인들이 언
급한 하나님의 은혜로운 손이 철학적 유신론이 말한 외부적이고 초자
연적인 하나님, 창조 바깥에 계시는 하나님, 축구장의 최고급 관중석에
앉아 경기의 판도를 뒤집기 위해 손을 뻗어 하프백을 넘어뜨린 하나님
을 지칭했다면, 비평가들의 이런 업신여김은 당연하다. 또한 아이티의
대참사 같은 재난이 불가지론과 무신론을 장려한다는 주장이나, 인간
적이고 정치적인 차원의 구원을 기대하는 것도 지당할 것이다. 하지만
이 아이티인 그리스도인들이 예수 그리스도의 하나님, 육신이 되어 우
리 가운데 거하신 하나님, 엘리야에게 세미한 소리로 찾아오신 하나님
을 말한 것이라면 이것은 완전히 다른 하나님이다. 이런 하나님에 대해
서라면 고통 중에 우리가 그분의 은혜와 돌봄을 언급하는 것은 합당하
다. 앞에서 언급한 아이티인들은 에이즈 병동에서 다음과 같이 기도했
던 환자와 동일한 언어를 사용해서 자신의 고통 가운데 찾아오신 하나
님을 이야기했을 것이다.

아버지 제가 당신께 큰 소리로 외칩니다.

환자 한 사람 한 사람을 축복해주옵소서.

이들은 당신의 자녀입니다.

주님, 이들의 가족을 축복해주시옵소서.

또한 주님이 이곳에 계신 것을 알지 못하는 이들을 축복해주시옵소서.

주님, 임하셔서 그들을 만져주시옵소서.

할렐루야!

　다음으로는 하나님의 능력에 대한 질문이 있다. 쿠쉬너와 과정 신학자들이 신적 능력의 범위를 결정함에 있어 지나치게 멀리 간 것은 사실이다. 하지만 예수 그리스도의 빛 안에서 우리가 보는 하나님이 비관습적인 방식으로 능력을 행사하신다는 점을 인식한 데 있어서는 그들이 옳다. 더글러스 존 홀은 이렇게 말했다. "하나님과 인간의 고통이라는 질문을 다시 생각해보겠다는 모든 책임감 있는 시도들은…가장 중요하게는 신적 전능에 대한 근본적인 재해석을 포함해야 한다."[63] 홀은 이렇게 썼다. "만일 세상의 권력을 이해하고 강력한 통치자나 막강한 군대를 생각하는 것과 똑같은 방식으로 하나님의 능력을 생각한다면, 그것은 가이사에게 속한 것을 하나님께 부여하는 것이다."[64]

　세 번째로 하나님의 선하심과 사랑이라는 문제가 있다. 지금까지 살펴본 사상가들은 자기만의 방식으로 이 주장에 큰 가치를 부여했다. 이들 중 누구도 마지막까지 포기하기를 꺼려했던 것이 하나님의 사랑에 대한 긍정이었다. 이들 중 하나님에 대한 개념을 통째로 내다 버리려고 했던 사람들도 하나님의 인자하심에 대해서는 한 치도 물러서려

하지 않았다는 사실은 흥미로울 뿐 아니라 현대에 있어 많은 것을 시사한다. 여기저기서 신학자들은 하나님이 선하시다는 점을 인정한다. 그럼에도 불구하고 신정론의 문제에 관한 한 우리가 이야기하는 하나님의 사랑과 공의와 선하심은 결국, 사랑과 공의와 선함에 대한 우리 인간의 이해가 하나님께 투영된 것에 지나지 않는다. 우리는 이렇게 이야기한다. "나라면 웨스트 나일 바이러스(West Nile Virus)를 옮기는 모기가 있는 세상을 창조하지 않았을 거야. 나는 선하고 사랑이 많은 사람이니까. 선하고 사랑이 많은 하나님이 왜 이런 일을 허용하실까?" 이런 식으로 말하는 것은 윤리적 요구로서의 하나님께 현대 문화의 가치 속에서 정교하게 만들어진 선과 사랑의 구조를 강제하는 것이다. "네가 어찌하여 나를 선하다 일컫느냐?" 예수님은 부유한 관리에게 이와 같은 충격적인 반응을 보이셨다. "하나님 한 분 외에는 선한 이가 없느니라"(눅 18:19). 이 수수께끼 같은 구절이 의미하는 바가 무엇이든, 이 말은 선이 하나님의 인격에 의해 정의되는 덕목이지, 그 반대가 아니라는 점을 암시한다.

마지막으로 무고한 고통의 경험이라는 문제가 있다. 신정론에 대한 현대의 논쟁 대부분은 이 문제를 자명한 것으로 받아들인다. 여기서 우리는 스스로가 어디를 향하고 있는지 안다. 만취한 운전자가 일단 정지 표시를 무시하고 차를 몰아, 자전거를 타고 하교하던 여자아이를 치어 그녀가 즉사했다면 우리는 이 아이를 무고한 희생자라고 부를 것이다. 아이는 목숨을 잃을 만한 어떤 잘못도 저지르지 않았다. 특정한 시간에 자전거를 타고 특정한 교차로를 지나가려는 선택을 했을지는 모르지만, 이런 선택이 아이에게 일어난 악한 사건과 도덕적으로 연루되었음을 암시하지는 않는다. 아이에게는 책임이 없다. 지상과 천상의 어느 법정에서도 아이의 죽음을 야기한 행위에 대해 이 아이에게는 무죄를 선언할 것이다.

하지만 "무고하다"(innocent)라는 말에는 또 다른 의미도 있다. 앞에서 보았듯 "무고하다"는 "도덕적으로 잘못이 없음"을 의미할 수도 있고, 무엇이 "전적으로 부족함"을 의미할 수도 있다. 예컨대 "수학의 미적분학에 대해 그는 문외한이다(innocent, 전적으로 부족함)", "그녀의 행동에는 속임수가 전혀 없다(innocent, 전적으로 부족함)"와 같은 의미로 사용될 수도 있는 것이다. 이런 의미에서 보자면 자전거를 타고 있던 아이를 "innocent"하다고 하는 것은, 이 아이에게 위험에 빠지지 않도록 해줄 무엇인가가 전적으로 부족했음을 의미한다. 이 무엇인가가 있었다면 아이는 소란과 일상의 위험과 위협으로부터 벗어나서 특별히 살균이 된 "innocent"한 범주로 옮겨져야 했을 것이다. 마치 운전하면서 그 교차로를 지나가던 다른 인간이 아니라, 마귀가 쏜 화살이나 다른 우주로부터 지구를 향해 던져진 원초적인 에너지의 파동이 그 아이를 친 듯이 말이다.

이런 의미에서 아이의 죽음은 "무고하다"라기보다는 "비극적"이라고 하는 편이 더 적절하다. 이런 용어의 전환은 아이의 죽음이 인간의 삶의 실재와 전적으로 일치한다는 점을 선명하게 보여준다. 비록 이런 비극이 인간의 삶이 마땅히 그래야 하는 바에서는 멀리 벗어나 있는 것이 사실이지만 말이다. 아이는 도덕적 책임으로부터 무고할 수는 있지만 인간이라는 조건으로부터 벗어나 있지는 않다. 이 조건은 인간으로서의 상태에 내재된 모든 위험과 가능성을 동반한다. 아이는 고난을 당했고 아이를 사랑하던 사람들 역시 고통을 당했지만, 이것은 아이가 무엇을 잘못했기 때문이 아니다. 이들의 고난은 그들이 인간으로서의 경험에 전적으로 참여하고 있다는 사실을 증거한다. 또한 "무고하다"보다 "비극적이다"라는 용어를 사용하는 것은, 가령 어느 십대 소년이 지갑을 훔쳐 자전거로 달아나다가 목숨을 잃었다고 할 때 큰 분노를 느끼지 않도록 도와준다. 우리는 이렇게 말하고 싶을 수 있다. "그 남자아이가 죽은 것은 슬프지만 그는 도둑질을 했어요. 한편으로 그것은 당연한 일이에요. 하지만 앞에서 이야기한 여자아이는 무고한 어린아이였다고요." 하지만 영화 〈용서받지 못한 자〉에서 클린트 이스트우드가 연기했던 윌리엄 머니의 말처럼 "이것은 당연한 것과는 아무 상관이 없다." 자전거가 지나가던 교차로를 향해 쏜살같이 달려오던 만취한 운전자는 자전거를 탄 사람의 도덕적 인격에 대해 전혀 알 수 없었다. 우리가 어떻게 보는지와 상관없이 이것은 비극적인 사건이다.

우리가 확인한 것처럼 "불가능한 체스 경기"를 묘사하는 주된 용어들에는 조금씩 유연성이 들어 있다. 하지만 신정론으로 인해 혼란스러움과 도전을 느끼는 사유하는 그리스도인들로 이루어진 회중을 향해 설교자가 무엇을 말할 수 있는가 하는 것에 대해서는 여전히 충분한 설명이 되지 못한다. 최종적으로 다루어야 할 이 강력한 질문에 앞서 잠깐 멈추어, 우리는 고통에 대한 탁월한 성경적인 사례인 욥기를 탐구할 것이다. 실제로 고통 당하는 욥의 문제는 신정론에 관심을 가진 모든 사람들이 향해온 주제이기도 하다.

울부짖음, 욥과 폭풍우

욥의 드라마는 인간의 경험이라는 역사에서 가장 오랫동안 지속되어온 이야기다. 성경
에 나오는 욥은 연기를 하는 배우들 중 하나일 뿐이지만 최고라고 할 만하다.

사무엘 E. 발렌타인, 『욥』[1]

나는 우리 세대 최고의 지성들이 광기로 파괴되는 것을 보았다.…
기계의 움직임만 가득한 밤에 천사의 머리를 한 비트족들은
별빛 가득한 발전소와 고대의 성스러운 연대를 갈망하지만….

앨런 긴즈버그, "울부짖음"[2]

신앙과 무고한 고통에 대한 질문을 숙고하는 사람들 대다수는 얼마 못 가 성경의 욥기로 시선을 돌린다. 성경에서 고난을 겪은 가장 중요한 인물이 예수님이라면, 인간적으로 가장 쉽게 이해할 수 있는 인물은 바로 욥이다. 고뇌로 가득 찬 아픔과 힘겨운 신앙으로 점철된 이 이야기 안에서, 상징적으로 욥은 유대인도 그리스인도 남자도 여자도 고대인도 현대인도 아니다. 욥이 살았던 우스 땅은 지도에는 안 나타나지만 거의 모든 사람이 한 번쯤 시간을 보낸 적이 있는 장소다. 욥은 시간과 장소를 초월하여 모든 사람을 상징하는 존재인 것이다.

욥기에서 가장 흥미로운 지점은 이 책이 정말로 말하고자 하는 바를 파악하는 것이 몹시 어렵다는 것이다. 야고보서는 "너희가 욥의 인내를 들었고"라고 말한다. 정말 우리는 그의 인내에 대해 들었다. 하지만 이 짧은 슬로건이 욥기를 요약한다고 만족하는 사람은 이 책의 첫 두 장을 읽고 나서 지칠 것이 분명하다. 스티븐 미첼(Stephen Mitchell)의 흥미로운 번역에 따르면, 세 번째 장이 시작하는 지점에서 욥은 이런 말로 침묵을 깨뜨린다. "하나님은 내가 태어난 날을 저주하셨다."[3] 인내한다고 해도 그의 인내는 분명히 임계점에 도달하고 있다.

우리 대부분은 욥기의 내용을 요약하는 의미에서 인내가 결코 중심 주제가 아님을 알고 있다. 그보다는 우리 관심을 지배해온 신정론의 질문에 대한 답을 구하는 신학적 논문으로 생각할 확률이 훨씬 높다. 랍비 쿠쉬너처럼 성경을 읽는 많은 독자들은, 선하신 하나님이 창조하신 세상에서 왜 무고한 사람들이 고통을 받아야만 하는가라는 질문에 대한 지혜를 얻기 위해 욥기로 눈을 돌렸다. 한 신학자는 이렇게 말한 바 있다. "신정론의 문제를 수반하는 성경의 책들 가운데서 욥기는 가장 중요한 책으로 간주된다."[4]

하지만 욥기를 신정론에 대한 설명으로 이해하는 것에는 문제가 있다. 그렇게 한다면 우리는 실망할 수밖에 없다. 욥기의 이야기에서 우리는 우리가 기대하거나 소망한 것을 얻을 수 없다. 앞에서 보았듯 랍비 쿠쉬너는 신정론에 관해 자신이 가진 의문에 답을 얻기 위해 욥기의 한 본문을 왜곡해야만 했다. 욥기를 읽는 대부분의 독자는 책의 말미에 도달해서 커다란 혼란이나 깊은 실망, 심지어는 분노를 느낀다. 이야기의 말미에 이르러서야 드디어 모습을 드러내는 하나님이 해답을 제공하는 대신, 으스대는 것처럼 보이기 때문이다. 하나님은 자신의 가슴을 치시면서 욥이라는 이 인물이 대체 스스로를 어떤 존재로 생각하는지 물으신다. 선생들 대부분이 알듯이, 어떤 학생이 곤혹스러울 만큼 어려운 질문을 던질 때 그것을 다루는 한 가지 방법은 언성을 높이고 모욕당한 것처럼 행동함으로써, 학생이 자신이 던진 질문이 어리석고 건방졌구나 하고 느끼도록 만드는 것이다. 욥기의 하나님이 바로 이런 기술을 구사하고 계신 것은 아닐까?

데이비드 로버트슨(David Robertson)은 그렇다고 생각한다. 그는 우리의 관심을 9장에 나오는 욥의 발언 부분으로 돌리는데, 여기서 욥은 하나님을 대면하여 만나게 된다면 어떤 일이 일어날지를 예견하고 있다.[5] 욥은 "힘으로 말하면 그가 강하시고 가령 내가 의로울지라도 내

입이 나를 정죄하리니"라고 말한다. 간단히 말해 욥은 하나님이 자신에게 나타나시면 그분이 신적인 능력으로 자신을 거짓된 자기 정죄로 몰아가실 것이라고 예상하고 있다. 로버트슨의 주장에 따르면, 드디어 하나님이 나타나셨을 때 욥의 이런 예견은 고스란히 성취된다.

> 욥은 우리에게 여기에 대해 경고했다. 따라서 38-41장에 나타난 하나님의 수사법은 우리를 설득해 그가 돌팔이 하나님, 곧 신으로서의 능력과 재주는 가지고 있지만 공의와 사랑으로 다스리는 진정한 신적 임무에 있어서는 사기꾼에 지나지 않는다는 사실을 믿도록 만든다.[6]

테렌스 틸리는 왜 무고한 사람들이 고통 당하는가 대한 설명을 찾아 욥기로 향하는 사람들이 결국은 실망하게 되는 것이 당연하다고 주장했다. 그의 주장에 따르면 욥기는 신정론이 아니라 일종의 반(反)신정론이다. 이 책의 목적은 고통이 일어나는 이유를 알고 싶어하는 우리의 갈망을 타도하는 데 있다. 신정론을 논증하기 위해 애쓰는 인물, 즉 욥의 고통에 대한 설명을 제시하고 하나님의 명예를 옹호하고자 노력한 것은 욥의 친구들인데, 이들은 이 글에서 악당이다. 틸리의 주장에 따르면, 욥기가 신정론에 실패했다는 사실은 많은 철학적 신정론자들이 욥기 자체를 본능적으로 회피하는 이유이기도 하다. 이른바 욥을 위로하는 자들의 피상적 접근법에 반영되어 있는 자기 자신의 무지와 거드름을 바라보면서, 신정론자들은 욥기를 해석하지도 반복하지도 거절하지도 않으려 한다. 다만 이들은 이 책을 무시하고 욥의 목소리를 잠잠케 할 뿐이다.[7]

철학자이자 신학자인 데이비드 B. 뷰렐(David B. Burrell)도 여기에 동의한다. 욥기에 대한 계시적 저술 『신정론을 해체하다: 고통이라는 수수께끼에 대해 욥기가 침묵하는 이유』(Deconstructing Theodicy: Why Job Has Nothing to Say to the Puzzle of Suffering)에서 뷰렐은 욥기의 주된 역할이 하나님의 인격을 옹호하는 "이론을 구성하려는 철학자들의 진지한" 모든 노력을 해체하는 것이라는 입장을 내세운다.[8]

하지만 우리 등을 떠미는 틸리와 뷰렐의 노력에도 불구하고, 무고한 고통에 대해 질문하는 그리스도인이라면 아무도 이 강렬한 이야기를 완전히 버릴 수는 없다. 욥기는 매우 절묘하고 복합적인 작품으로 여러 가지 해석이 가능하지만, 탐구할 만한 가치가 있는 중심 주제를 이해하는 데 적어도 한 가지 가능성을 제시하고 있다. 바로 이 주제는 신정론에 대한 설교에서 심오한 의미를 가지는 주제로서, 욥의 고통이 인류와 하나님의 관계라는 광범위한 문제 안에서 긴급한 판례적 사건이 된다는 것이다. 욥기는 선하신 하나님과 무고한 고통이 어떻게 공존하는지에 대한 철학적 설명을 제공하는 책이 아니다. 오히려 이 책은 하나님이 어떤 분이시고 또 하나님이 진정한 하나님으로서 바르게 이해되었을 때 우리가 인간이 된다는 것의 의미에 대한 책이라고 할 수 있다. 이 위대한 책은 세상에 대해 희망을 가지도록 그림을 조작한 다음, 이런 세상을 인자하게 다스리시는 하나님을 상상하는 우리의 도덕적 질서의 투영 앞에 엎드려 예배하고자 하는 편만한 종교적 충동에 대해 저항한다.

욥의 고통은 너무나도 가혹할 뿐 아니라 비합리적이기 때문에 그는 더 이상 환상이라는 사치를 부릴 수 없었다. 안 그런 척하려는 모든 노력은 자녀들이 사라진 빈 식탁 풍경과 끊임없이 되살아나는 육신의 고통이라는 현실 앞에서 무너졌다. 욥이 자신의 비참함으로부터 만들어낼 수 있는 유일한 신은 괴물이었다. 그는 이 독단적이고 가혹한 신으로부터 도망할지, 아니면 또 다른 신, 곧 자신이 만들어내지 않은 하나님이 존재하시는지를 확인하기 위해 용감히 일어서든지 선택해야 했다. 스티븐 미첼의 언급에 따르면, 욥을 여러 장의 판화로 그려낸 윌리엄 블레이크(William Blake)야말로 "욥기의 주제가 영적 변화라는 점을 이해한 유일한 해석자"라고 할 수 있다.[9] 아마도 블레이크는 욥을 통해 인간이 상상하거나 만들어낼 수 없는 유일하신 하나님 앞에서 살기 위해 나아오려면 무엇이 필요한지를 보았던 몇몇 사람 중 하나일 것이다.

욥기, 무대 연극

욥에게 일어난 영적 변화의 문제가 어떻게 전개되었는지를 알기 위해 욥기를 직접 살펴보도록 하자. 이 작업은 말보다 실천이 어렵다. 우리가 살펴보려는 대상이 무엇인지가 확실하게 드러나지 않기 때문이다. 욥기는 민간 설화, 서사시, 대화 형식과 같은 여러 장르가 뒤죽박죽 섞여 있는 텍스트다. 성서비평학자들은 현재 형태의 욥기 본문이 상당수 편집자들의 손을 거쳐 나온 결과물일 것이라고 추측한다. 그러나 전체적으로 볼 때 욥기는 공들여 만든 연극 무대에 가깝다. 루이 알론소 쉐켈(Luis Alonso Schökel)이 언급했듯, 욥기를 드라마로 읽는 것은 이 작품을 통전적으로 볼 수 있는 최선의 기회를 제공할 뿐 아니라 "이 작품을 통일성 안에서 이해 가능하게 해석하도록 도와준다."[10]

커튼이 올라가면서 우스 땅이 드러난다. 우리 눈에는 우스 땅이 보이지만 들리는 것은 보이지 않는 내레이터의 목소리다. "우스 땅에 욥이라 불리는 사람이 있었는데…." 우스를 지도에서 찾으려는 노력은 헛수고다. 욥기는 역사적 연대기가 아니기 때문이다. 막을 여는 대사의 서술 효과는 영화 〈스타워즈〉의 오프닝 크레딧과 같아서 이 사건이 "아주 먼 옛날 어느 먼 곳에서" 일어난 이야기임을 알려준다.[11] 내레이터의 목소리가 이어지는 동안 무대는 점점 욥의 가족으로 채워지면서, 전체적 장면은 마치 꿈처럼 완벽해 보인다. 욥은 "동방 사람 중에 가장 부유한 자"로 "온전한 정직성"도 가지고 있었다. 그는 하나님을 경외하며 악에서 떠난 자였다. 욥에게는 아들과 딸, 가축들이 있었는데 이들의 수는 대칭적으로 아들이 일곱, 딸이 셋, 양이 칠천, 낙타가 삼천, 소가 오백, 암나귀가 오백이었다.[12] 이 모든 것은 지나칠 정도로 완벽해 보인다. 하지만 욥은 비단 모자와 턱시도를 입고 눈 덮인 길을 걷는 남자와 같다. 눈덩이가 날아오는 것은 순전히 시간문제다. 연극의 발단 부분에서 이미 관객은 자신이 보고 있는 것이 단순한 연극이 아니라 "대단히 심오한" 희극[13]이라는 사실을 감지하기 시작한다. 이 점은 극이 진행될수록 점점 더 분명해질 것이다.

적어도 발단 부분까지 이 드라마는 "거짓말 같은 이야기", 즉 과장이라는 전형적인 희극의 기법을 사용한다. 폴 번연(역자 주—미국 민화에 등장하는 거인 영웅)처럼 욥은 훤칠한 키와 강인한 힘을 갖춘 근사한 인물로, 객석에 앉아 있는 사람들의 곤경과는 전혀 실존적 연관성이 없는 인물처럼 보인다. 이 시점에서 욥은 "평범한 사람"이 아니라 "슈퍼맨"이다. 관객은 정복되지 않는 그의 힘을 증명해주는 또 다른 이야기나, 혹은 그를 휘청거리게 만들 바나나 껍질을 기대하고 있다.

우스에서 누리는 흠잡을 데 없는 욥의 삶은 도덕적 영역에까지 확장된다. 내레이터는 매년 욥의 아들들이 특별 가족 행사로 순회 디너파티, 곧 가족들 집을 옮겨 다니며 연회를 열었다고 이야기한다. 욥은 이연례 연회를 이유로 자녀들에게 성결 의식을 요구했는데, 자녀들이 어떤 잘못을 저질러서가 아니라 혹시라도 이런 흥겨운 파티 중에 악한 생각을 품었을까 염려했기 때문이었다. 대단히 섬세하고 "도덕적으로도 완벽한 이 사업가"는 하나님을 상대로 한 보상 게임에서 승리하는 방법을 알고 있었다. 하지만 욥의 세계는 본질적으로 불안정했는데 아주 작은 죄라도, 도덕이라는 표면에 난 희미한 균열조차도 그의 삶을 허물어 도덕적이고 재정적인 파산으로 이끌 수 있었기 때문이다.[14] 따라서 캘빈 트릴린(Calvin Trillin)이 비꼬며 언급했던 것처럼, 욥은 속죄 일이 연중무휴로 이어지는 시대에 살도록 강요받은 인물이었다.[15]

갑자기 무대의 조명이 위치를 바꾸고 관객은 우스 땅이 아니라 하늘의 법정을 보게 된다. 여기에는 하나님과 천사들이 있다. 또한 사탄도 있다. 사탄은 자신이 온 땅을 두루 돌아다니느라 분주했다고 이야기한다. 그러자 하나님은 일종의 도전장으로 해석될 소지가 있는 말씀을 건네신다. "네가 내 종 욥을 보았느냐?" 이어지는 장면은 사탄이 그 도전장을 받아들이면서 하나님과 유명한 내기를 하는 모습을 보여준다. "그의 모든 소유를 치소서 그리하시면 틀림없이 주를 향하여 욕하지 않겠나이까?"

다시 관객은 우스 땅으로 돌아와 벌어지는 사건들을 목도하게 된다. 여기서 일어나는 것은 고급스러운 희비극의 한 장면이다. 이 사건들의 고도로 형식화된 측면을 받아들이기를 원치 않는 현대 독자라면 이 연극의 희극적 측면을 놓치기 쉽다. 줄거리의 진행에 도움이 되는 것은 사실이지만 행동이 너무도 과장된 나머지, 인간의 삶에서 일어날 법한 사건을 진지하게 묘사하는 연극이라고 받아들이기가 어려울 정도다. 미첼의 표현을 빌리자면, 이것은 일종의 "인형극"이라고 할 수 있다.[16] 사환들이 연이어 도착하고 이들이 전하는 소식은 점점 더 끔찍해진다. 이들의 대사는 서로 맞물려서 돌아간다. "한 사람이 아직 말도 채 끝맺지 않았는데, 또 다른 사람이 들이닥쳐 말을 시작한다." 급기야 스바인들이 습격을 한다. 자녀와 가축, 이 모든 것이 사라졌다. 완벽하게 좋았던 세상은 이제 완벽할 정도로 참담해졌다. 이 장면은 흡사 오래된 잡지의 보험 광고에 등장하는 교외 지역의 어떤 주택 같다. 잡지에 등장하는 그 집에도 여러 재난이 동시다발적으로 닥치고 있었다. 폭풍으로 지붕이 날아가고 야구공은 창문을 뚫고 지나가며 절도범이 유리 미닫이문을 억지로 열고 있는 바로 그 순간, 집안에서 일하던 남자가 사다리에서 떨어지고 나무는 차고 쪽으로 쓰러지며 측벽으로는 불꽃이 일고 있다. 욥기에서 30초 사이에 일어나는 비극들은 『리어 왕』 전체를 통틀어서 일어나는 사건보다 훨씬 많다.

놀랍지만, 그러나 우리의 예상대로 욥은 온전한 행보를 이어간다. 심지어 하늘 법정에서 두 번째 더 큰 내기가 오간 직후에 욥 자신에게 육체적인 고통이 닥쳤을 때에도 그는 마음의 확고함을 유지한다. 욥은 아내에게 이렇게 말한다. "우리가 하나님께 복을 받았은즉 화도 받지 아니하겠느냐."

이쯤 되면 사탄이 내기에서 패한 것 같다. 어떤 것도 하나님의 종,

욥을 흔들 수 없다. 그는 미끄러운 바나나 껍질을 밟은 채, 모자가 삐딱해진 모습으로 눈 속에 서 있지만 그것에 굴하지 않고 "온전함과 정직함"을 지켜낸다. 이제 내레이터는 어떻게 사탄이 굴욕스런 패배 속에 내기를 포기했고, 어떻게 욥이 자신의 인내를 보상받았으며, 그의 퇴장을 위해 세팅된 분위기 있는 저녁놀 속으로 말을 타고 사라졌는지를 설명하면서 이야기를 마무리 짓기만 하면 된다.

실제로 구약학자들 사이에서는 욥의 이야기의 원래 형태가 이런 식으로 마무리된다는 사실이 폭넓게 받아들여지고 있다. 사탄은 하늘 법정에서 창피를 당하고 하나님은 손쉽게 내기에 이기시며 욥은 그의 재산을 회복하는 것으로 거짓말 같은 종교적인 이야기가 끝나는 것이다. 정말로 욥의 이야기가 이렇게 끝났다면 원래 형태는 신학적으로는 "본보기 일화", 즉 인내라는 덕목에 대한 도덕적 핵심 구절이 붙어 있는 이솝 우화였을 것이다. 당신이 원한다면 이것은 설교 예화일 수도 있겠다.

비극적 의미의 과잉

노련한 설교자들은 설교 예화가 늘 의도한 대로 기능하지는 않는다는 사실을 안다. 예화에도 그 예화만의 생명이 있다. 설교자는 예화를 통해 기도나 청지기의 사명 같은 특정한 사안에 대해 분명하고 간단한 이야기를 하고 있다고 믿지만, 청중은 같은 이야기를 다른 방향으로 받아들이기도 한다. 이야기에는 "의미의 과잉"과 미결 사항이 있을 수 있다. 청중 중 일부는 이야기를 의도된 목표로 몰고 가려는 설교자의 노력에 반항하면서 이야기의 다른 측면이 해결될 때까지 만족해하지 않는다.

욥기의 원래 형태가 이러저러한 이야기였다면, 욥기의 현재 형태의 저자도 분명히 이러저러한 청자였을 것이다. 성서학자 사무엘 발렌타인(Samuel Balentine)은 이렇게 썼다. "기성 형식으로 보았을 때 많은 사람들이 욥기의 가장 오래된 부분으로 간주하는 이 이야기는 19세기의 그림 형제가 쓴 동화의 고대 버전이다. '아주 먼 옛날에 그리고 그 후로 모두가 행복하게 살았답니다.' 하지만 욥기의 현재 형태의 저자는 오래된 동화에 대해서 '끝이 좋으면 다 좋다'라는 식의 이야기를 불만족스럽게 여겼다."[17]

의심할 여지없이 정경 형태의 욥기를 쓴 저자는 이 이야기의 원래 플롯, 곧 완벽한 세상-재난-완벽한 세상의 회복이라는 플롯이 논리적·실존적으로 불가능하다는 것을 알고 있었다. 원래의 결과와 의도에는 의미의 과잉, 해결되지 못한 미결 사항이 남아 있었다. 욥의 "완벽한 세상"은, 하나님이 세상을 인류에게 널리 알려진 일련의 도덕적 규칙을 따라 경영하신다는 추정 위에 세워져 있었다. 욥과 같은 인물이 이런 규칙에 복종하는 한, 그리고 규칙들 중 하나를 모르고 어길 경우 정화 행위를 하는 한에서 그는 하나님으로부터 "페어플레이"와 보호를 기대할 수 있었다. 하지만 욥기에서는 하나님이 규칙을 어기셨다는 문제가 발생한다. 욥이 경험한 파괴와 고통은 신적 행위의 직접적인 결과였으며, 협의된 규칙들을 생각할 때 파울의 영역에 속한 것이 분명했다. 욥이 고통 받은 것은 거룩한 규례를 어겼기 때문이 아니라, 하나님이 욥의 삶을 가지고 게임을 하셨기 때문이다. 즉 하나님은 사탄에게 변덕스러워 보이는 도전을 던져 하늘 법정에서 내기를 하셨으며, 알 수 없는 이유로 욥을 악의적인 상대의 힘에 넘겨주셨다. 간단히 말해, 하나님의 행동은 달걀 인형을 넘어뜨려 다시 일어나지 못하게 하셨다. 그러니 세상이 다시 회복될 수 있는 양 이야기를 끝내는 것은 전혀 타당하지 않았다. 이 이야기의 플롯 자체가 세상이 지어진 기초를 파괴했던 것이다. 에덴의 문은 닫혀버렸고 어디를 향하든 이제 욥은 뒤돌아갈 데가 없었다.

욥 이야기의 "개정판"을 쓴 저자는 민간 설화 속에서 미결된 문제를 분별해내고, 더욱 깊은 해결을 탐색하기 위해 용감하게도 오래된 이야기의 범주를 떠나고 있다. 여기서 해결이 요구되는 문제는 왜 욥이 고통 당했는가 하는 것이 아니다. 진짜 문제는 도대체 어떤 하나님과 창조가 도덕적으로 비합리적인 이런 경험의 들쑥날쑥함을 허용하는가 하는 것이다. 다시 말해 핵심은 욥의 고통 자체가 아니라 하나님의 인격, 하나님과 인류의 관계의 본질에 대해 중대한 질문을 제기하는 사건이라 할 수 있다. 욥의 과거 세계의 신학적 섭리에서는 의로운 사람의 고통이란 수학적으로 불가능했다. 하지만 이런 일이 일어났다. 이 일이 일어났기 때문에 이제 욥의 과거 세계 자체는 불가능해졌다. 따라서 욥 이야기의 플롯은, 존재할지도 모를 새로운 세계를 탐색하기 위해 휘청거리며 앞으로 나아간다. 새로운 세계를 발견할 수 없다면, 적어도 다음과 같은 질문에 대한 답은 찾아야 할 것이다. 우리의 경험이 우리의 신학적 우주를 붕괴시킬 때 우리는 어떻게 살아가야 하는가?

번민에 찬 대화

저자는 새로운 언어 사용 방식을 통해 이와 같은 탐색을 추구한다. 욥의 드라마는 민간 설화의 형태로부터 시와 대화의 형태로 옮겨간다. 번민과 깊은 당혹감, 격분 속에서 욥은 세 명의 친구와 한 명의 젊은이와 대화하고, 최종적으로는 하나님과 대화를 나눈다. 대화의 목적은 심오하리만큼 진지하지만 저자는 이전 내러티브의 희극적 모티프를 어느 정도 유지한다. 관객이 욥의 상황과 하나님의 개입을 알고 있다는 사실을 감안할 때, 욥의 친구들의 연설은 터무니없고 때로는 우습기까지 하다. 하지만 반어적인 측면에서 설득력 있고 아름다울 때도 있다. 저자는 친구들의 연설을 구성하면서 "모든 위대한 시인의 본능적인 너그러움을 발휘해, 친구들에게도 욥의 연설만큼이나 강렬한 생명력과 열정을 부여한다."[18]

이 대화 부분의 기본적인 설계는 욥의 세 친구가 차례대로 연설을 하고 그에 대해 주로 욥이 대답하는 형식이다. 극적인 측면에서 이 대목은 지루하기 짝이 없는데 대사만 잔뜩 나오고 행동이 없기 때문이다. 욥의 친구들은 자신과 서로의 말을 계속해서 반복하고, 같은 논쟁이 꼬리에 꼬리를 물고 반복되며, 매번 같은 지점에서 벽에 부딪힌다.[19] 극적인 움직임이 부족한 것은 작가가 서툴러서가 아니다. 바로 이런 지루함이 이 부분의 주요한 요점이기 때문이다. 욥의 친구들은 자신의 주장을 계속 반복할 뿐 다른 아무런 일도 일으키지 못한다. 친구들의 갖은 노력에도 불구하고 이들은 우리를 어떤 새로운 곳으로 인도하지 못하는 것이다.

짜증스럽게 반복되는 친구들의 연설을 통해 관객은 이들의 성격과 견해를 알게 된다. 결과적으로 친구들 각각은 드라마의 중대한 질문에 대한 다양한 "대답 아닌 대답"을 몸소 체현한다. 사실 이들의 말에 귀를 기울이고 이들과 친해진다면 우리는 그들 안에서, 심지어 오늘날에도 교회 주변을 서성이며 솔직한 종교적 탐구를 잡아끌고 훼방하는 친숙한 인물을 발견하게 된다.

엘리바스

욥의 친구들 중 첫 번째 인물인 엘리바스는 자기 고양적 경건의 감성적 유형을 대표한다. 신앙을 상실한 욥에게 창피를 주기 직전 "누가 네게 말하면 싫증을 내겠느냐?"라는 말로 연설을 시작하면서 엘리바스는 이런 특징을 내뿜는다. 워커 퍼시는 이렇게 경고한 바 있다. "사랑과 돌봄에 대해 이야기하면서 돌아다니는 사람들을 조심하라."[20] 바로 엘리바스는 이런 사람들 중 하나다. 그는 기름기가 줄줄 흐르는 염려의 속삭임을 입술에 담고서 번민에 찬 사람에게 다가가지만 그의 주머니에는 신령한 율법이 적힌 전도지가 들어 있었다. 엘리바스는 "주님, 제가 기도드리고 싶은 것은 다만 이것입니다"라는 말로 기도를 시작하지만, 그의 기도를 주의 깊게 들어보면 그가 다만 원하는 것은 주님이 물질적 우주 전체를 그의 편리대로 재배열해주시는 것뿐이다.

엘리바스는 욥의 상황을 살피고 난 후 하늘을 향해 자신과 욥에게 이 모든 것이 환상이라고 말했다. 그는 "죄가 너의 마음을 유혹했다"라고 읊조렸다. 또한 "하나님이 너를 나무라신 것이 네게는 다행이다"라며 욥을 진정시켰다. 그의 충고는 무엇이었을까? "내가 너라면 나는 기도하고 하나님과 화목할 것이다. 너는 후회하지 않을 것이다." 결과는 어떠할 것인가? "네가 하는 모든 일이 형통할 것이고 너의 길에는 빛이 임할 것이다." 엘리바스에 대해 화가 나는 것은 그가 신앙의 가장 강력한 사실들을 가지고 십자수를 놓아 벽에 걸어둘 만한 구호로 만들어버렸다는 것이다. 엘리바스에게 기도의 능력은 협상 카드였고, 하나님과의 화목은 협상 장치였다. 그에게는 신앙 대신 종교적 기계만이 있었다.

"우리의 경험이 우리의 신학적 우주를 붕괴시킬 때 우리는 어떻게 살아가야 하는가?"라는 질문에 대한 엘리바스의 대답은 우리의 경험을 부인해야 한다는 것이었다. 그의 경건의 체계는 신적 섭리의 조건을 조작하도록 허용했고, 경건의 공식에 도전하는 경험은 무엇이든 위협 요소로 신속하게 걸러내야 했다. 엘리바스는 과거의 길을 따라 하나님께로 돌아오라는 표지판을 그리느라 분주한 나머지, 새로운 고속도로가 뚫렸으며 이전 도로는 사용이 금지되었다는 사실을 알아채지 못했다.

빌닷

욥의 친구들 중 두 번째 인물인 빌닷은 종교적 권위주의자다. 아마 그의 자동차에는 이런 범퍼 스티커가 붙어 있을 것이다. "하나님이 그것을 말씀하셨다. 나는 그것을 믿는다. 그뿐이다." 빌닷은 인간의 본성을 그릇에 담긴 부패한 마요네즈로 보았으며, 인류를 불쾌한 벌레와 냄새나는 구더기로 묘사했다. 그는 한 번도 직접 가본 적이 없으면서도 대학 기숙사와 교단 본부, 옆집, 다른 모든 죄악의 소굴에서 어떤 일이 일어나고 있는지 자신 있게 말할 수 있었다. 왜냐하면 그는 인간의 본성을 알았으며, 닫힌 문을 통해서도 그 악취를 맡을 수 있었기 때문이다.

빌닷은 에이즈와 지진 같은 끔찍한 재앙이 죄에 대해 부과되는 당연한 형벌이라고 확신했다. 더욱이 이런 재앙은 그로 하여금 정당함과 심지어 기쁨을 느끼도록 만들었다. 무심한 듯 어깨를 들어 올리며 그는 이렇게 선언했다. "죄인이 파멸당하는 것은 사실이다. 경건하지 못한 자들에게는 이런 일이 일어난다."

따라서 빌닷이 욥에게 다음과 같이 이야기한 것은 전혀 놀랍지 않다. "너의 자녀가 하나님께 죄를 범한 것이 분명하다. 그들은 합당한 대로 형벌을 받은 것이다." 그리고 욥에게는 비꼬는 투로 이렇게 이야기했을 것이다. "만일 네가 깨끗하고 의롭다면 하나님께 긍휼을 구하라. 그분은 분명 너의 기도에 응답하실 것이다." 빌닷의 연설을 듣는 관객의 반응에는 필시 짜증과 웃음이 뒤섞여 있었을 것이다. 번쩍거리는 신발을 신고 한 치의 흐트러짐도 없이 정갈하게 머리를 빗은 채 쇠막대기처럼 서 있는 빌닷은, 깔끔하게 다림질한 자신의 양복이 폭우에 흠뻑 젖는 동안에도 의로운 사람에게는 결코 비가 내리지 않는다는 주장을 하고 있다.

소발

소발은 신학대학원을 졸업한 빌닷이라 할 수 있다. 소발은 죄와 형벌에 대한 빌닷의 엄격한 견해에 공감하는 동시에 그것을 지성적으로 정립하는 방법을 배웠다. 담배를 한 모금 빨고 난 소발은, 질그릇 조각으로 종기가 번진 피부를 긁고 있던 욥에게 이 문제가 전체적으로 아주 아주 복잡하며, 지혜에는 여러 측면이 있다고 말한다. 소발은 욥의 문제 자체가 명확성이 부족한 데 있다고 결론짓는다. 즉 욥이 자신이 죄인이라는 사실을 이해하지 못한다는 것이다. 소발은 자신의 이마를 치면서 의아해한다. "욥, 너의 눈이 어찌 이리도 멀 수 있는가?" 소발은 욥을 향해 악의 교리를 강의하지만 욥이 이 수업을 통과할 확률에 대해서는 비관적이다. 그는 이렇게 빈정거린다. "젖소가 얼룩말을 낳을 때에야 어리석은 사람이 지혜로워질 것이다."

물론 관객은 이 문제에 대한 소발의 정밀한 분석에도 불구하고 소발 역시 핵심, 즉 이야기의 흐름에서 욥이 진정한 의인이라는 사실을 놓치고 있음을 안다. 더 중요한 것은 박식한 소발이 알지 못하는 무엇을 관객은 알고 있다는 사실이다. 즉 관객은 욥이 당한 곤경의 이유가 숨겨진 비극적 결함 때문이 아니라 하늘에서 벌어진 내기 때문이라는 것을 이미 알고 있다.

친구들에게 하는 욥의 담론은 때로 감동적이고 가끔은 통쾌하며, 항상 열정적이면서도 지극히 아름답다. 그는 친구들에 맞서 격렬히 대항하다가도, 빈정거리는 투로 동의를 표하기도 한다. "너희만 참으로 백성이로구나. 너희가 죽으면 지혜도 죽겠구나." 그가 친구들에게 말하는 바는 매우 흥미롭고 시사하는 것도 크다. 욥은 한때 자신도 친구들의 주장을 믿었고 그것을 그대로 이야기했음을 인정하지만, 그의 새로운 경험 때문에 더 이상 이를 허용할 수 없다고 말한다. 과거에 욥은 정통성의 모델이라 할 수 있었다. 그는 누구 못지않게 잠언을 쏟아낼 수 있었다. 하지만 무고한 고통이라는 욥의 경험은 그의 정통성이 예측할 수 없었던 상황, 그의 세계관이 포용할 수 없는 상황이었다. 욥은 한때 "잠언" 게임에서 연승을 거두던 자였다. 그러나 부당한 고통은 정통성의 카드 가운데 전혀 예상치 못한 조커였다. 욥은 이 카드를 뽑았고 더 이상 자신의 카드를 공개할 수 없었다. 규칙은 변했고 게임도 변했다.

하나님의 사랑 때문에

욥이 친구들에게 말하는 담론 중에서도 그의 말은 인간의 대화의 한계를 넘어선다. 욥은 친구에게 말하는 동시에 그 너머를 향해 말하고 있다. 욥은 정확히 하나님을 향해서가 아니라, 하나님이 채우고자 선택하실 수도 있는 여백, 공허를 향해 말한다. 그는 이렇게 울부짖는다. "나는 하나님 앞에서 이야기하기를 원한다. 하나님의 법정에서 나의 정당함을 주장하기 원한다." 그는 시편 8편의 조롱을 이 빈 공간 속에다 퍼붓는다. "사람이 무엇이기에 주께서 그를 생각하시며 그를 돌보시나이까?" 욥은 하나님을 향해 주먹을 휘두르고 나서는 자신의 손가락을 펴 하나님의 포옹을 간청한다. 그는 과거의 삶과 같은 안전한 항구로 돌아갈 수 없음을 깨닫고 폭풍을 마주하기로 한다. "나는 생명의 위험을 감수할 준비가 되었다." 그는 울부짖는다. 이제 그의 통곡은 함께 울부짖고 있는 바람 속으로 쏟아진다. "하나님이 나를 죽이시면 어떻게 할 것인가? 나는 그분께 나의 정당함을 주장할 것이다. 나의 담대함이 나를 살릴지도 모른다."

이 드라마를 통해 점점 깨닫게 되는 바는, 욥과 친구들 간의 차이가 욥이 하나님을 사랑한다는 데 있다는 사실이다. 욥의 친구들은 종교적 체계를 사랑하지만 욥은 하나님을 사랑한다. 친구들과 달리 욥은 필요할 경우 자신의 신학을 버릴 용의도 있지만, 그러나 하나님만은 포기하지 않을 것이다. 악몽 같은 짙은 두려움 속에서 욥은, 옆방에 계신 것처럼 가까이 계실 것이 분명한 그분을 향해 울부짖는다. "주께서는 나를 부르시겠고 나는 대답하겠나이다. 주는 나를 찾아오셔서 자신의 아이를 바라보는 아버지와 같이 나의 작은 걸음을 즐거워하시며 기뻐하시리이다." 미첼은 이렇게 썼다.

> 욥이 하나님을 진실하게 사랑하지 않았다면 이토록 강렬한 곤혹스러움과 격분은 없었을 것이다. 욥은 눈에 보이는 것과 달리 어딘가에는 궁극적 공의가 존재하리라고 믿었지만 그것이 어디인지는 알 수 없었다. 그는 마치 고결한 오셀로와 같아서 아내가 자신을 배신했다는 결정적 증거를 손에 쥐고 있었음에도, 그의 정직함과 사랑 때문에 그 사실을 믿을 수 없었다.[21]

욥의 말이 부재하시는 하나님을 향하면 향할수록, 친구들은 이 드라마와 어울리지 않는 존재가 되어간다. 모든 요소가 하나님의 필연적인 등장을 위해 준비되고 있다. 하지만 욥기의 저자는 희극적인 깜짝 등장을 하나 더 배치하고 있다. 욥은 무대의 어두운 면이 하나님의 임재의 빛으로 채워지기를 애원한다. 오케스트라 석에서는 팀파니 소리가 울려퍼지기 시작한다. 현악 파트도 흥분하여 진동한다. 모든 눈동자가 기대감을 품고 어두움 쪽으로 향한다. 갑자기 스포트라이트가 켜지고 그 불빛 아래에서 엘리후가 등장한다.

객석에서는 실망의 한숨이 터져 나오는데 이는 적절한 반응이다. 엘리후의 손에는 최신 스마트폰이 들려 있고 그가 입은 고가의 청바지는 색이 어찌나 근사하게 바랬는지 고급 백화점에서 구입했다는 사실을 눈치 채기 어려울 정도다. 그가 자신의 젊음을 감추기 위해 기른 턱

수염은 역부족이다. 그도 이런 사실을 잘 알고 있으며 따라서 다음과 같은 말로 시작한다. "나는 연소하고 당신들은 연로하므로 뒷전에서 나의 의견을 감히 내놓지 못하였노라. 그러나 소위 세 분의 현자께서 완전히 패하셨으므로 젊은 세대 중에서 누군가는 이 흐트러진 것을 바로잡기 위해 나서야 하리라."

가능한 한 모든 권위를 동원해가며 엘리후는 말을 잇는다. "이 논쟁에서 나는 누구의 편도 들지 않고 누구에게도 아첨하지 않을 것이다. 내 이야기는 모두 진실하며, 나는 진리를 말하고 있다." 엘리후는 여섯 장에 걸쳐 이 진리를 장황하게 늘어놓는다. 모든 것을 고려해볼 때 엘리후는 이미 세 친구가 말했던 신학적 내용을 반복할 뿐이다. 하지만 그는 오래된 진리를 우연히 발견하고서는 자신이 그것을 처음 발견했다고 믿는 사람처럼 자축하며 떠든다. 엘리후의 와인드업은 대단했으나 투구는 형편없었다. 윌리엄 웨드비(William Whedbee)가 말한 것처럼 "'나이든 바보같이 큰 바보는 없겠지만' 젊은 바보인 엘리후는 나이든 바보와 거의 비슷하다."[22]

폭풍우를 벗어나서

이 거짓 대단원 이후에 드라마는 제대로 된 절정을 향해 움직인다. 바로 하나님의 음성이 폭풍우 가운데서 들려온 것이다. 여기서 묘사된 것은 하나님의 음성뿐이지만, 이 심상이 너무도 강력하기 때문에 욥은 그 순간 하나님의 목소리를 듣는 동시에 광활한 공간 속에서 역사하시는 그분을 볼 수 있다. 하나님은 물으신다. "내가 땅의 기초를 놓을 때에 네가 어디 있었느냐 누가 그것의 도량법을 정하였는지 누가 그 줄을 그것의 위에 띄웠는지 네가 아느냐 문으로 바다를 가둔 자가 누구냐 들소가 어찌 기꺼이 너를 위하여 일하겠으며 네가 타조에게 날개를 주었느냐."

욥은 두려움에 떤다. "내게는 아무런 할 말이 없구나. 내가 무엇으로 답하랴. 이미 너무 많은 것을 이야기했구나."

하지만 하나님의 말씀은 아직 끝나지 않았다. "너는 대장부처럼 허리를 묶어라. 내게 말할 것이 더 남아 있다." 이것을 합리적인 담론으로 받아들인다면, 하나님이 말씀하시는 바는 미쳴이 관찰했던(쿠쉬너는 놓쳤지만) 것처럼 이런 말로 요약된다. "네가 감히 세상의 창조주를 의심하느냐? 이제 그 입을 다물고 복종하라." 하나님의 연설의 적절한 요약이 이것이라면, 욥의 반응은 다음과 같다. "예, 대장! 말씀하시는 대로 하겠나이다."[23] 하지만 하나님의 연설은 합리적인 담론이 아니다. 그분의 말은 시적이고 이상주의적인 연설로서, 모든 요약과 설명으로는 파악되지 않는 경험적 만남으로 우리를 초대한다.

욥의 이전 세상은 질서 잡힌 세상이며, 이 질서 자체가 공의에 대한 이야기를 가능케 했다. 옳고 그름에 대한 개념은 이 질서 잡힌 세상의 규칙으로서, 욥이 이해할 때 하나님은 이 규칙을 본래 제정하신 분이자 지키시는 신, 곧 우주적 심판자셨다. 하지만 상상할 수 없었던 일이 일어났다. 심판이 규칙을 어겨버린 것이다. 고통 받는 욥의 입장에서 볼 때 하나님은 불공정했다. 이제 폭풍 속에서 음성이 들리는데, 이 음성은 욥이 가진 질서와 규칙의 체계가 애당초 하나님의 것이 아니었다고 이야기한다. 욥의 것은 질서에 대한 인간의 계획으로 땅에서 하늘로 투영된 질서일 뿐이다. 부당하다고 울부짖는 욥의 울음은 본질적으로 도덕적 질서라는 인간의 개념을 하나님에게 강제하려는 시도였다. E. M. 굿(E. M. Good)의 번역에 따르면 하나님은 욥에게 이렇게 요구하신다. "네가 무고해지기 위해, 너는 심지어 나의 질서를 폐기하고 나를 악하다 치부하겠느냐?"[24]

"욥, 네게는 공의에 대한 너 자신의 질서가 있고 내게는 나의 것이 있다. 유일한 차이라면 내가 너보다 힘이 세다는 것뿐이다." 만일 이것이 하나님의 음성이 말씀하시는 전부라면, 결말은 매우 불만족스러우리라. 하지만 다행히 남은 것이 더 있다. 그분의 음성은 역설적인 질문을 통해 욥을 추궁하며 이렇게 묻는다.

정말로 너는 너의 이런 도덕관이 우주에 투영되기를 원하느냐?…의로운 재판장을 좀더 확장한 것에 불과한 하나님을 원하느냐?…그것이 네가 원하는 정의라면 네 스스로 그것을 창조해야 할 것이다. 그것은 내 공의가 아니기 때문이다.[25]

좋은 질문이다. 정말로 우리는 우리의 도덕관이 우주에 투영되기를 원하는가? 물론 경우에 따라 다르다. 다른 선택으로는 어떤 것이 있는가? 유일한 대안이 혼돈뿐이라면, 솔직히 나는 친구들과 함께 우스에서의 이전 방식으로 돌아가고 싶다. 하지만 새로운 일이 발생한다. 어떤 일이 일어나는지 한번 보라. 그 음성은 고대 세계에서 가장 두려운 혼돈의 괴물인 베헤못과 리워야단을 소환한다. 쌍둥이 같은 이 걷잡을 수 없는 파괴의 앞잡이들은 고대 근동 세계에 있었던 궁극적 무질서에 대한 가장 강력한 상징이었다. 고대 근동의 신화가 소망할 수 있는 최선의 방법은 어느 날엔가 신들이 대전투를 일으켜 이 둘을 무찌르는 것이었다. 하지만 여기에 대해 하나님으로부터 들려온 소식은 전혀 다르다. 그 목소리는 이렇게 말한다. "베헤못을 볼지어다. 내가 너를 지은 것같이 내가 그것도 지었느니라. 리워야단에 대해서는 이렇게 이야기한다. 네가 어찌 그것을 새를 가지고 놀듯 하겠느냐."

이 부분의 심상은 너무 믿기지 않아 우리는 여기에 저항한다. 지금 우리는 질서와 무질서에 대한 우리의 도덕적 도식에 대한 대안이 혼돈이 아니라는 주장을 목도하고 있다. 이 대안은 질서와 무질서에 대한 새로운 신적인 계획이 아니다. 오히려 우리의 상상을 휘청거리게 만드는 비전이며 유일한 질서를 보여주는 비전, 즉 악이라고 불리는 것을 포함한 모든 것의 비전이라고 할 수 있다. 이것은 인간적 시간의 차원 밖으로부터 우리에게 찾아오는 비전이지만, 동시에 현재에 근본적인 소망을 부여하는 비전이기도 하다. 미첼의 표현처럼, 이 음성은 다음과 같이 이야기한다. "선과 악을 둘러싸고 벌어지는, 영웅적 신과 우주적 대적자 간의 전쟁에 대한 이 모든 어리석은 수다는 무엇이냐? 너는 여기에 다른 누구도 존재하지 않는다는 사실을 알지 못하느냐?"[26]

이런 확언을 통해 욥기는 기독교적인 증언을 예측한다. 신약성경은 고통을 착각이라고, 죽음을 친구라고 주장하지 않는다. 예수님의 삶 자체가 심한 통곡과 눈물로 점철된 고통이었으며, 죽음이란 놈은 매우 실제적이고 강력한 마지막 원수였다. 동시에 신약성경은 다음과 같은 내용을 확언한다. "만물이 그리스도에게서 창조되되 하늘과 땅에서 보이는 것들과 보이지 않는 것들과 혹은 왕권이나 주권이나 통치자들이나 권세들이나 만물이 다 그로 말미암고 그를 위하여 창조되었고 또한 그가 만물보다 먼저 계시고 만물이 그 안에 함께 섰느니라"(골 1:16-17). 신약성경은 인간의 삶 속에 역사하는 고통스러운 부정(no)의 존재를 부인하지 않는다. 또한 이 부정을 그것과 길항하는 긍정(yes)으로 상쇄하려고도 하지 않는다. 왜냐하면 모든 것을 고려했을 때 실제로는 인간의 고통이 그다지 끔찍하지 않다는 이야기가 되어버리기 때문이다. 대신 신약성경은 욥기와 마찬가지로 이런 부정의 불가피한 실재를 강조한 후, 예수님의 죽으심과 부활을 제공한다. 이 죽음과 부활은 궁극적으로 인간의 경험 속에 있는 부정과 긍정 사이의 애매모호한 상호 작용이, 만물 안에서 모든 것 되시는 그리스도의 긍정으로 흡수되었다는 약속이 된다.

물론 욥기를 연구하는 비평가들이 옳다. 욥의 가슴 찢어지는 질문, "주님, 왜 저입니까?"에 대해 이 책은 아무런 답도 주지 않는다. 대신 욥기는 더욱 심오한 질문, 결국은 더욱 엄중한 질문을 던진다. "궁극적으로 우리는 한 인간의 고통이 불공평하다는 판단을 내리기 위해 도덕적 질서에 대한 우리 자신의 도식, 즉 우리가 사용하는 바로 그 도식을 하나님과 맞바꾸기를 원하는가? 다른 말로 우리 자신이 하나님이 되기를 원하는가? 그게 아니라면 설명이 불가능한 고통 가운데에서도 하나님이신 그분을 신뢰하는 인간으로 기꺼이 나아가겠는가?" 바로 이것은 겟세마네 동산의 무게에 준하는 결단이다.

욥의 마지막 대답은 중요한 의미를 지닌다. 많은 해석자들은 욥기 42:6에 대한 NRSV의 번역이 불가능하지는 않지만 최선은 아니라고 이의를 제기해왔다. "내가 스스로를 경멸하고 티끌과 재 가운데에서 회개하나이다"(역자 주—"그러므로 내가 스스로 거두어들이고 티끌과 재 가운데에서 회개하나이다"라는 개역개정의 번역도 이것과 유사하다)라는 번역은 "내가 부끄러움 가운데 물러나겠나이다. 나는 하나님도 인간도 되기를 원치 아니하나이다"를 의미하는데 이는 요점을 벗어난다. 차라리 다음과 같은 미첼의 번역이 더욱 실재에 근접하는 것 같다. "내가 나의 귀로 들어왔으나 이제 나의 눈으로 보았나이다. 그러므로 이제는 조용히 하고 내가 티끌에 지나지 않는다는 사실에 위안을 얻겠나이다." 제랄드 잰젠(Gerald Janzen)도 비슷하게 번역을 하면서, 자신을 "티끌"이라고 인정한 욥의 말을 이렇게 볼 수 있다고 주장했다.

> 이것은 무고한 고통에 대한 모든 종류의 취약성을 포함하여 인간성의 왕적 소명, 또는 인간성을 완성시켜간다는 왕적 소명을 수용하고 포용한 행위다. 하나님의 형상 안에서 티끌이 된다는 것은 창조 안에 드러난 질서를 즐거워하고 그것에 책임을 진다는 의미다. 또한 세상에서 일어나는 사건들 속에 드러난 자유, 인간의 영혼 안에서 하나님의 선물로 머물고 있는 자유를 즐거워하고 그것에 책임을 진다는 뜻이기도 하다.[27]

여기서 놓치지 말아야 하는 지점은 욥이 아무 가치도 없는 존재로 전락하지 않았다는 것이다. 대신 그는 더 이상 환상을 통해 유지될 필요가 없는 실제적인 세상 속에서 하나님을 앞에 두고 살아가는 참된 존재와 인간, 곧 티끌로 만들어진 피조물이 되었다. 그 안에서 욥은 위안을 얻었다.

새로운 세상의 출현

이 연극의 마지막 장면은 애초에 우리가 기대했던 바와는 다르다. 오래된 민간 설화의 언어가 다시 등장한다. 하지만 이야기의 구조는 절정의 폭발에 이르기까지 쭉 전개되다가, 새로운 현실이 나타나 그 공백을 메운다. 여기서 나타난 새로운 현실이란 "되찾은 실낙원"이 아니라 완전히 새롭게 된 창조 세계다.

우리는 어리석은 내기를 제안한 사탄이 수치를 당할 것으로 기대하지만, 이 적대자는 더 이상 언급되지 않는다. 사탄은 완전히 자취를 감추었다. 그는 이전 세계에서나 어울릴 법한 인물로 이제 그 존재가 사라진 것이다. 하나님은 거짓말을 한 욥의 친구들을 나무라셨다. 친구들은 자신이 옹호했던 과거의 신학으로 하자면 긍휼이 없는 형벌을 받아야 마땅했다. 하지만 그들은 하나님의 은혜와 욥의 기도로 용서를 받는다. 욥의 가족과 재산은 단순히 회복된 것이 아니라 배가되었다. 그리고 이 대목에서 뜻밖의 소식이 우리를 기다리고 있다. 과거 세계에서는 욥의 아들들이 연회를 열고 누이들을 사려 깊게 초청하는 중요한 역할을 했다. 하지만 결말 부분에서는 딸들이 무대 중앙을 차지한다. 이들은 온 세상에서 가장 아름다운 여성들로 묘사된다. 아들이 아닌 딸들에게 이름도 주어진다(여미마, 굿시아, 게렌합북으로 비둘기, 계피, 아이섀도를 의미함). 욥은 아들들과 더불어 딸들에게도 기업을 나누어주는 특이한 행동을 한다. 여기에 대해 미첼은 이렇게 썼다.

욥기의 결말 부분에서 이처럼 여성의 중요성이 두드러지는 데에는 대단히 만족스러운 의미가 있다. 마치 욥이 굴복하는 법을 배웠을 때, 그의 세상 역시 군림하고자 하는 남성적인 충동을 포기한 것만 같다. 우리는 왜 딸들이 중요한지는 알 수 없지만 그녀들이 중요하다는 사실은 알 수 있다.[28]

마침내 막이 내리고 내레이터의 마지막 대사가 나온다. 이 대사는 욥과 같은 사람이 소망할 수 있는 모든 것을 표현하는 묘비명이라 할 수 있다. 욥은 자신이 사랑하는 하나님을 신뢰하는 법과 자신이 신뢰하는 하나님을 사랑하는 법을 배웠다. 그는 가장 심오한 방식으로 하나님 앞에서 자신이 누구인지를 바르게 보는 법을 배웠으며 그 속에서 위안을 찾았다. 그리하여 "욥은 아들과 손자 사 대를 보도록 살았고 늙어 나이가 차서 죽었다."

이 책의 마지막 장을 넘기면서, 이 놀랍고 복합적인 욥의 이야기는 우리에게 경고와 약속으로 다가온다. 욥기는 하나님과의 관계를 떠나서는 어떤 방법으로든 신정론적 질문에 대해 타당한 해결을 찾지 못하리라고 경고하고 있다. 우리는 스스로 마지노선을 정해놓고 "하나님, 이 고통의 문제를 제 머릿속에서 이해하게 되면, 이 선을 넘어 당신에게로 가겠습니다"라거나 "당신께서 저의 정의관을 존중해주신다면 저도 당신을 신뢰하겠습니다"라고 말해서는 안 된다. 그렇지 않다. 우리는 이 선을 넘어 기도와 믿음으로 무릎 꿇어야 한다. 우리가 하나님을 신뢰하는 한에서만 우리는 무엇인가를 볼 수 있다. 욥기의 약속에 따르면 이 빛 안에서 볼 수 있는 것은 정말 많다. 또한 하나님의 임재 안에 존재하는 이 경외감이야말로 진실로 지혜의 근본이다.

5장

음침한 골짜기를 지날 때

만일 당신이 이리로 온다면
어느 길을 따르든, 어느 곳을 출발하든,
어느 때나 어느 계절에라도,
이전과 마찬가지일 텐데.
당신은 감각과 관념을 버려야 할 텐데.
당신은 자신이 진실임을 입증하기 위해,
자신을 가르치기 위해, 혹은 호기심을 만족시키거나
소문을 전하기 위해 여기에 있는 것이 아니다.
당신은 기도가 합당한 곳에 무릎을 꿇기 위해 여기에 있다.

T. S. 엘리엇, "네 개의 사중주" 중 리틀 기딩[1]

당신은 왜 그리스도가 보냄을 받으셨다고 생각하는가? 누군가의 추측처럼 독재를 행
사하고 두려움과 공포를 조성하기 위해 그가 보냄을 받으셨는가? 절대로 그렇지 않다.
하나님은 관용과 온유함으로 그리스도를 보내셨다. 그렇다. 하나님은 왕이 자신의 귀
한 아들을 보내듯 그리스도를 보내셨다. 하나님은 그를 하나님으로 보내셨다. 하지만
동시에 하나님은 강요가 아닌 설득을 통해 인류를 구원하시기 위해 그를 보내셨는데,
강요는 하나님의 속성이 아니기 때문이다.

주후 250년 경, "디오그네투스에게 보내는 편지"[2]

어수선함의 미덕

보통 사람들은 설교자가 주중에 설교를 준비해서 어느 시점, 가령 금요일 오후나 토요일 밤에 완성해서 주일 예배에는 완성된 결과물을 들고 설교한다고 생각한다. 표면적으로는 이렇게 보일 수 있지만, 경험이 풍부한 설교자라면 실제로는 설교가 결코 완성될 수 없다는 사실을 안다. 여기에는 언제나 미진한 부분과 더욱 깊이 파고들어야 할 질문들, 활용하지 못한 수단들, 분석하지 못한 성경 본문의 흥미로운 측면들, 완성되지 못한 사상들이 있다. 한마디로 설교 안에는 어수선함이 존재한다. 하지만 어느 시점에 설교자는 자신이 가진 것을 들고 가서 설교해야 한다. 그가 설교하는 것은 설교가 완성되었기 때문이 아니라 주일이기 때문이다. 이제 시간이 된 것이다.

설교가 절대 완성될 수 없다는 사실은 실제로 다행한 일이다. 설교가 불완전한 형태로 전해지는 것은 대부분의 경우 꾸물거림이나 태만함 때문이 아니라, 설교가 신실한 신학과 그리스도인의 삶 자체의 특성을 반영하기 때문이다. 칼 바르트(Karl Barth)는 하나님의 계시를 "날아가는 새"[3]로 묘사한 적이 있다. 우리가 사진을 찍고 조직신학을 쓰고 설교를 공들여 작성하고자 멈추어 섰을 때, 새는 이미 날아가고 없다. 신학자 아서 C. 맥길(Arthur C. McGill)은 이렇게 썼다. "모든 신학은 임시적이다. 이것은 어두움에서 빛을 향하는 움직임으로, 이 움직임 도중 어떤 지점에서도 영구적이거나 최종적인 타당성은 없다."[4]

바로 이것이 이 책의 마지막 장에서 설교자가 신정론에 대해 무엇을 말할 수 있고 또 말해야 하는지를 제시하려고 시도하는 동안 우리가 기억해야 할 중요한 지혜다. 지금까지의 탐구를 통해 드러난 한 가지 통찰이 있다면, 그것은 신정론이 논리적 문제의 해답이라기보다는 의미를 향한 순례에 가깝다는 것이다.

적어도 우리의 상상 속에서는 이제 주일이 다가왔다. 지금은 설교자가 일어나 말할 수 있는 내용을 전해야 하는 시간이다. 우리는 이 질문을 피하지 않을 것이다. 우리는 사유하는 그리스도인들이 신정론적 질문을 표현했던 형태(예를 들어 "불가능한 체스 경기") 속에서 이 질문을 직면한다는 애초의 우리 의도에 충실하려 한다. 또한 쿠쉬너의 경고에 귀를 기울여서, 우리 문제가 실제로는 문제가 아니라는 식으로 설득하기 위해 어려운 단어들을 사용해서 질문을 바꾸어 말하지도 않을 것이다. 여기서 우리는 처음부터 우리가 말하려는 것이 불완전하며, 여행 도중의 중간 결과물일 뿐이라는 점을 인정할 것이다. 바울이 말한 대로, 우리가 보는 것은 거울로 보는 것같이 희미하다.

걸으면 해결된다

"*Solvitur Ambulando*"라는 재미있는 라틴어 어구는 종종 아우구스티누스와 연관되지만, 사실은 훨씬 더 오래된 기원을 가지고 있다. 이 문구는 "걸으면 해결된다"라는 의미다. 어떤 이들은 이 문구가 고대 철학자인 제논과 디오게네스 간의 논쟁에서 처음 사용되었다고 추측한다. 제논은 그의 유명한 역설, 곧 모든 움직임이 실제로는 환상에 불과하다는 주장을 내세우고 있었다. 날아가는 화살을 시간에 따라 개별적인 순간들로 나누어본다면, 모든 순간들 중 한 순간 속에서 화살은 오직 한 장소에 존재하게 된다. 따라서 어느 한 순간 속에서 화살이 언제나 멈추어 있다면, 모든 순간들 속에서도 멈추어 있다는 것이 제논의 역설이다. 그렇다면 움직임은 존재하지 않게 된다. 여기에 대해 디오게네스는 반론을 제시하는 대신, 다만 자리에서 일어나 방을 가로질러 걷기 시작했다. 그렇게 걸으면서 그는 "*Solvitur Ambulando*"라고 말했다.[5]

"*Solvitur Ambulando*"에는 추상적인 철학 문제들에는 실제적이고 현실적인 해결책이 존재한다는 더 큰 의미도 담겨 있다. 이 문구는 완전히 다른 종류의 지식, 즉 자신이 묻고 있는 질문에 적극적으로 참여하는 사람에게만 찾아오는 앎의 방식을 묘사한다. 실험실에서는 냉정한 무심함이 미덕이 된다. 법의학자가 피살 원인과 시간을 알아내기 위해 피살자를 부검한다고 할 때, 그는 수사 결과에 대해 개인적이고 감정적으로 반응해서는 안 된다. 왜냐하면 그가 그렇게 하면 결과를 왜곡할 수 있기 때문이다. 대신 법의학자는 결과에 대해 중립적이고 공정하며 단순한 사실만을 평가해야 한다. 하지만 결과에 대해 개인적이고 열정적인 차원에서 몰입하는 것이 장애물이 되지 않고, 오히려 필수적인 자산으로 기능하는 경우도 있다. 예컨대 당신이 채터누가(역자 주—미국 테네시 주에 있는 도시)로 가는 최선의 길을 알고 싶어한다고 해보자. 당신이 원하는 것이 최단 거나 교통 체증이 가장 적은 길이라면, 당신은 한 걸음 뒤로 물러나 과학적으로 지도에서 가장 짧은 거리를 측정한다던지, 교통량에 대한 통계를 찾아보는 것으로 이 질문의 답을 찾을 수 있다. 하지만 가장 즐겁고 아름답고 흥미로운 길을 찾는 다면 당신은 직접 그 길에 들어서서 다양한 선택을 경험해보아야 한다. *Solvitur Ambulando.*

좀더 심오한 의미에서 내가 누군가에게 이렇게 말한다고 가정해보 자. "너는 네가 내 친구라고 주장하지만, 나는 너를 신뢰할 수 있는지 확신할 수 없어. 내가 너를 신뢰하기에 앞서, 너의 우정을 증명해봐." 내 질문이 가령 물의 끓는점처럼 과학적 사실에 대한 것이라면, 이 친구는 나를 실험실로 데려가 물이 표준 대기 상태에서 100도에서 끓는다는 사실을 증명할 수 있다. 하지만 우정을 증명하라니? 그는 도대체 어떤 이야기와 행동을 할 수 있을까? 자신이 정말로 내 친구라며 그가 제시 하는 모든 이유에 대해, 나는 나를 속이려는 말일 뿐이라고 대답할 수 있다. 자신이 내 친구라는 사실을 증명하기 위해 하는 모든 그의 행위 를 나는 의심할 수 있다. 누군가가 내 진정한 친구라는 사실을 정말로 아는 유일한 방법은 그와 함께 인생길을 걸어보는 것뿐이다. *Solvitur Ambulando.*

종종 가장 중요한 신학적 질문들은 걸어감으로써 해결된다. 왜냐하 면 이 질문들은 신앙의 눈으로 탐구될 때 가장 심오한 통찰을 얻을 수 있기 때문이다. 바로 이것이 안셀무스의 유명한 좌우명 "이해를 추구하 는 신앙"(faith seeking understanding)이 의미하는 바다. 안셀무스의 말 은 우리가 신앙으로부터 이해로 향하는 여정에 있다거나, 우리 목적이 맹목적이고 순진한 신앙을 좀더 명민한 철학적 지식으로 대체하는 것 인 양 우리가 신앙을 넘어 이해를 향해 노력하고 있다는 의미가 아니다. 그의 좌우명은 신앙을 지지하기 위한 방법으로 이미 믿고 있는 바에 대해 그럴듯한 이유를 찾는다는 의미도 아니다. 안셀무스의 "이해를 추구하는 신앙"이란, 신자가 문제와 질문을 탐험한다는 것이 야간 망원경을 통해 보는 것과 비슷해서, 신앙이 우리를 도와서 진실로 존재하지만 신앙 없이는 놓치고 마는 무엇을 좀더 잘 보도록 한다는 의미다. 하나님을 사랑하고 그분과 함께 신앙 안에서 걷는다는 것은 하나님의 방식을 더욱 깊이 이해하고 거기에 즐겁게 이끌려 들어가는 것이다.[6)

어떤 아이에게 들어가 말 못하게 하고 발작하게 만들던 더러운 귀신을 예수님이 내쫓았을 때, 제자들은 왜 자신들은 그렇게 할 수 없었느냐고 물었다. "우리는 어찌하여 능히 그 귀신을 쫓아내지 못하였나이까." 예수님은 대답하셨다. "기도 외에 다른 것으로는 이런 종류가 나갈 수 없느니라"(막 9:28-29). 다른 말로 하면 더러운 귀신을 쫓는 사역은 기술의 문제가 아니라 기도하는 삶의 나타남, 곧 하나님과의 신실하고 지속적인 관계로 특징지어진 삶에 나타난 걸음의 방식이라는 것이다. "우리는 어찌하여 능히 그 귀신을 쫓아내지 못하였나이까?" *Solvitur Ambulando*.

몇 년 전 내 친구 하나가 목회자들을 위한 여름 컨퍼런스에 참석했다. 그런데 놀랍게도 개회 예배 때 친구의 옆자리에 수십 년 전 그를 가르쳤던 신학대학원의 은사님이 앉게 되었다. 이들은 수십 년 만에 다시 만났던 것이다. 예배 시작 전, 둘은 따뜻한 인사를 나누고 지금까지 어떻게 살았는지 소식을 주고받았다. 그러다가 예배가 시작되었는데, 예배의 설교자는 자신이 실험적 설교를 하게 될 것이라고 알렸다. 실험의 내용이란 그가 몇 분 동안 설교를 한 후 회중이 찬송가의 한 절을 부르는 것이었다. 그러고는 설교자가 몇 분 더 설교를 하고 찬송가의 다음 절이 이어지는 식이었다. 그렇게 예배는 잠깐의 설교와 찬양이 교대하는 방식으로 진행되었고 실험은 분명히 순조롭지 못한 듯 보였다.

내 친구는 옛날 은사에게로 몸을 기울여 속삭였다. "끔찍하네요. 교수님이 언젠가 수업 시간에 하셨던 말씀이 생각납니다."

교수님은 놀란 모습으로 나지막이 물었다. "내가 수업 시간에 했던 말이라고?"

내 친구는 숨죽여 웃으면서 이렇게 대답했다. "네. 그때 J. S. 웨일(J. S. Whale)의 『기독교 교리』를 공부하고 있었는데, 교수님이 웨일은 자신이 풀 수 없는 신학적 문제를 만날 때마다 찬송을 인용한다면서 그가 실력이 부족한 신학자라고 말씀하셨죠."

그러자 노스승은 자리에서 몸을 똑바로 세우며 이렇게 말했다. "내가 틀렸네. 당시 나는 젊고 자신만만하고 옳지 못했어. 이제 나는 찬송을 통해서만 표현될 수 있는 신학적 문제들이 있음을 깨달았다네."
Solvitur Ambulando.

그리스도인은 신정론의 질문 같은 인생의 심오한 문제에 대해 논리와 정직성, 냉철한 사고로 접근하는 동시에, 기도와 찬송과 예배와 섬김에 참여함을 통해서도 그 신비를 탐구한다. "해방을 위한 작업: 신약학에서 관점의 변화"(*Working for Liberation: A Change of Perspective in New Testament Scholarship*)라는 흥미로운 논문에서 성서학자 루이즈 쇼트로프(Luise Schottroff)는, 신앙과 섬김으로 공동체에 직접 참여하는 일, 다시 말해 신앙 안에서 걷는 일이 신약을 읽는 방식은 물론 고통과 소망을 이해하는 방식까지 변화시켰다고 말했다.[7]

전통적인 독일 성서학계에서 훈련받은 쇼트로프는 중립적인 연구의 규약들을 준수하고, 신약성경의 노골적인 신앙적 주장으로부터 지성적인 거리를 유지해야 한다고 배웠다. 예를 들어 그녀는 한때 신약의 종말론에 관해 역사적·사회적 방법론을 적용하는 성서학자들의 합의된 견해, 즉 성도들은 "주께서 가까우시며", "하나님의 통치가 곧 임할 것이니" 소망을 가득 품고 기다려야 한다는 신약성서 저자들의 주장이 실상은 예수님이 아직 돌아오시지 않았고 약속된 하나님의 나라 역시 아직 도래하지 않았다는 사실에 실망한 초대교회의 사회학적 반응이었다는 견해에 동감했다. 이처럼 신약성경을 냉정한 방식으로 바라보는 학자들은 초대 교회가 이런 견해를 갖게 된 과정을 역사적이고 사회학적으로 이해할 수 있었다. 하지만 초기 그리스도인들의 사회적·지성적 상황으로부터 시간적으로 아주 멀리 떨어진 학자들로서는 이것을 직접 믿는다는 것은 상상도 할 수 없었다. 초대 교회 시절 이후로 이천 년이 흘렀고 역사는 종전과 같이 진행되었다는 사실을 감안할 때, 주께서 가까우시다는 신약의 외침은 어두운 지하실 속 어린아이들의 노랫소리 같은 것으로 들릴 뿐이다.[8]

하지만 이후 쇼트로프는 해방 운동에 깊이 헌신된 여성 학자로서 현장에서 해방을 실천하는 기독교 단체들에 참여하기 시작했다. 이 단체들은 원수를 사랑하고 평화를 이루어가는 것을 숭고한 개념으로 이야기하는 것에 그치지 않고 이를 위해 적극적으로 일했다. 이들은 사랑과 평화, 자유의 관계를 살아내고 성취하기 위한 투쟁에 헌신한 가운데 매일같이 예배하고 기도하고 섬겼다. 초대 그리스도인처럼 이들도 "주께서 가까우시니라"를 기쁨으로 선포했으며 하나님의 통치가 가까운 것을 실제로 경험하기도 했다. 그리하여 쇼트로프는 이제 신약에서 심판의 날에 울려 퍼지는 나팔 소리를 읽으면서, 이것과 유사한 다른 심상들을 문자 그대로 받아들여야 한다는 강요도, 이 심상들이 가리키는 하나님의 가까우심에 대한 소망을 포기하려는 성향도 느끼지 않게 되었다. 쇼트로프는 이렇게 쓴다. "내 경험상, 매우 미약한 방식으로라도 저항의 노력에 참여할 때 소망은 자라게 된다."[9] *Solvitur Ambulando.*

따라서 내가 여기서 하려는 일은 신정론의 질문을 다루되, 걸으면서…그리스도의 빛 안에서 걸으면서 다루는 것이다. 이해를 추구하는 신앙인 것이다. 우리는 무고한 고통과 하나님의 선하심에 대해 사람들이 가지는 질문들의 어두운 통로를, 가능한 한 복음의 손전등을 최대한 높이 들고 걸어내려갈 것이다. 걸어가면서 우리는 우리가 보는 바를 말하고, 동시에 보지 못하는 바에 대해서도 정직하고자 애쓸 것이다. 우리는 논리적으로 사고하기 위해 노력할 것이지만, 동시에 논리와 이성이 우리를 인도하는 것에도 한계가 있음을 인정할 것이다. 앞으로 나아가면서 우리는 다음과 같은 안셀무스의 기도를 드릴 것이다. "오 하나님, 당신을 알기 원합니다. 당신을 사랑하기 원합니다. 그리하여 당신 안에서 즐거워하기를 원합니다."[10]

여행을 위한 지도: 알곡과 가라지의 비유

신정론에 대해 설교자들이 무엇을 말할 수 있고 또 말해야 하는지를 정리하면서 우리는 이 여정을 위한 지도로 예수님의 비유 중 하나를 사용할 것이다. 이 비유는 사람들이 전혀 예상하지 못한 말씀인 동시에 신정론을 둘러싼 질문들과의 심오한 연관성을 가지며 그 길잡이가 된다. "알곡과 가라지의 비유"로 불리는 이 말씀은 오직 마태복음 13장에서만 발견된다.

> 예수께서 그들 앞에 또 비유를 들어 이르시되 천국은 좋은 씨를 제 밭에 뿌린 사람과 같으니 사람들이 잘 때에 그 원수가 와서 곡식 가운데 가라지를 덧뿌리고 갔더니 싹이 나고 결실할 때에 가라지도 보이거늘 집주인의 종들이 와서 말하되 주여 밭에 좋은 씨를 뿌리지 아니하였나이까 그런데 가라지가 어디서 생겼나이까 주인이 이르되 원수가 이렇게 하였구나 종들이 말하되 그러면 우리가 가서 이것을 뽑기를 원하시나이까 주인이 이르되 가만두라 가라지를 뽑다가 곡식까지 뽑을까 염려하노라 둘 다 추수 때까지 함께 자라게 두라 추수 때에 내가 추수꾼들에게 말하기를 가라지는 먼저 거두어 불사르게 단으로 묶고 곡식은 모아 내 곳간에 넣으라 하리라
> (마 13:24-30)

무대의 뒤편

신정론에 대한 통찰을 얻기 위해 이 비유를 살펴보기 전에 배경 조사가 약간 필요하다. 마태복음은 복잡한 설계와 정교한 디자인 패턴을 지닌 책이다. 우리가 그 디자인의 한 부분인 알곡과 가라지의 비유를 탐험할 것이라면, 한 걸음 뒤로 물러서서 이 비유가 전체 구조에서 차지하는 위치를 살펴볼 필요가 있다.

마태복음 13장에 기록된 예수님의 일곱 가지 비유는 한 개의 긴 설

교로 연결되어 있다. 이것은 마태복음 저자의 문학적 창작이다. 예수님이 실제 사역 속에서 하루 종일 비유를 가르치신 것은 아니다. 마태는 예수님의 가르침을 한데 모아 배치하는 경향이 있었는데, 마태복음 13장에서도 그는 비유들을 정교하게 묶어냈다. 처음에 오는 네 가지 비유는 배에서 내려 갈릴리 해변에 모인 큰 무리를 향해 전달되었다. 다음에 오는 세 가지 비유는 예수님이 사적으로 제자들에게 전하신 것이 분명하다.

비유들 중 첫 번째는 "씨 뿌리는 자의 비유"(13:1-9)다. 예수님이 이 비유를 말씀하신 후 제자들은 예수님 주변에 모여 사적인 대화 가운데 이 비유에 대한 설명을 들었다(13:18-23). 예수님이 갈릴리 호수에 떠 있는 배 안에 계셨다는 사실은 우리가 이 사적인 대화를 상상하는 것을 수송 수단적 차원에서는 어렵게 만든다. 하지만 이것이 문학적 양식이라는 사실을 기억한다면 이런 세부 사항에 매여 괴로워하지 않아도 된다. 마태의 패턴은 공적인 비유 이후에 사적인 장면이 이어지고, 여기에 듣는 자의 귀에 대한 말씀이 나오는 형식이다.

우리의 초점인 "알곡과 가라지의 비유"는 일련의 비유들 중 두 번째 비유다. 처음에는 마태가 씨 뿌리는 자의 비유에 적용했던 것과 같은 패턴, 즉 공적인 비유가 나오고 그 후에 제자들을 위한 사적인 설명이 이어지는 패턴을 따르는 것처럼 보인다(13:36-43). 하지만 여기에는 이상한 차이점이 존재한다. 즉, 비유 다음에 설명이 곧바로 연결되지 않는다. 알곡과 가라지의 비유와 그것에 대한 설명 사이에 마태는 세 가지 추가적인 재료를 첨가한다. 즉 겨자씨(13:31-32)와 누룩(13:33)이라는 두 개의 비유와, 예수님이 비유로 말씀하시는 이유에 대한 저자의 신학적 진술(13:34-35)이 추가된다. 이 세 본문 다음에야 예수님은 무리와 헤어져 제자들과 집으로 몰래 들어가신 후 알곡과 가라지 비유를 설명하신다. 이 대화에 대한 마태의 설명은 다음과 같다.

이에 예수께서 무리를 떠나사 집에 들어가시니 제자들이 나아와 이르되 밭의 가라지의 비유를 우리에게 설명하여주소서 대답하여 이르시되 좋은 씨를 뿌리는 이는 인자요 밭은 세상이요 좋은 씨는 천국의 아들들이요 가라지는 악한 자의 아들들이요 가라지를 뿌린 원수는 마귀요 추수 때는 세상 끝이요 추수꾼은 천사들이니 그런즉 가라지를 거두어 불에 사르는 것 같이 세상 끝에도 그러하리라 인자가 그 천사들을 보내리니 그들이 그 나라에서 모든 넘어지게 하는 것과 또 불법을 행하는 자들을 거두어내어 풀무 불에 던져 넣으리니 거기서 울며 이를 갈게 되리라 그때에 의인들은 자기 아버지 나라에서 해와 같이 빛나리라 귀 있는 자는 들으라(마 13:36-43)

마태복음 본문의 이런 순서는 의문을 불러일으킨다. 왜 제자들은 알곡과 가라지의 비유에 대해서만 질문했을까? 마지막 대화가 끝나고 나서 예수님은 세 개의 비유를 더 말씀하셨는데 왜 다른 두 개에 대해서는 질문하지 않았을까? 이들이 알곡과 가라지 비유에 대해서만 질문했다면 왜 이 비유와 설명은 서로 떨어져 있을까? 앞에서 언급한 것처럼, 마태복음 13장은 문학적 양식이다. 마태는 본문의 배열 순서를 자유롭게 선택할 수 있었다. 따라서 왜 마태는 씨 뿌리는 자의 비유에서처럼 논리적인 면을 고려하여, 알곡과 가라지의 비유에 대한 설명을 그 비유 바로 다음에 배치하지 않았을까?

이런 질문에 대한 최선의 대답은 다음과 같다. 즉 마태는 본문의 전체적인 순서인 (1) 알곡과 가라지의 비유, (2) 겨자씨의 비유, (3) 누룩의 비유, (4) 비유에 대한 진술, (5) 알곡과 가라지의 비유에 대한 사적인 설명을 한데 엮인 하나의 문학적 단위로 보았다는 것이다. 그는 이런 순서로 각 부분을 배치하여 이 모든 부분들이 서로서로 협력하도록 의도했다. 이렇게 볼 때 우리는 알곡과 가라지의 비유와 그것에 대한 설명이 이 문학적 단위의 시작과 끝 부분에 배치된 북엔드(역자 주—여러 권의 책을 세워놓은 것이 쓰러지지 않게 양쪽 끝에 받치는 것)의 역할을 한다는 사실을 알게 된다. 예수님은 이 문학적 단위를 알곡과 가라지에 대한 말씀으로 시작하시고 또 그것에 대한 설명으로 마무리 지으신다. 이것은 알곡과 가라지 비유가 이 문학적 단위에서 가장 중요하고 지배적인 사건임을 강하게 암시한다. 다시 말해 이 문학적 단위는 알곡과 가라지의 비유에 대한 것이며, 북엔드 사이에 있는 재료인 다른 두 가지 비유와 예수님의 비유적 가르침에 대한 언급은 이 중심 비유를 보충하고 선명하게 만들기 위해 설계된 것이다. 이제 이 재료들을 읽으면서 내려가는 동안, 이것들이 어떻게 작용하는지 보도록 하자.

하나님의 밭에 생긴 문제

이제 배경 조사를 마쳤으니 중심적 이야기인 알곡과 가라지 비유로 돌아가보자. 이 비유에서 일어난 일은 다음과 같다. 지주이자 농부인 어떤 사람이 자신의 밭에 좋은 씨를 심었다. 하지만 농장 식구 모두가 곤하게 잠들어 있던 밤에 원수가 와서 밭에 가라지 씨를 뿌렸다. 당연히 두 종류의 씨가 싹을 내고 결실했을 때, 밭에는 알곡과 가라지가 뒤섞여 있었다. 당황한 종들이 주인에게로 가서 물었다. "밭에 좋은 씨를 뿌리지 아니하였나이까? 그런데 가라지가 어디서 생겼나이까?" 주인은 종들에게 원수가 악행을 저질렀으며 그 때문에 밭에 가라지가 있다고 설명했다. 문제를 바로잡기 원한 종들은 주인에게 밭에서 가라지를 뽑기 원하시는지 물었다. 주인은 가라지를 뽑으려다 알곡까지 뽑을까 염려하여 종들을 만류했다. "알곡과 가라지의 분류는 추수 때 이루어질 것"이라고 주인은 말했다. 그때 가서 추수하는 자들을 시켜 알곡은 곳간으로 들이고 가라지는 불태우도록 단으로 묶게 할 것이다.

예수님은 하나님의 통치가 이 이야기에 비견될 수 있다고 말씀하신다. 이것이 어떻게 가능한 것일까? 이 비유는 무엇을 의미할까? 불행히도 이 비유는 전후 문맥을 무시한 채, 예수님이 제자들에게 추상적이고 일반화된 윤리적 교훈을 전하신다고 추측한 선한 의도의 설교자와 해석자들에 의해 훼손되어왔다. 예수님은 제자들에게 밭을 세상에 대한 은유로 말씀하셨다(13:38). 그리하여 이 비유는 일부 서투른 해석자들에 의해, 선과 악이 공존하는 이 세상에서는 우리가 악을 뿌리 뽑으려고 노력해서는 안 된다는 의미로 받아들여졌다. 이 세상에서 악을 색출하고 제거하려는 노력은 무엇이든, 유익보다는 해가 더 크기 때문에 그대로 내버려두어야 한다는 것이다. 이 문제는 종말에 예수님과 천사들이 해결할 것이다.

이런 해석에는 무시무시한 암시가 숨어 있다. 아동 학대? 가정 폭력? 경제적 착취? 인종 차별? 기업의 탐욕과 방치 때문에 바다와 취약한 습지대로 흘러들고 있는 수백만 리터의 기름? 가만 내버려두어라.

예수님이 우리에게 가라지를 뽑지 말라고 말씀하시지 않았던가? 이런 식의 비유 해석은 심하게 말하자면 도덕적으로 무관심한 신앙 공동체를 만들어낼 뿐 아니라, 마태복음의 나머지에 담긴 이상과도 완전히 어긋나는 윤리적 정적주의의 한 형태를 의미한다. 이미 우리는 마태복음을 통해 긍휼히 여기고 화평케 하는 자, 세상의 소금과 빛이 되는 자, 공의를 깊이 갈망함으로 권력과 맞서고 의를 위해 박해를 받은 제자들에게 복이 있다는 사실을 들은 바 있다. 예수님 자신도 갈릴리 일대를 다니시며 병든 자를 고치고 귀신을 내쫓으며, 도처에 우후죽순처럼 자란 파괴적인 가라지들을 뽑아내셨다. 따라서 이 비유가 마태복음이라는 보다 큰 정황 안에서 제자리를 찾기 위해서는 악을 그냥 내버려두라는 식이 아닌 다른 해석이 필요하다.

알곡과 가라지 비유를 올바로 해석하기 위해서는 마태복음의 문학적 문맥과 마태 공동체의 사회적·목회적 문맥 안으로 들어가야 한다.[11] 마태의 첫 번째 청중은 혼란스럽고 도덕적으로 애매모호한 세상 가운데로 보냄을 받은 아직 어리고 연약한 기독교 공동체였다. 이들은 예수님이 가르치신 대로의 존재가 되고자 노력했지만, 솔직히 결과는 엇갈리고 실망스러웠다. 이들은 자신들을 둘러싼 문화와 도덕적으로 충돌했으며, 교회 자체도 그리 성결하지 못했다. 오늘날 그리스도인들에게도 세상은 전쟁이 지배하는 곳, 다국적 기업과 인간들이 환경을 제멋대로 착취하는 곳, 이유를 전혀 알 수 없는 고통이 임하는 곳이며, 교회는 성직자가 아동을 학대하고 회계 담당자가 헌금을 도둑질하는 곳으로 비쳐진다. 마찬가지로 마태 공동체는 아무런 희망도 없이 충돌하는 세상과 교회를 보면서 이렇게 의아해했다. "이것이 다 무슨 소용일까?"

악과 선은 한데 뒤섞여 분리되지 않을 듯 보였다. 이것을 그리스도인들은 어떻게 이해해야 했을까? 이런 환경 속에서 하나님에 대한 신뢰를 어떻게 이해해야 했을까?

알곡과 가라지 비유는 이렇게 곤혹스러워하는 그리스도인들을 위한 것이며, 과거의 사람들을 뛰어넘어 바로 우리를 위한 것이다. 이 비유는 회중의 지혜와 실천 신학의 연습, 두려워하는 신자들과의 목회적 대화다. 이런 방식과 문맥 안에서 이해될 때 알곡과 가라지 비유는 더욱 심오한 의미를 드러낼 것이다. 그뿐 아니라 주후 1세기의 청중과 마찬가지로 두려워하고 있는 현대의 그리스도인들이 신정론에 대해 가지는 질문들에 대해서도 의미 있는 이야기를 들려줄 것이다.

가라지가 어디서 생겼나이까?

알곡과 가라지 비유를 이 세상에 한데 섞여 존재하는 악과 선에 대한 목회적 대화로 인정한다면, 우리는 이것이 세 가지 긴급한 질문을 중심으로 구성된 함축적 대화임을 알게 된다.

1. 하나님, 당신이 원인이십니까?

예수님의 비유에 나오는 종들이 밭에 가라지가 무성한 것을 보고 즉시 주인에게로 가 설명을 요구했다는 사실에 주목하라. 가라지의 존재는 단순히 농사의 문제가 아니다. 이것은 최초로 밭에 씨를 뿌린 사람의 인격과 의도에 대한 질문을 야기한다. "주여, 밭에 좋은 씨를 뿌리지 아니하였나이까." 앞에서 말한 대로, 신자들에게 세상 속에 부당한 고통이 존재한다는 문제는 실용적이거나 윤리적인 차원의 딜레마 그 이상이다. 이 문제는 하나님의 동기와 선하심에 대한 질문, 쉽게 말해 신정론의 질문을 야기한다.

항의의 신정론. 신정론의 첫 번째 반응은 비유 속 농부들의 울부짖음이다. "저희는 당신이 선하신 분으로 당연히 좋은 씨를 뿌리셨다고 생각했습니다. 그런데 이것은 무엇입니까?" 다른 말로 하면 "하나님, 당신이 이 악의 원인이십니까?"가 된다. 지진이 희생자의 목숨을 앗아가고, 갓난아이가 유아용 침대에서 숨을 거두고, 신랑이 결혼식장으로 가는 도중 교통사고로 목숨을 잃고, 여성이 자신의 아파트에서 불법 침입자에 의해 강간과 살해를 당하고, 갑작스러운 난기류가 승무원과 승객들로 가득 찬 여객기를 땅으로 추락시키는 일이 벌어진다. 이때 우리는 당혹감과 분노를 이기지 못하고 하나님께 항의한다. "왜입니까, 하나님? 당신은 이 모든 일 가운데 계시지 않습니까? 이 일의 책임이 당신에게 있습니까? 하나님, 저희는 당신이 좋은 씨를 심으셨다고 믿었습니다."

여기에는 이 비유가 주는 첫 번째 통찰이 있다. 이 통찰은 결코 사소하지 않다. 복음은 높이 쳐든 항의의 주먹에 가능성과 힘을 제공한다. 악과 고통은 창조 속에 존재하는 상처이며, 기독교적인 심오한 반응은 아픔과 항의 속에서 하나님을 향한다. 악을 경험하고 당혹감과 도덕적 격분 속에서 하나님을 대면할 때, 즉 "이것이 어떻게 좋은 창조입니까? 하나님, 어떻게 이것을 허용하실 수 있습니까? 당신은 좀더 나은 세상을 만들지 않으셨습니까? 이런 악이 있도록 하신 것이 당신입니까?"라고 물을 때 이것은 신앙의 부재가 아니라 신앙의 표현이다. 우리가 하나님의 존재를 믿지 않는다면, 하나님이 멀리 있는 지주거나 더 심하게 잔인한 폭군이라고 믿는다면, 알곡 가운데 있는 가라지, 선한 것들 사이에 있는 악과 고통의 존재는 단순히 이 세상의 상태에 불과할 것이다. 우리는 인생의 잔인함에 대해 낙심하고 냉정하게 삶을 마주하면서 태어난 날을 저주할 수는 있지만, 하나님을 향해 불평의 목소리를 드높이는 일은 결코 꿈도 못 꿀 것이다. 하나님이 선하시고 창조가 좋았다는 기대 안에서만, 신앙을 신뢰하는 한에 있어서만 악의 존재는 우리로 하여금 하나님의 얼굴을 향해 고소의 주먹을 쳐들게 한다.

존 클레이풀이 켄터키 주 루이빌에 위치한 제일침례교회의 목사로 섬기고 있었을 때, 총명한 두뇌와 명랑한 성격의 소유자였고 바이올린 레슨과 발레 수업을 좋아했던 여덟 살 난 딸 로라 루가 급성 백혈병 진단을 받게 되었다. 목회자로서 클레이풀은 사망의 음침한 골짜기를 통과할 수 있도록 많은 사람을 도와주었다. 하지만 이제 자신이 어두운 골짜기 앞에 선 그는 하나님께 설명을 요구했다. 그것은 의사의 소견을 듣고 홀로 울기 위해 건물 밖으로 뛰쳐나간 사람이라면 누구라도 던졌을 법한 질문이었다. "왜 이런 일이 일어나는 겁니까? 왜 어린아이들이 백혈병에 걸리는 겁니까? 백혈병은 왜 있는 겁니까?"[12]

의사에게 딸의 병명을 듣던 순간의 충격은 그 후 18개월에 걸친 고통스러운 치료와 거짓 회복, 무너진 희망으로 이어졌다. 마침내 무섭게 눈이 내리던 어느 토요일 오후, 클레이풀은 딸이 마지막 숨을 거두는 모습을 지켜보아야 했다. 설교 시간에 클레이풀은 자신의 비통한 경험을 회중과 용감히 나누었는데, 그중 한 설교에서는 하나님께 질문하는 일의 중요성을 이렇게 강조했다.

그렇다면 우리 그리스도인은 어느 지점에서 하나님께 질문해서는 안 된다거나, 우리에게는 우리 영혼을 하나님께 쏟아 "왜?"라는 질문을 던질 권리가 없다고 생각하게 된 것일까요? 구약의 욥은 괴로움 속에서 하나님께 울부짖고 전능자를 심문하려 들지 않았습니까? 예수님 자신도 겟세마네에서 하나님과 함께 고뇌하시면서 자신의 감정과 원함을 이야기하고 십자가에서 "나의 하나님, 나의 하나님, 어찌하여 나를 버리셨나이까"라고 울부짖지 않으셨습니까? 만일 질문하지 않는 묵인이 비극에 대처하는 방법이라면, 왜 성경에는 "구하라 그리하면 너희에게 주실 것이요 찾으라 그리하면 찾아낼 것이요 문을 두드리라 그리하면 너희에게 열릴 것이니"라는 구절이 기록되었겠습니까?

침묵을 통한 굴복보다 질문이라는 행위에 보다 더 정직한 신앙이 담겨 있습니다. 묻는다는 행위 자체에 빛을 기대하는 믿음이 암시되어 있기 때문입니다. 이런 의미에서 로라 루가 죽기 직전, 칼라일 마니 박사로부터 온 편지는 제게 큰 도움이 되었습니다. 그는 자신에게도 무고한 고통에 대한 설명이 없음을 인정하면서 이렇게 덧붙였습니다. "하나님께서 설명하실 것이 많다는 사실을 상기할 뿐입니다."[13]

비유의 첫 번째 말씀은 하나님께서 설명하실 것이 많다는 것이다. 철학자 존 로스는 "항의의 신정론"이라고 불리는 것이 왜 하나님이 만드신 세상에 악이 존재하는가라는 질문에 대한 가장 적절한 대답이라고 믿는 그리스도인 중 한 사람이다. 그의 주장에 따르면 우리가 이런 항의를 넘어서려고 할 때, 왜 이런 끔찍한 악이 인간 역사에서 만성적으로 존재하는지 하는 이유를 찾아내려고 할 때, 결국 우리는 하나님을 곤경에서 빼내는 대신 끔찍한 악에 희생된 이들의 고통을 정당화하기 위한 복잡한 방법을 찾아내어 이들을 비하하게 된다는 것이다. 로스는 이렇게 썼다. "대부분의 신정론에는 치명적인 결함이 있는데 그것은 악을 정당화한다는 것이다."[14] 항의의 신정론은 침묵하는 희생자들에게 다음과 같이 이야기함으로써 하나님과 대면하도록 만든다. "오 하나님, 이것은 옳지 않습니다. 선한 창조 안에서 저는 그 이유를 찾을 수가 없습니다. 저는 이것을 합리화하지 않겠습니다. 하나님이 이것과 어떻게 든 연루되어 계시다면, 회개하십시오!"

우리 같은 인간이 뭔데 하나님을 고소할 수 있겠는가? 하지만 항의의 신정론은 악의 문제에 대한 냉정하고 논리 정연한 반응이 아니다. 이것은 하나님을 신뢰했다가 배신감을 맛본 사람의 본능적인 반응이다. 내가 만난 어떤 의사는 이렇게 말했다. "내가 만일 천국에 가게 된다면 제일 먼저 나는 손에 암세포를 들고 하나님의 집무실로 달려가 '왜?'라고 물을 것입니다." 이런 용감한 항의는 하나님이 사랑이 많고 공의로운 분이기를 원하는 깊고도 신실한 갈망으로부터 흘러나온다. 로스는 이렇게 말한다. "항의의 신정론은 하나님의 사랑을 인정하는 동시에 갈망한다."[15]

노벨문학상 수상자이자 홀로코스트의 생존자인 엘리 위젤(Elie Wiesel)은 『오늘날의 유대인』(A Jew Today)에서 항의의 신정론이 어떻게 궁극적으로 깊은 신앙에 의존하고 있는지에 대한 강렬한 예화를 제공한다. 그는 스페인에서 추방당한 후 이곳저곳을 떠돌며 유랑민으로 살아가는 한 유대인 가족에 대한 이야기를 들려준다. 이들은 피난처를 찾아다녔지만 헛수고였다. 하나 둘 가족이 죽어가고 마지막으로 아버지만 남게 되었다. 깊은 절망 속에서 아버지는 얼굴을 하나님께로 향한 채 다음과 같이 울부짖었다.

> 우주의 주인이시여, 저는 당신이 무엇을 원하시는지, 무엇을 행하고 계신 지 알고 있습니다. 당신은 절망이 저를 압도하기를 원하십니다. 당신은 제 가 당신의 존재를 더 이상 믿지 않기를, 당신에게 더 이상 기도하지 않기 를, 더 이상 당신의 이름을 불러 그것을 영화롭게 하고 거룩하게 하지 않기 를 원하십니다. 저의 대답은 이것입니다. 안 됩니다, 그럴 수 없습니다. 절 대로, 절대로 그럴 수 없습니다. 당신은 성공하지 못할 것입니다. 저와 당 신의 모든 것에도 불구하고 저는 당신을 위하여, 당신을 반대하여 카디쉬, 신앙의 노래를 외칠 것입니다. 이스라엘의 하나님이시여, 당신은 이 노래 를 잠잠케 하실 수 없을 것입니다.[16]

우리가 살아가면서 만나는 고통과 악에 대해 항의의 목소리를 내 는 행위는 단순히 분노를 터뜨리는 것 이상이다. 이 행위는 아주 오래 되고 심오한 기도의 형태, 하나님의 영광에 대한 항소에 참여하는 것이 다. 물론 여기서 우리의 걸음걸이는 조심스러워야 한다. 문자적인 방식 으로 이것을 이해하여, 하나님이 인간에게 야단을 맞으셔야 할 정도로 태만하거나 무심하다고 상상하는 것은 그분을 지나치게 의인화하는 것이다. 또한 기도를 요구와 응답의 단순한 거래로 이해하는 것도 기계 적이다. 디모인(역자 주—미국 아이오와 주의 수도)에 사는 누군가가 비를 내려달라고 기도를 드리자 하나님이 "오늘 나의 원래 계획은 디모인이 뜨겁고 습한 것이었지만 지금 프레드가 비를 요구하니 비를 내려주마"

라고 하시는 것이 아니다. 오히려 기도는 하나님과의 완전하고 영속적인 관계의 일부다. 하나님은 우리가 이해하지도 설명하지도 못할 방식으로 우리의 울음과 애통, 요구, 간절한 호소, 감사, 찬양, 항의를 세상에서의 그분의 행위 안으로 한데 모으신다. 기도를 관계의 언어로 이해할 때, 당연히 기도는 자주 다음과 같은 형태를 띠게 된다. "하나님, 세상에 악이 존재합니다. 이것은 하나님과 같지 않습니다. 이것을 이기기 위해 행동해주십시오!"

몇몇 시편에서 우리는 하나님의 영광에 대한 이런 기도의 항소를 들을 수 있다. 가령 시편 80편에서 저자는 하나님의 백성이 당하는 고통이 이들을 다른 사람들 앞에서 웃음거리로 만들고 있음을 지적하면서, 하나님이 그 곤란한 상황을 이기게 해주시기를 촉구한다.

> 하나님이여 우리를 돌이키시고 주의 얼굴빛을 비추사 우리가 구원을 얻게 하소서 만군의 하나님 여호와여 주의 백성의 기도에 대하여 어느 때까지 노하시리이까 주께서 그들에게 눈물의 양식을 먹이시며 많은 눈물을 마시게 하셨나이다 우리를 우리 이웃에게 다툼거리가 되게 하시니 우리 원수들이 서로 비웃나이다 만군의 하나님이여 우리를 회복하여 주시고 주의 얼굴의 광채를 비추사 우리가 구원을 얻게 하소서(시 80:3-7)

목회자인 내 친구는 자신이 시무하는 교회 사무실로 걸려왔던 매우 충격적인 전화 내용 하나를 들려주었다. 그 교회 비상근 직원 한 명이 개를 산책시키려고 동네로 나갔다가 강도를 만나 심장에 칼을 맞았다는 소식이었다. 그는 병원으로 급히 후송되었지만 살아날 가망이 거의 없는 상황 속에서 집중 치료를 받고 있는 상태였다.

이 비극적 소식은 교회 직원들에게 전해졌고 이들은 기도하기 위해 즉시 교회 예배당으로 모여들었다. 성찬대 주변에 모인 교회 직원들은 한 사람씩 돌아가며 기도했다. 그 자리에 있는 사람들의 기도는 진지했지만, 대부분은 공손하고 온순한 간구에 지나지 않았다. 그들은 위로와 소망, 마음의 변화를 언급했지만 거의 확실시되는 죽음이라는 엄연한 사실 앞에 체념하는 기도를 드렸다.

이윽고 교회의 관리인이 기도를 시작했다. 내 친구에 따르면 자신이 목격한 기도 중에서 그의 기도가 가장 힘 있었다고 한다. 관리인은 하나님과 씨름했고 그분께 소리쳤으며 하나님과 함께 괴로워했다. 그의 손가락은 허공을 찔렀고 그의 몸은 떨렸다. "그를 살려주셔야 합니다. 그를 죽도록 내버려두실 수는 없습니다." 실제로 그는 하나님께 악을 쓰고 있었다. "주님은 사람을 살리시는 일을 수없이 행하셨습니다. 다른 이들을 위해 이를 행하셨습니다. 저를 위해서도 행하셨습니다. 다시 행해주시기를 간청합니다. 그를 위해 행해주시옵소서. 그를 살려주시옵소서, 주님!"

내 친구는 이렇게 말했다. "그는 마치 하나님의 옷자락을 붙잡고는 하나님이 치유의 날개로 임하시기 전에는 그것을 놓지 않겠다고 결심한 사람 같았어. 이 기도를 들었을 때 우리는 정말로 하나님이 오셔서 치유하실 것을 알았지. 도움을 구하는 그 필사적인 울부짖음을 들으시고도 그의 생명을 구하지 않으신다면 수치스러움을 느끼실 것 같았거든." 그리고 그 일이 정말로 일어났다.[17]

따라서 알곡과 가라지 비유는 항의의 신정론에 대해 어느 정도 효

능과 증거를 제공한다. 하지만 이 비유는 여기서 멈추지 않으며 우리도 그럴 수 없다. 항의만으로는 하나님의 선하심과 무고한 고통의 존재에 대한 우리 질문에 완전히 만족스러운 대답을 얻을 수 없다. 신정론은 감정적인 문제인 동시에 지성적인 문제이기도 하다. 우리는 우리 마음으로 하나님을 사랑하기 원하지만 동시에 지성으로도 그분을 사랑하기 원한다. 우리는 애통하고 소리치고 주먹을 치켜드는 것 이상을 원한다. 우리는 이해하기를 원한다.

원수가 이렇게 하였구나. 비유에 나오는 종들이 항의의 신정론에 참여했을 때, 악한 가라지가 어디에서 왔는지 알기를 요구하면서 밭이 오염되었다는 불가피한 증거를 들고 주인을 대면했을 때, 주인은 "원수가 이렇게 하였구나"라는 간단한 대답을 내놓았다. "원수가 이렇게 하였구나." 단순하고 서술적인 하나의 문장이지만 신학적으로 받아들여졌을 때 이 선언은 숨이 막힐 듯 놀랍고 복합적이다.

　　제일 먼저 다룰 가장 중요한 사실은, 주인이 자신이 가라지의 근원이 아님을 분명히 한다는 점이다. 주인의 인격, 즉 하나님의 도덕적 인격에 대한 폭로라고 할 때 진실로 이것은 좋은 소식이다. 그리스도인들은 하나님이 악이 일어나도록 야기하시거나 허용하시는 이유를 이해하는 것으로 신정론의 문제를 풀려고 애쓰곤 한다. 우리는 하나님이 우리 인격을 빚으시기 위해 슬픔을 보내셨다거나, 세상에 악을 두신 것은 선을 선택하는 것이 의미 있는 도덕적 결정이 되도록 하기 위해서라거나, 지금은 이해할 수 없지만 결국에는 어떻게 이런 고통이 하나님의 선한 계획의 일부였는지를 알게 되리라고 말할 수 있다. 이런 식으로 악을 정당화하는 모든 시도에 대해 알곡과 가라지 비유는 단호하게 아니라고 말한다. 젊은 엄마의 생명을 앗아간 암, 범죄자에게 유린된 어린아이, 아우슈비츠의 가스 처형실 등은 하나님의 계획이 아니다. 이런 사건들이 겉보기에는 악으로 비쳐지지만 실상은 선이라는 직물의 일부였음을 발견하는 일은 일어나지 않을 것이다. 밀려오는 쓰나미에 자녀를 잃고 우는 스리랑카인 아버지는 먼 훗날 어떻게 이런 비극이 세상을 구속하시는 하나님의 계획의 일부인지, 마치 이것이 그의 상실과 하나님을 정당화할 수 있는 것처럼 떠들어대는 우리 이야기를 들을 필요가 없다. "당신이 이 악의 씨를 뿌리셨습니까?" "아니다, 그렇지 않다. 절대로 그렇지 않다." 기독교 신정론의 첫 번째 반응이 항의라면, 좋은 소식의 첫 번째 말씀은 하나님이 이 악을 의도하지 않으셨고 이 악의 원인도 아니시며 이 악이 하나님으로부터, 심지어 그의 왼손으로부터도 오지 않았다는 사실이다. "하나님은 빛이시라 그에게는 어둠이 조금도 없으시다"(요일 1:5).

수년 전, 내가 가르치던 신학대학원을 졸업한 어떤 학생이 첫 목회지에서 사역을 시작하게 되었다. 교회가 크지 않았기 때문에 처음 6개월 동안 교적부에 있는 모든 교인을 심방하겠다는 그녀의 계획은 성취 가능해 보였다. 부임한 지 6개월이 될 무렵 그 계획은 거의 달성되어가고 있었다. 한 가족만을 제외하고 모든 심방을 마친 것이다. 유일하게 심방하지 못한 이 가족은 2년 동안 교회를 출석하지 않은 상태였는데, 교회 직원 중 한 사람이 새로 온 목사에게 이렇게 조언했다. "그들을 그냥 놔두세요. 돌아오지 않을 거예요."

하지만 그녀는 자신의 목표대로 어느 날 오후 그 가족의 집을 찾아가 문을 두드렸다. 집에는 아내 혼자 있었다. 목사가 자신을 소개하자 그녀는 집안으로 맞이한 다음 커피를 내왔다. 그들은 부엌 식탁에 앉아 담소를 나누었다. 이런 저런 이야기를 나누다가 대화는 문제의 사건을 향해 흘러갔다. 2년 전, 부인이 뒷방에서 청소기를 돌리고 있었고 어린 아기였던 아들이 서재에서 놀고 있는 동안 일어난 사고에 관해서였다. 잠깐이었지만 아이가 눈에 보이지 않았기에 엄마는 청소기를 멈추고 서재로 향했다. 그런데 그곳에는 아이가 없었다. 아들이 갈 만한 곳을 찾아 서재를 이리저리 다니다가, 열려 있는 베란다 문과 베란다를 지나 수영장에 이르러서야 아이를 찾을 수 있었다.

그녀는 말했다. "교회 교우들은 정말로 친절했어요. 그들은 이것이 하나님의 뜻이었다고 말했지요." 젊은 목사는 커피 잔을 식탁 위에 내려놓으면서 속으로 생각했다. "이 문제를 건드려야 할까, 말아야 할까?" 그녀는 건드리기로 결정했다.

"교회 교우들의 의도는 좋았을지 몰라도 그들의 이야기는 옳지 않습니다. 그것은 하나님의 뜻이 아니었습니다. 하나님은 어린아이들이 죽기를 원치 않으십니다."

그러자 부인은 이를 악문 채 얼굴에 노기가 가득해서 말했다. "그렇다면 누구의 탓이지요? 제 탓이라는 말씀이신가요? 이 사고의 책임이 저에게 있다는 뜻인가요? 그런 말씀이세요?"

짐짓 방어적인 자세를 취하며 목사가 대답했다. "아닙니다. 부인의 탓이 아닙니다. 하지만 하나님의 탓도 아니에요. 하나님은 부인의 아들의 죽음에 대해 당신만큼 비탄을 느끼고 계십니다." 하지만 그녀의 얼굴은 여전히 분노로 굳어 있었고 그것으로 이 대화가 끝난 것이 분명했다.

교회로 돌아오면서 젊은 목사는 자책했다. "건드리지 말았어야 했어. 지금 상태에 만족했어야 했어." 그녀는 혼잣말을 했다. 하지만 사무실에 도착했을 때 자동응답기에는 그 부인에게서 온 메시지가 녹음되어 있었다. 녹음기 속 떨리는 목소리는 이렇게 말했다. "이야기가 어디로 흘러갈지는 모르겠지만, 남편과 저는 목사님이 오셔서 이 사건의 의미에 대해 말씀해주셨으면 좋겠어요. 지난 2년 동안 저희는 하나님이 우리에게 화가 나 있다고 생각했는데 지금 생각해보니 그 반대가 아니었을까 고민하고 있어요."

명백한 위험에도 불구하고 이 목사가 아이가 죽은 것은 하나님의 뜻이 아니었다고 확증한 것은 옳았다. 악은 변장한 선에 불과하다는 주장이나 하나님의 손이 그 배후에 어떤 목적을 갖고 계신 것이라고 해도, 하나님이 악을 야기하신다는 주장은 복음이 아니다.

악을 통해 선이 성취된다는 사실을 들어, 앞의 진술에 이의를 제기하는 이들도 있을 것이다. 지진으로 건물이 붕괴되는 사건이 일어나면, 이 일은 미래에 많은 생명을 구할 수 있도록 새로운 건축 규제법이라는 결과를 낳기도 한다. 가족 구성원 중 한 사람의 죽음은 생존자들 사이에 더 깊은 친밀감을 가져다주기도 한다. 때때로 우리가 악이라고 부르는 것이 위장된 선이나 축복으로 드러난다는 사실 역시 내 주장에 대한 반론거리로 사용될 수 있다. 하지만 악에서 선이 이루어지는 경우를 거론할 수는 있지만, "모든 것을 고려해볼 때 창조 세계에 왜 악이 존재하는지" 하는 문제와 "최종적인 분석을 통해 우리가 악이라고 부르는 것이 하나님의 선하신 목적에 어떻게 기여해왔는지"를 이해하게 되리라고 말함으로써 신정론의 질문을 해결하고픈 유혹은 멀리해야 한다. 불가능한 체스 경기에 대한 이런 식의 해결은 "맞아, 무고한 사람들이 고통 받긴 하지만 우주적인 관점에서 볼 때 결국 이 고통은 선으로 귀결된다"라고 말함으로써 "무고한 고통이 존재한다"라는 주장을 재정의하려는 시도에 불과하다.

신정론에 대한 이런 식의 반응을 멀리해야 하는 데는 두 가지 주된 이유가 있다. 첫째는 심장마비의 충격 때문에 건강의 소중함과 삶에 대한 더 깊은 목적을 갖게 되는 경우처럼, 위장된 축복으로 드러나는 악의 예들이 실제로는 최선의 판례적 사건이 아니라는 점이다. 메릴린 매코드 아담스가 상기시킨 것처럼, 참혹하고 비극적인 악, 악의적이고 무작위적이며 무의미하고 터무니없는 악, 결국은 설명되어야 할 구속적 목적이 전혀 없는 악이 존재한다.[18] 불행 속에서 피어나는 한 줄기 희망과 같은 악의 경험에만 적용되는 기독교의 신정론은 충분하지 않다.

둘째 이유는 4장에서 『카라마조프가의 형제들』에 등장하는 이반이 보여준 것 같은 깊은 기독교적 반응에서 나타난다. 이반은 어떤 장교가 어머니가 보는 앞에서 여자아이 하나를 잔인하게 고문하고 살해하는 장면을 묘사한 후, 모든 사람이 용서받고 화목하게 될 미래의 나라를 상상한다. 그 아이와 어머니 모두 고문했던 장교를 용서할 것이다. 하지만 이반은 여기서 잃어버린 것이 하나님의 도덕성이라고 생각한다. 하나님의 천국이 어린아이의 고문을 필요로 한다면 그는 그런 천국으로의 입장권을 정중히 반납하겠다고 말한다.

알곡과 가라지 비유에서 명백한 "아니오"는 진실로 복음이다. 하나님은 우리의 삶과 창조의 밭에 악을 심지 않으셨다. 하나님은 우리로 자유로운 도덕적 선택권을 갖게 하기 위해서거나 우리 영혼을 거룩하게 빚기 위해 또는 우리로 스스로의 죄 값을 지불하도록 하기 위해, 가능한 세계의 각본의 일부로나 혹은 다른 목적으로 악을 창조하지 않으셨다.

그렇다면 가라지는 어디로부터 온 것일까? "원수가 이렇게 하였구나"가 주인의 대답이다. 앞으로 더 살펴보겠지만 이런 반응은 어려운 질문을 불러일으킴에도 불구하고 강력한 좋은 소식으로 이해되어야 한다. 악은 하나님의 원수다. 악은 하나님의 수단도, 하나님의 적수도, 하나님이 무관심하게 방치하신 그 무엇도 아니다. 악은 하나님의 원수일 뿐, 여기에 어떤 말도 더 이상 필요하지 않다. 인도양의 파도 속에서 비탄에 잠겨 빈손으로 서 있는 아버지에게, 젊은 남편의 무덤 곁에서 큰 슬픔에 빠져 있는 아내에게, 사산아를 낳은 부모에게, 황폐한 아이티의 도시에서 절망 속에 있는 시민들에게 복음이 하는 중요한 이야기는 생명을 파괴하고 인간의 영혼을 꺾기 위해 봉기한 악이 하나님의 원수라는 사실이다.

하지만 창조 세계 속에 존재하는 악이 하나님의 원수에게서 왔다는 이야기는 즉시 난처한 질문을 유발한다. 이 원수는 누구인가? 그는 어디서 왔는가? 이 원수는 어떻게 하나님의 선한 창조 세계 안으로 들어오게 되었는가?

이 비유에 대한 예수님의 설명을 살펴볼 때 우리는 이 원수가 마귀라는 것을 알게 된다. 마태가 이 존재의 신원을 확증해야 하는 이유는 분명했다. 하나님은 이 세상 속에 역사하고 계시고 마귀 또한 그러하다. 바로 이것이 알곡 가운데 가라지가 있는 이유다. 하지만 현대의 많은 그리스도인들은 이것으로 만족하지 못한다. 마태는 마귀를 언급하고 마르틴 루터는 "이 땅에 마귀 들끓어 우리를 삼키려 하나"라고 노래했을 수 있겠지만, 오늘날 사유하는 그리스도인들에게 마귀 이야기는 어떤 의미가 있는 것일까?

사실은 많은 의미가 있다. 마귀를 이해하는 가장 좋은 방법은 문자적으로, 즉 어둠 속에 도사리고 있는 악마적 존재로 받아들이는 것이 아니라 심오한 신학적 진리의 상징으로 받아들이는 것이다. 달리 말해 역사 속에서 우리가 경험하는 악은 그 부분들의 총합 이상이며 논리적 설명 역시 초월한다. 홀로코스트의 공포, 르완다의 인종 청소, 베트남 미라이 마을에서의 미군의 대량 학살, 성적 만족을 위해 어린아이를 학대하고 살해하는 사람들의 잔인함 등 이런 악의 형태를 포함해 그 무엇도 정치적·인류학적·심리적 방법만으로는 온전히 설명될 수 없다. 우리가 경험하듯이 악에는 어두운 영적인 힘이 존재한다.

예컨대 마약에 찌든 채 자살 충동에 시달리며 아무 희망도 없이 살아가는 자녀와 씨름하고 있는 부모를 떠올려보라. 그렇다. 우리는 중독에 대해 화학적 측면과 심리적 깨어짐, 존재론적 절망, 사회가 그 나이 또래에게 행사하는 부정적 영향을 분석할 수는 있다. 하지만 이런 설명 중 어떤 것도, 심지어 이것들을 다 조합한다 해도 자기 파괴의 의지와, 더 나아가 이런 악한 의지를 즐기는 삐뚤어진 성향, 자신과 타인을 향한 분노, 절망, 스스로 유익하다고 알고 있는 바를 행하지 못하는 무능력을 다 아우를 수는 없다. 부모는 아이가 합리적 통제를 넘어서는 어떤 힘에 사로잡혔음을 깨닫고, 아이가 단순한 인간적 결함 이상과 마주하고 있음을 알며, 그리하여 성경이 주장하는 다음의 진리를 마음으로 인정하게 된다. "우리의 씨름은 혈과 육을 상대하는 것이 아니요 통치자들과 권세들과 이 어둠의 세상 주관자들과 하늘에 있는 악의 영들을 상대함이라"(엡 6:12).

원수가 마귀라고 말하는 것은 과학 시대 이전의 동화적인 심상으로 회귀하기 위함이 아니다. 이는 성경이라는 고대의 언어를 통해 악이 우주적인 세력으로서 인간을 초월하는 실재를 갖는다는 사실을 말하고자 함이다. 악은 단순한 결함이 아니라 힘이다. 베트남 전쟁 당시 미라이 마을 학살에서 노인과 어린이들을 살해했던 미군들은 대부분 선한 도덕률을 가진, 악을 행하려는 의지가 전혀 없었던 평범한 청년이었다. 하지만 앞의 표현대로 하자면 이들은 무엇인가에 사로잡힌 듯했다. 악은 단순히 어떤 문제가 아니라 신비다. 문제는 가령 지진에 대한 좀더 정확한 예측, 암을 치료하는 약, 군인들을 위한 더 나은 훈련, 빈곤을 제거하는 정치적 프로그램 등을 통해 해결될 수 있지만, 악은 치명적이며 모든 해결책에 항거한다. 심지어 악은 우리가 더 성숙한 인류가 되는 것에도, 더 공정한 사회를 세우기 위해 심혈을 기울이는 데에도 지속적으로 맞서고 있다. 이 악이라는 신비는 경험과 탐구의 대상으로는 가능하지만 해결책은 없다. 성경은 바로 이 점을 가르치고 있으며, 모든 세대에 걸친 인간의 경험도 이를 입증한다.

창조 세계 "밖에" 무엇이 존재하든지, 인간의 마음 "안에" 무엇이 존재하든지, 그것이 죽음의 능력, 악의 무작위적이고 터무니없는 힘, "어두울 때 퍼지는 전염병과 밝을 때 닥쳐오는 재앙"(시 91:6) 등 무엇이든지 간에, 이것은 우리의 원수일 뿐 아니라 하나님의 원수이기도 하다.

하지만 생명과 하나님의 원수인 "이것"은 대체 어디서 온 것일까?

여기서 우리는 겸손한 자세로 우리의 빛이 어두움을 일부분만 비추고 있다는 사실을 인정해야 한다. 우리는 모든 것을 볼 수 없다. 그리스도인들은 알 수 없는 것에 대해 기꺼이 인정해야 하며, 악의 근원에 관해 어느 정도는 불가지론자로 남아 있어야 한다. 하지만 볼 수 있는 것들도 있다. 우리는 보이는 것을 이야기해야 한다. 악이 어떻게 해서 선한 창조와 섞이게 되었는지에 대해서는 다음과 같은 네 가지 중요한 논리적 가능성이 있다.

(1) 하나님이 선과 악 둘 다를 창조하셨다. 그 이유가 무엇이든 하나님은 신적인 이유로 선과 악을 혼합하여 창조 세계를 만드셨다.

(2) 선한 창조자와 악한 창조자라는 두 창조주가 존재한다. 하나님은 창조의 선한 측면의 주체이시고 악의 힘은 악한 측면의 주체다.

(3) 하나님은 창조 세계를 무로부터 만든 것이 아니라 이미 존재하던 원물질을 이용해서 만드셨다. 우리는 이 원물질의 출처에 대해서는 말할 수 없지만, 이미 그 안에는 진흙의 불순물 같은 악의 잠재성이 존재하고 있었다. 하나님의 창조는 진행 중인 역사로서 모든 악은 아직 제거되지 않았다.

(4) 하나님은 유일한 창조주로서 그분의 창조 세계는 매우 선하게 만들어졌다. 하지만 하나님의 창조 행위 이후 어떤 일이 일어났고 선한 창조 세계 안으로 악이 들어오게 되었다.

지금 우리가 던지는 질문이 형이상학적인 문제가 아니라 목회적이고 실제적인 신학적 질문임을 이해할 때, 이 질문을 향해 그리스도의 빛과 복음의 빛을 비출 때, 나는 오직 네 번째 선택지만이 유효하다고 확신한다. 첫 번째 선택은 하나님을 악의 조성자로, 곧 알곡뿐 아니라 가라지도 심은 주체로 만든다. 이미 논의했던 대로, 이런 입장은 그리스도 안에서 우리가 만나는 하나님이 아니다. 초기 기독교 영지주의자들에게 인기가 있었던 두 번째 선택은 철저히 이원론적이며, 창조 세계를 경쟁하는 두 신들의 영원한 전쟁터로 상상하도록 만든다. 세 번째 선택은 몇몇 과정 신학자들의 사유처럼, 하나님의 실재보다 선행하는 어떤 실재를 필수적으로 상정하도록 만든다. 즉 이 입장은 야웨, 곧 예수의 하나님이 경기장에 뒤늦게 나타나 이미 존재하던 창조 세계에 영향력을 행사하기 시작했다는 식의 신화적 서술을 구상하도록 강제한다.

하지만 복음의 빛 안에서 우리가 볼 수 있는 것은 하나님이 완전히 선하시고 존재하는 모든 것이 그분의 손으로부터 온다는 것이다. "만물이 그로 말미암아 지은바 되었으니 지은 것이 하나도 그가 없이는 된 것이 없느니라"(요 1:3). 하나님은 악의 주체가 아니시며 "온갖 온전한 선물이 다 위로부터 빛들의 아버지께로부터 내려오나니 그는 변함도 없으시고 회전하는 그림자도 없으시다"(약 1:17).

그렇다면 무슨 일이 일어났던 것일까? 원수는 어떻게 악의적인 씨가 든 자루를 들고서 선한 창조계 안으로 침투할 수 있었을까? 바로 이 지점에서 두려움을 비추던 우리의 빛이 멈추고 만다. 우리 기억에 남아 있는 것은 아침이면 절반만 기억나는 강렬한 꿈과 같은 고대의 신화적인 이야기뿐이다. 그 희미한 기억에 의하면 사납고 강력한 창조 세계는 하나님에 의해 조성되었음에도 자기 자신만의 맹렬한 기운을 가지고 있었다. "바다가 그 모태로부터 터져 나오고"(욥 38:8) "모든 들짐승들이 자유롭게 뛰노는"(욥 40:20) 창조 세계, 선한 피조물들이 어떤 이유에선가 하나님을 대적하게 된 우주적 반란, 상처를 입은 창조 세계가 고통 속에서 탄식하며 속량의 소망 가운데 기다리고 있는 것(롬 8:22-23)이 바로 이 기억의 내용이다.

이미 앞에서 살펴보았듯, 이 기억들 중 어떤 것도 과거의 사건을 만족스러울 만큼 완벽하게 설명해주지는 못한다. 이 이야기들은 악이 어떻게 세상에 침입했는가를 설명하지 않는다. 대신 악이 하나님의 손으로부터 오지 않았다는 사실, 악은 선한 창조 안으로 침입한 자의 소행이라는 것, 인간이 그 악과 깊이 연루되었다는 것, 창조 세계가 악과 고통의 짐을 지고 고뇌와 고통과 탄식을 겪고 있다는 것, 이 악이 하나님의 원수라는 것을 설명해준다. 모든 악의 사건은 복잡한 특징들로 가득하며 따라서 단순한 분석이 불가능하다. 우리는 우리가 알기 원하는 것 전부를 알 수 없다. 우리는 사건의 중간에 서 있으며 궁극적 원인까지 다 보지 못한다.

기독교 신앙이 데이비드 벤틀리 하트가 "일종의 '잠정적인' 우주적 이원론"[19]이라고 부른 것을 긍정한다고 할 때, 바로 이것이 이 말의 의미라고 할 수 있다. 여기서 "이원론"은 세상에 악이 존재하지만 이 악의 출처가 하나님이 아니라는 점, 오히려 이 악은 하나님의 원수라는 점을 인정한다는 의미다. 또한 "우주적"이라는 말은 악이 영적인 힘이라는 점, 단순히 인간의 실수나 자연적인 힘, 납득이 가능한 갈등의 결과가 아니라 인간의 능력과 합리적인 설명을 초월하는 힘이라는 점을 인정한다는 의미다. "잠정적"이라는 것은 선악의 전쟁이 창조의 본래적 특성이거나 영속적인 것이라는 생각을 거부한다는 의미다. 악은 하나님이 안식하셨던 창조의 일곱 번째 날에는 존재하지 않았으며, 창조계 전체가 영원히 안식하게 될 마지막 때에도 존재하지 않을 것이다. 하지만 그 중간기인 지금 하나님의 원수인 악은 계속해서 활동하고 있으며 이것은 어쩔 수 없는 현실이다.

2. 우리는 이것을 바로잡을 수 있을까?

비유에 나오는 종들이 던지는 두 번째 질문은 "우리가 가서 이것을 뽑기를 원하시나이까?"였다. 주인이 가라지를 심지도 원하지도 않았다면, 그것을 뽑아내야 할 것이다. 하지만 주인의 대답은 "가만두라 가라지를 뽑다가 곡식까지 뽑을까 염려하노라"(마 13:29)였다. 주인의 부정적인 대답은 처음부터 인간의 오만을 공격한다. 우리가 밭으로 나가 모든 악의 가라지를 뽑을 수 있다고 생각하는 것은 악의 특징을 과소평가하는 동시에 선을 향한 우리 자신의 능력은 지나치게 과대평가하는 것이다.

십여 년 전인 2001년 9·11테러 직후 한 일간지에는 "세상에서 악의 무리를 전부 소탕하겠다고 맹세한 부시 대통령"이라는 의도되지 않은 풍자적인 표제가 실렸다. 물론 부시의 주장은 정치적인 수사에 불과할 것이다. 하지만 이를 조금이라도 진지하게 받아들인다면, 대통령은 세상에서 모든 테러리스트와 살인자를 시작으로 절도범과 횡령자, 마약상, 월스트리트의 사기꾼들을 몰아내고 결국에는 자신과 남은 우리마저 제거해야 했을 것이다. 왜냐하면 우리는 모두 어느 정도 행악자이기 때문이다. 선과 악은 역사와 우리 자신 안에서 서로 깊이 뒤엉켜 있다. 우리에게는 핀셋을 들고 선악을 분리해 곡식이 자라는 밭에서 가라지를 뽑아낼 만한 지혜와 능력이 없다.

1950년대 내가 어린아이였던 시절, 우리 주일학교 친구들 중에는 소아마비를 앓는 여자아이가 하나 있었다. 그녀의 다리는 뒤틀린 채 마비되어 있었으며, 자신의 힘겨운 호흡을 보조할 수 있는 철폐(iron lung)를 달고 다니기도 했다. 내 자녀들이 어려서 철폐를 단 친구를 볼 수 없었다는 사실은 하나님께 받은 은혜로운 선물이라고 믿는다. 이 여자아이가 끔찍한 질병으로 고통 당하던 바로 그때, 조너스 소크(Jonas Salk)는 피츠버그의 실험실에서 소아마비를 예방하는 백신을 완성하고 있었다. 하지만 이 약이 사용 가능해진 것은 1955년으로, 내 친구에게는 이미 때가 지난 다음이었다.

　지금 그녀는 육십 대이고 그녀의 몸은 유년 시절 그녀를 공격한 바이러스 때문에 여전히 뒤틀려 있다. 목발에 의지해서 앞으로 나아가는 그녀의 모습은 힘겹기 짝이 없다. 나는 지금까지 살면서 늘 두 다리로 걸었지만, 그녀는 여섯 살 이후로는 자신의 다리로 걸어보지 못했다. 하지만 놀라운 일은 그녀가 방 안으로 들어서면 그 순간 은혜의 수준이 대폭 증가한다는 사실이다. 그녀의 손이 닿는 모든 곳이 기쁨으로 밝아진다. 그녀는 대학 교수이고 예술가이며 넘치는 재능으로 많은 것을 성취했다. 나는 평생에 걸쳐 그녀가 연약했던 부분에서 강했지만, 그녀에게는 내가 갈망만 하고 있는 좋은 성품과 기쁨, 신앙, 소망이 있다.

　나는 그녀가 견디어온 악에 대해 어떻게 생각하는가? 하나님이 그녀에게 소아마비를 주셨다고 생각하는가? 아니다, 절대로 절대로 그렇지 않다. "당신이 이것을 야기하셨습니까?" "당신이 이 가라지를 심으셨습니까?" 아니다. 나는 하나님이 그녀의 영혼을 더 근사하게 빚기 위해 그녀에게 소아마비를 주셨다고 생각하는가? 아니다, 절대로 그렇지 않다. 나는 그녀의 영혼이 끔찍한 병으로 더 아름답게 빚어졌다고 생각하는가? 그렇다. 지금 누군가가 내게 마술 지팡이와 그녀의 과거에서 무엇이라도 바꿀 수 있는 능력, 곧 알곡에게서 가라지를 뽑아낼 수 있는 능력을 준다면, 나는 그것을 마음껏 휘둘러 그녀에게서 소아마비를 제거해 그녀가 질병으로 고통 당하지 않도록 만들어주고 싶다. 하지만 솔직히 고백하자면 나는 내 지혜의 한계가 어디까지인지 알 수 없다. 그녀는 아름답게 빛나는 사람이다. 나는 그녀를 여기까지 인도해온 개인적 역사에서 무엇을 제거해야 할지 알 수 없다. 간단히 말해, 해결하고 싶은 마음은 있지만 내게는 그렇게 할 수 있는 분별력이 부족하다.

주인의 부정적 대답에는 또 다른 암시, 신학적으로 좀더 미묘한 암시가 들어 있다. 종들은 가라지를 뽑으며 밭을 함부로 다룰 수 없었다. 왜냐하면 이들에게는 알곡을 상하게 하지 않고 가라지를 뽑을 지혜가 없었을 뿐 아니라, 이것이 세상 속에서 일하시는 하나님의 방법이 아니었기 때문이다. 밭으로 달려가 악의 가라지를 뽑아내고 싶은 종들의 충동은 이런 행위가 최종적으로 주인이 원하는 것, 주인이 악의 문제를 처리하는 방법일 것이라는 추측에 기초하고 있다. 세상은 선악이 뒤섞인 밭이고 선과 악은 저기 바깥에 한데 섞여 쉽게 볼 수 있다. 하지만 낫을 들고 밭으로 뛰어들어 가라지를 베어내는 것은 하나님의 방법이 아니다.

이것은 우리로 하여금 지난 수세기 동안 신정론의 문제로 반향을 일으켜왔던 다음과 같은 긴급한 질문과 대면하도록 한다. "왜 이것이 악을 대하는 하나님의 방법이 아닌 것일까?" 해롤드 쿠쉬너의 아들에게 고통을 주었던 것과 같은 유전병들이 무고한 어린아이들의 생명을 앗아가고, 쓰나미가 일어나 마을을 집어삼키고, 정신이 나간 미치광이가 탑 꼭대기에 올라가 아래 있는 사람들을 향해 무작위로 총을 난사한다면, 왜 하나님은 이런 악을 제어하지 않으실까? 성탄 전야 예배에서 바트 어만이 마음속으로 외쳤던 것처럼 "왜 하나님은 다시 한 번 이 어두움 속으로 들어오시지 않는가? 고통과 아픔이 가득한 이 세상에서 하나님의 임재는 어디에 있는가? 왜 어두움이 이토록 강력한가?"[20] 우리는 하나님이 신적 능력을 사용하셔서 악의 유린을 멈추시기 위해 하늘을 가르고 내려오시기를 바란다.

이 대목에서는 어떤 언어를 어떻게 사용하는지가 결정적이다. 여기서 우리는 말하는 방식에 주의해야 한다. "하나님은 왜 악을 멈추지 않으시는가?"라는 질문에 대해서는 적어도 두 가지의 위험한 접근이 있다. 첫째로, 랍비 쿠쉬너를 위시하여 몇몇 사람들은 하나님께 그만한 힘이 없기 때문에 악을 강제적으로 제거하지 않으신다고 말했다. 하나님께는 악을 제거할 능력이 부족하다는 것이다. 하나님께 악을 근절시킬 만한 능력이 부족하다는 생각은 명중은 아니지만 역설적이게도 과녁 중앙에 근접한다. 신약성경에서 예수님은 권능으로 많은 일을 행하셨지만, 자주 그의 능력은 신적 전능의 전통을 따르지 않는 방식으로 나타났다. 예수님께는 능력이 있었다. 하지만 귀신들에게도 능력이 있었다. 때때로 이 둘 사이의 차이는 미미해 보인다. 심지어 마가복음에는 예수님이 능력을 사용하시는 일에 실패했다는 기록도 나온다. 예수님의 고향인 나사렛에서 사람들이 저항했을 때, 마가는 예수님이 "거기서는 아무 권능도 행하실 수 없어 다만 소수의 병자에게 안수하여 고치실 뿐이었다"라고 기록했다(막 6:5).

하지만 여기에는 역설이 있다. 때때로 복음서 저자들은 예수님의 신적 능력에 대해 미묘한 차이에 불과한 것, 실제적으로 제한되어 있고 고뇌로 가득한 것, 악의 힘과 불확실한 전투를 벌이는 것으로 묘사했다. 하지만 이것은 그들이 하나님의 능력이 정말로 제한적이거나 부족하다고 이해했기 때문이 아니다. 반대로 신약성경은 하나님이 진실로 전능하시다는 확신 위에 군건히 자리하고 있다. 가령 예수님이 겟세마네 동산에서 체포되셨을 때 그를 따르던 제자 중 하나가 칼을 뽑아 들고서 그분을 보호하고자 했다. 하지만 칼을 휘두르는 것은 예수님이 행사하시는 종류의 능력이 아니었다. 예수님은 "네 칼을 도로 칼집에 꽂으라 칼을 가지는 자는 다 칼로 망하느니라"(마 26:52)라고 말하면서 제자를 막으셨다. 이어서 예수님은 이런 말을 덧붙이셨다. "너는 내가 내 아버지께 구하여 지금 열두 군단 더 되는 천사를 보내시게 할 수 없는 줄로 아느냐 내가 만일 그렇게 하면 이런 일이 있으리라 한 성경이 어떻게 이루어지겠느냐"(마 26:53-54). 이 말씀이 주는 암시는 분명하다. 전능하신 하나님은 면전의 악을 멈추시기 위해 엄청난 병력의 천사들을 보내실 수 있지만 이런 종류의 능력 대결은 하나님의 방법이 아니었다.

이것은 "하나님은 왜 악을 멈추지 않으시는가?"라는 질문에 대해 반응할 때 신학적으로 위험한 두 번째 접근으로 우리를 인도한다. "하나님은 원하신다면 악을 완전히 없애버릴 수 있지만 그분만의 어떤 이유로 그렇게 하지 않기로 선택하셨다"와 같은 반응은 충분히 유혹적이다. 하지만 여기에도 진리의 일부분만이 들어 있다. 가설적으로 하나님은 엄청난 병력의 천사들을 보내서 예수님을 구하실 수 있었지만, 예수님은 그것을 요구하지 않으셨고 하나님도 천사들을 보내지 않으셨다. 따라서 한편으로는 "하나님은 하실 수 있지만 그렇게 하지 않으셨다"라는 진술은 진실이다. 그런데 문제를 이렇게 표현하는 것의 약점은, 이런 서술이 하나님을 세상에 대해 무심한 분으로 묘사하며, 악에 대한 신적 행위를 동일하게 실행 가능한 일련의 가능성들 중 선택하는 것처럼 설명한다는 점이다. 이런 진술은 마치 먼 하늘에 계신 하나님 앞에 (1) 악을 멈춤, (2) 악을 완전히 멈추지는 않고 상황을 다소 호전시킴, (3) 악을 멈추지 않고 사람들을 고무시켜 용감하게 행동하도록 함, (4) 아무것도 하지 않음 등의 내용이 적힌 제어판이 있고 하나님이 그중 무엇을 누를까 고민하는 듯한 인상을 준다. 분명히 이것은 하나님의 인격에 대해 부정적인 암시를 전달한다. 어떤 범죄자가 어린아이를 살해하려는 순간, 하나님은 가능한 여러 선택들을 곰곰이 생각하시면서, 이런 행동을 멈추실 수도 있지만 "악을 멈춤"이라는 버튼을 누르지 않으신다고 한다면, 이런 하나님은 도덕적으로 불법을 행하셨다는 결론을 피하기가 어렵다.

문제를 표현하는 이런 두 가지 방법, 즉 "하나님께는 악을 멈추실 능력이 없다"와 "하나님은 악을 멈추실 수 있지만 그렇게 하지 않기로 선택하신다"가 과녁 중앙에 얼마나 근접하든지 상관없이, 그 중앙을 명중시키는 것이 아니라면 "하나님은 왜 악을 멈추지 않으시는가?"라는 질문에 대한 보다 더 신실한 반응이 존재하는가? 그렇다. 나는 존재한다고 믿는다. 하지만 적어도 처음에는 이것을 받아들이기가 어려울 것이다. 하나님은 왜 인생이라는 밭으로 들어오셔서 모든 고통과 악을 뿌리 뽑지 않으시는가? 하나님은 우리가 그분에게 원하는 방법대로 그렇게 하실 수 없기 때문이다. 하지만 여기서 사용된 "하실 수 없음"은 쿠쉬너가 신적 능력에 대해 주장한 것과는 전적으로 다른 의미다. 하나님은 악을 뿌리 뽑으실 수 없는데 이것은 그분께 능력이 부족해서가 아니다. 하나님이 악을 뿌리 뽑지 못하시는 것은, 이런 방식으로 세상과 교전을 벌이는 일이 다른 종류의 하나님을 요구하기 때문이다. 이런 방식, 곧 우리가 하나님이 그렇게 하셔야 된다고 생각하는 방식으로 능력을 사용하는 신은, 하나님 자신의 인격에 신실하지도 않으며 또한 우리가 예수 그리스도 안에서 아는 하나님도 아니다.

정확히 이것은 무슨 의미일까? 악에 대해 생각하고 상상할 때마다 우리는 "하나님이 악에 대해 이런 식으로 반응하셔야 한다고" 필연적으로 우리 자신을 투사한다. 다시 말해, 만일 우리 자신에게 하나님과 같은 위대한 능력이 있다면 우리가 악을 어떻게 다룰지를 생각하는 것이다. 가령 우리가 소아암 병동을 방문해서 암으로 고통 속에 죽어가는 아이들을 본다면, 우리는 그들의 고통에 마음을 추스르지 못하고 어떻게 하나님이 이런 고통을 허용하실 수 있는지 이해하지 못한다. 우리는 스스로를 향해, 만일 자신이 하나님이라면 이것을 즉시 멈출 것이라고 말한다. 하지만 우리는 자신이 하나님이 아니라는 것을 안다. 그래서 마음속으로 이렇게 소리친다. "오, 하늘을 가르고 내려오소서. 이런 고통을 멈추어주소서!" 이런 식으로 우리는 전사이신 하나님이 강림하셔서 악을 단숨에 파멸시켜주기를 애원한다. 우리는 자신이 하나님이라면 행동할 것이 분명한 방식으로 하나님도 행동해주시기를, 곧 인간이 상상하는 방식대로 능력을 온전히 보여주시기를, 너무도 확실한 악의 실체를 지체 없이 파괴해주시기를 기도한다. 우리라면 이렇게 할 것이다. 왜 하나님은 이렇게 하시지 않는가?

그러나 우리는 자신이 무엇을 위해 기도하는지 진짜로 알고 있는가? 하나님이 우리가 원하는 방식대로 오신다고 상상해보라. 단지 암 병동만이 아니라 (왜 거기서 멈추시겠는가?) 이 세상의 지면에서 한 점의 악도 남기지 않고 모두 쓸어버리기 위해 모든 인생에게로 오신다고 가정해보라. 하나님이 우리가 상상하는 대로, 칼을 든 용사로서 모든 악의 자취들, 예컨대 모든 질병, 탐욕, 폭력, 증오, 나태함을 잘라내시며 큰 칼을 든 무자비한 농부로서 모든 가라지를 쳐내러 오신다고 가정해 보라. 그 누가 견딜 수 있겠는가? 우리는 모두 악과 얽혀 있다. 우리의 모든 관계, 곧 남편과 아내, 부모와 자식, 친구와 친구, 동료와 동료, 부족과 부족, 나라와 나라, 그중 어떤 것도 순전하지 않다. 그런데도 하나님이 악을 뿌리 뽑기 위해 복수심을 불태우며 오신다면 살아남을 사람이 있겠는가? 이 대목에서 베트남 전쟁 당시 어떤 전투를 가리켜 한 장교가 남긴 다음과 같은 말이 떠오른다. "한 마을을 살리기 위해 그것을 파괴하는 것은 불가피했다."

따라서 하나님이 우리가 드리는 기도에 대해 우리가 상상하는 식으로 응답하지 않으시는 것을 은혜로 여겨야 한다. 하지만 이 말이 하나님이 우리 기도에 응답하지 않으신다는 의미는 아니다. 모든 고통 받는 인류와 함께, 이들을 대신하여, 우리가 "오 하나님! 하늘을 가르고 내려오소서"라고 소리칠 때 그분은 신실하게 응답하신다. 하나님이 우리 기도에 응답하시되 다만 우리가 상상하는 방식으로가 아니라면? 하나님이 암이라는 원수와 다른 모든 형태의 악과 싸우시기 위해 하늘을 가르고 내려오시되, 이것이 우리의 방식이 아닌 하나님의 인격과 일치하는 방식으로라면? 하나님이 전사로 오시되, 인간 병사와 같이 싸우는 용사로서가 아니라 오직 사랑의 무기로만 싸우시는 용사로서라면? 하나님은 진정으로 전능하신 분이지만 하나님의 이 능력은 다듬어지지 않은 인간의 능력과 같지 않고, 오히려 연약함의 형태를 취하는 사랑인 동시에 십자가 위에서 가장 극적으로 표현된 능력이다. 우리는 하나님이 큰 칼을 휘두르며 창조 세계에 뛰어들어 악을 쳐내시기를 원한다고 믿는다. 이런 일은 하나님의 능력의 범위를 벗어나지는 않는다. 하지만 이런 방식으로 능력을 사용하시는 것은 하나님의 인격의 범위를 벗어난다.

하나의 유비로서, 어떤 회계 감사원이 특정 회사의 재무 장부에서 분실된 자금을 발견했으며, 담당자가 즉시로 횡령의 의심을 받게 되었다고 상상해보자. 남편이 도둑으로 고발되었다는 소식을 들은 담당자의 아내가 깜짝 놀라 이렇게 말했다. "그건 사실이 아니에요. 내 남편 랠프는 절대 도둑질을 할 수 없어요." 랠프가 도둑질을 할 수 없다는 것은 무슨 의미일까? 랠프에게는 자금을 빼돌릴 능력이 기술적으로 부족하다는 의미일까? 아니다. 랠프에게는 도둑질을 할 수 있는 잠재력이 있고 그것을 사용했을 수도 있다. 부인이 의미하는 바는 자신이 남편의 됨됨이를 알고 있으며, 남편의 도덕성을 고려할 때 그가 횡령을 할 사람이 아니라는 것이다. 만일 랠프가 돈을 훔쳤다면 그는 그녀가 알고 사랑하는 사람이 아닐 것이다. 곧 그는 랠프가 아닐 것이다.

마찬가지로 하나님이 어떤 가설적인 능력에 대한 선택권을 행사하실 뿐 아니라, 습관적으로 능력의 칼을 휘두르시고 악을 향한 신적 분노의 손을 내리치시며 창조의 벽을 날려버리신다면, 그 하나님은 우리가 예수 그리스도 안에서 알고 있는 하나님이 아니다. 이런 하나님은 하나님이 아닐 것이다. 일본인 신학자 코스케 코야마(Kosuke Koyama)는 능력에 대한 인간의 개념과 예수 그리스도의 빛 안에서 능력을 이해하는 방법 사이의 차이를 이렇게 설명했다.

> 예수 그리스도의 이름은 깨어진 세상을 삽시간에 낙원으로 변화시키는 마법의 이름이 아니다. 예수 그리스도의 이름은 황제의 능력처럼 권세 있는 이름이 아니다. 이 이름은 미련하고 연약하다(고전 1:21-25). 예수 그리스도는 빠른 해결책이 아니다. 예수 그리스도가 해답이시라는 것은 그가 십자가 형 안에서 나타난 해답이라는 의미다.[21]

신학자 위르겐 몰트만은 악과 고통에 대해 언급하면서, 우리는 하나님이 예수님이 행하셨던 것처럼, 곧 팔이 마른 사람을 치유하고 죽은 소녀를 일으키시는 것같이 극적인 기적을 행해주시기를 원한다고 말했다. 그러나 예수님의 기적은 그 자체만으로는 악과 죽음을 제거하지 않았다. 이 기적들은 더 근본적인 치유에 대한 표징이었지만 그 자체로 근원적 치유를 성취한 것은 아니다. 예수님이 치료하시고 죽음으로부터 일으켰던 모든 사람이 지금은 다 죽었다. 인간의 역사적 차원에서 죽음의 능력은 그들 전부의 목숨을 요구했다. 몰트만은 이렇게 썼다.

> 치료는 병을 극복하고 건강을 회복시키지만 죽음의 세력을 극복하지는 못한다. 하지만 구원은 죽음의 세력을 파괴하고 인간이 영원한 생명으로 부활함으로써 완성된다. 넓은 의미로 구원은…사람들은 예수의 기적을 통해

서가 아니라 예수의 상처를 통해 치료된다. 다시 말해 그들은 하나님의 파괴될 수 없는 사랑 속으로 영접을 받는다.[22]

사람은 기적이 아니라 예수님의 상처를 통해 치유된다. 하나님은 이 세상에서 원수와 싸우시는 데 칼의 힘이 아니라 십자가의 죽음이라는 연약한 능력을 사용하신다. 따라서 비유에 나오는 주인이 종들에게 가라지를 뽑지 말라고 명한 것은 단순히 종들에게 이 일을 할 수 있는 분별력이 없기 때문만이 아니라, 더 중요하게는 악을 제거하는 것이 세상에서 일하시는 하나님의 방법이 아니기 때문이다. 이것은 종들에게(와 우리에게) 한 가지 질문을 더 남긴다. 악을 근절시키는 것이 하나님의 방법이 아니라면 악은 어떻게 될까? 하나님은 악에 대해 무엇을 행하고 계시는가? 하나님의 선하심을 믿는 우리의 신앙은 어떻게 되는가?

3. 언제까지 이런 식으로 계속될 것인가?

본문에 분명하게 언급되지는 않지만 이 비유에서 "아니다, 가라지를 가만 두라"라는 금지어와 다음에 이어지는 문장 사이에는 이런 질문이 내포되어 있다. 만일 우리가 가라지를 뽑지 않는다면 어떤 일이 일어나게 됩니까? 가라지들이 제멋대로 자라 통제할 수 없게 되는 것은 아닙니까? 악한 가라지들은 대체 언제까지 존재할 것입니까?

이 비유는 다음과 같은 약속으로 끝난다. "아니다. 가라지는 영원히 존재하지는 않을 것이다. 추수 때가 되면 추수꾼들이 가라지를 먼저 거두어 불태우고 알곡은 모아 곳간에 넣을 것이다." 이 비유에 대한 설명에 따르면 이런 이미지는 종말론적인 틀을 제시한다. 역사의 종국에는 추수가 있을 것이고 "인자가 천사들을 보내리니 그들이 그 나라에서 모든 넘어지게 하는 것과 또 불법을 행하는 자들을 거두어내어 풀무불에 던져 넣으리라"(마 13:41-42). 반면에 의인들은 "해와 같이 빛나리라"(마 13:43).

이 비유의 마지막 부분은 하나님의 사랑의 능력이 마침내 모든 악을 도말하는 종말론적 이상을 보여준다. 이것은 악을 의인화한(악=불법을 행하는 자들) 마태의 수사학적 장치지만 그럼에도 대단히 중요하다. 모든 이상은 숭고하다. 역사를 피와 눈물로 흠뻑 적셔온 악이라는 굶주린 짐승은 완전히 근절될 것이다. 모든 눈물은 마를 것이고 죽음과 고통은 더 이상 존재하지 않을 것이다.

독일의 다하우라는 작은 마을에는 나치 시대의 낡은 강제수용소의 으스스한 부지 위에 세워진 홀로코스트 박물관이 있다. 이 박물관에는 한번 보면 잊기 어려운 사진이 한 장 있는데 그것을 보는 자는 신앙인이든 아니든 기도를 올리게 된다. 이 사진에는 아우슈비츠의 가스실로 들어가는 한 어머니와 어린 딸이 찍혀 있다. 눈앞에서 벌어지는 비극을 중단시키기 위해 어머니가 할 수 있는 일은 하나도 없다. 다만 어머니는 자신이 할 수 있는 유일한 사랑의 행위를 한다. 딸 뒤에 바짝 붙어 걸어가면서 손으로 아이의 눈을 덮어 아이가 자신이 어디로 가고 있는지 보지 못하도록 한 것이다. 이 끔찍한 사진과 대면한 이들은 모두 다음과 같은 기도를 외치게 된다. "오, 하나님, 이것이 마지막 말이 되지 않게 하소서. 우리 안의 짐승, 역사 속에 존재하는 이 짐승이 무엇이든, 그놈에게 이 어린 소녀와 사람들, 그리고 우리 모두의 이야기를 마지막으로 완성할 능력을 허락하지 마소서!" 역사의 종말에 서 계실 분은 결코 짐승에게 이런 일을 허락하지 않을 것을 약속하신다. 종말의 시간에서 계신 분은 공정한 재판관, 곧 부활하신 예수 그리스도시고 그분의 의는 해같이 빛난다. 어린 소녀들을 잔인하게 죽이며 역사 속에서 승승장구해온 이 짐승은 그가 누구이든 완전히 파괴될 것이다.

여기에는 십자가상에서 너무나 연약해 보였던 하나님의 사랑이 결국에는 승리하고, 궁극적으로는 악의 능력을 파괴한다는 역설이 존재한다. 내 생각에는 바로 여기가 기독교적 관점의 통전적인 신정론이 다소 소심한 다른 접근법들과 길을 달리하는 지점이다. 하나님의 사랑의 비폭력성은 궁극적으로 악에게 폭력을 행사한다. 평화의 왕은 우주적 악에 대한 신적 용사이시다.

어떤 소년이 수업 시간에 왕따를 당하고 방과 후 매일 뭇매를 맞는다면 그는 부모로부터 동정 이상을 원할 것이다. 아마도 이 소년은 정의를 원하지 않을까? 그는 자신의 고통에 대해 누군가가 알아주기를, 폭력이 중단되고 가해자들이 심판받기를 바랄 것이다. 실제로 누군가가 소년의 사건을 맡아주지 않는다면 직접 복수를 계획하는 것 외에는 다른 방법이 없을 것이다. 마찬가지로 신학자 미로슬라브 볼프(Miroslav Volf)는 용서와 비폭력의 삶을 살라는 복음의 호소가, 결국에는 하나님이 악을 파괴하시고 공의를 세우실 것이라는 확신에 굳건히 자리하고 있다고 주장한다. 인간이 칼을 내려놓고 다른 쪽 뺨을 내어줄 수 있는 유일한 방법은 하나님이 악에 대해 전쟁을 선포하셨다는 사실을 아는 것뿐이다. 바울은 이렇게 말했다. "내 사랑하는 자들아 너희가 친히 원수를 갚지 말고 하나님의 진노하심에 맡기라 기록되었으되 원수 갚는 것이 내게 있으니 내가 갚으리라고 주께서 말씀하시니라." 볼프는 이렇게 썼다.

> 비폭력을 실천하기 위해서는 하나님이 복수해주시리라는 믿음이 반드시
> 필요하다는 내 주장은 많은 그리스도인, 특히 서구의 신학자들에게 인기
> 가 없을 것이다. 이 주장을 거부하는 이들에게, 나는 자신이 분쟁 지역에
> 서 강의를 한다고 상상해보라고 제안하고 싶다. 강의를 듣는 이들 중에는
> 자신이 살던 도시와 마을이 약탈당하고 불에 탄 사람들도 있다. 딸과 자매
> 가 강간당하고 아버지와 형제가 목 베임을 당한 사람들도 있다. 강의 주제
> 는 폭력에 대한 그리스도인의 태도며, 강의 논지는 "하나님은 비강압적인
> 완전한 사랑이시므로 우리는 복수해서는 안 된다"이다. 얼마 안 가 당신은,
> 인간의 비폭력이 심판하시기를 거부하는 하나님의 태도에 상응한다는 논
> 제가 오로지 평화스러운 전원 지역에서만 가능하다는 사실을 깨닫게 될
> 것이다. 잿더미로 변한 땅, 무고한 이들의 피로 물든 땅에서 이런 논제는
> 설득력을 잃고 말 것이다.[23]

나는 볼프의 진술 가운데 딱 한 가지만 수정하고 싶다. 내 생각으로
는 기독교 신앙의 중심이 되는 역설은 하나님이 진실로 비강압적인 완
전한 사랑이시지만, 이 완전한 사랑이 십자가 위로 부어졌을 때 음부의
권세를 불태우고 악과 죽음의 능력을 파괴한다는 사실이다. 어떻게 이
런 일이 일어나는지 우리는 알 수 없다. 하지만 부활절에 빈 무덤 앞에
서 깜짝 놀라 입을 벌리고 서 있던 사람들에게 이것은 사실이었다. 여
기에는 그 손에 아직도 상처 자국이 남아 있는 그리스도가 서 계신다.
그분은 천사들을 보내실 것이고, 천사들은 비유의 말씀대로 "그 나라에

서 모든 넘어지게 하는 것과 또 불법을 행하는 자들을 거두어내어 풀무불에 던져 넣을 것이다."

이처럼 종말에 악이 완전히 파멸당하고 평화와 의가 임하는 이상이 얼마나 아름답고 고무적이든, 이것만으로는 충분하지 않다. 과정 신학이 실패한 지점은 이 신학에는 종말론이 없다는 것이다. 과정은 무한정 지속될 뿐이다. 모든 싸움이 끝나고 의가 해같이 빛나며 부활의 하나님의 승리가 완성되는 때는 절대로 오지 않는다. 하지만 미래 지향적이기만 한 하나님의 승리의 이상 역시 실패한다. 그렇다. 언젠가 하나님은 승리하시고 악은 정복되겠지만 거기에 이르기까지 너무 많은 비극과 고통이 존재한다. 악이 불 속으로 던져지고 천사들이 하나님의 정복의 밝은 빛 아래에서 춤추고 노래할 날은 오겠지만, 쓰나미와 지진으로 희생된 수많은 사람과 가스실로 향하는 어린 소녀의 겁에 질린 울음이 그 뒤를 잇는다면, 도스토예프스키의 주인공 이반이 말한 대로 그것의 값은 너무 비싸다.

신정론에 대한 진정한 기독교적 반응은 하나님이 최종적으로 승리하셔서 다음과 같이 행하실 때를 증거해야 한다. "모든 눈물을 그 눈에서 닦아주시니 다시는 사망이 없고 애통하는 것이나 곡하는 것이나 아픈 것이 다시 있지 아니하리니 처음 것들이 다 지나갔음이러라"(계 21:4). 하지만 동시에 기독교는 하나님이 지금, 역사의 중간, 아픔과 고통 가운데서 악을 다루시기 위해 무엇을 하고 계신지에 대해서도 증거해야 한다. 라르쉬 공동체의 설립자 장 바니에(Jean Vanier)는 『인간 되기』(*Becoming Human*)에서 정신병원의 소아 병동을 방문했던 힘겨운 경험을 이렇게 묘사했다.

언젠가 정신병원을 방문한 적이 있다. 마치 그곳은 불행을 가득 쌓아놓은 창고 같았다. 중증 장애를 가진 어린이 수백 명이 작은 간이침대 위에 방치되어 있었다. 끔찍한 침묵이 감돌았다. 누구도, 단 한 명도 우는 아이가 없었다. 아무도 자기를 돌보아주지 않는다는 사실을, 아무도 자신에게 대답하지 않을 것을 그들은 너무도 잘 알고 있었기 때문이다. 울기 위해서는 많은 에너지가 필요하다. 아이들은 누군가가 자신의 말을 들어줄 것이라는 희망이 있을 때에만 운다.[24]

우리는 누군가가 자신의 말을 들어줄 것이라는 희망이 있을 때에만 운다. 아무런 희망도 없이 조용히 누워 있는 어린아이들에게, 지금은 악이 이들에게서 존엄성과 충만한 생을 빼앗고 있지만, 언젠가 이 악은 파멸당하리라고 장담하는 일은 별다른 위로가 되지 않는다. 현재는 어떠한가? 지금 하나님은 이들의 울부짖음을 들으시는가? 하나님은 이들의 괴로움 가운데 임재하시는가?

복음의 반응은 긍정이다. 그렇다. 하나님은 고통 당하는 자들의 울음소리를 들으신다. 그렇다. 하나님은 자신의 치유하시는 날개로 임하신다. 실제로 하나님은 용사로 임하신다. 어린아이들의 고통과 아픔은 하나님의 원수다. 역사의 중간을 사는 우리의 관점으로는 이 악이 어디서 왔는지 다 알 수 없다. 하지만 우리는 이 악이 하나님의 불구대천의 원수임을 안다. 하나님은 이 악과 싸우기 위해 십자가의 능력으로, 사랑의 능력으로 임하신다.

비극적인 역사 속에서 악이라는 원수와 일전을 벌이시는 하나님의 적극적인 역사야말로, 알곡과 가라지 비유와 그것에 대한 설명 사이에 삽입된 두 가지 비유에 담긴 메시지다. 그 첫 번째 비유는 겨자씨 비유다.

> 또 비유를 들어 이르시되 천국은 마치 사람이 자기 밭에 갖다 심은 겨자씨 한 알 같으니 이는 모든 씨보다 작은 것이로되 자란 후에는 풀보다 커서 나무가 되매 공중의 새들이 와서 그 가지에 깃들이느니라(마 13:31-32)

겨자씨 비유는 알곡과 가라지 비유와 어떤 상관이 있는 걸까? 먼저 이 비유는 하나님의 나라와 통치에 대한 이미지로서 겨자나무, 즉 매우 귀하면서도 한편으로는 가라지와 아주 흡사한 식물을 제시한다. 마태복음이 기록된 시대에 활동했던 플리니우스는 겨자나무에 대해 "톡 쏘는 맛과 강렬한 효과를 지닌 식물로서 건강에 매우 유익하다"라는 기록을 남겼다. 하지만 다른 한편으로 겨자나무는 정원에서 미친 듯이 자라기 때문에 "일단 한번 씨를 뿌리면 그것을 제거하는 것은 거의 불가능하다."[25] 알곡과 가라지 비유에 등장하는 종들이 가라지를 뽑지 말라는 명령을 받은 것은 당연하다. 그들이 사는 왕국 자체가 가라지인지 아닌지를 구분하기가 쉽지 않다. 또한 세상 속에서 역사하는 하나님의 능력은 매우 강력하거나 거대하거나 가치 있어 보이지 않는다. 그 능력은 공중의 새들에게 쉼터를 제공하는 거대한 겨자나무로 자라나게 될 작은 씨와 같다. 다시 말해 하나님은 세상 속에서 역사하고 계시지만 이것은 눈에 잘 띄지 않는다. 겉으로 볼 때 세상에서의 하나님의 행위는 그것을 인정하기에는 너무 작고 미미하다. 하지만 이것은 "큰 나무"(마 13:32)가 되어감으로써 매우 효과적인 것으로 드러난다.

겨자씨 비유 다음으로는 누룩의 비유가 이어진다.

또 비유로 말씀하시되 천국은 마치 여자가 가루 서 말 속에 갖다 넣어 전부 부풀게 한 누룩과 같으니라(마 13:33)

이 비유에 등장하는 모든 요소는 우리 직관과 반대된다. 세상 속 하나님의 나라, 하나님의 통치, 하나님의 능력이 누룩으로 비유되었다. 우리는 누룩을 빵을 부풀게 하는 좋은 것으로 생각하지만 고대 세계에서는 그렇지 않았다. 성경에서 누룩은 결코 좋은 것이 아니다. 누룩은 변질시키는 물질이다. 그뿐 아니라 이 누룩을 사용하는 것은 여자, 즉 무능력의 대명사와 같은 존재다. 이 여자는 무엇을 하고 있는가? 그녀는 누룩을 많은 밀가루와 섞고 있다. 하지만 이 본문에 나오는 그리스어는 더욱 강력하다. 그녀는 단순히 누룩을 밀가루에 섞는 것이 아니라 그것을 "암호화한다"(encrypt). 그녀는 누룩을 밀가루 속으로 몰래 가지고 들어가고, 누룩은 밀가루 구석구석으로 스며들어 덩어리 전체에 영향을 미친다. 쉽게 말해 하나님의 나라는 비밀 작전이다. 비범한 힘을 가진 사람이 변질시키는 물질을 갖고 밀가루 속으로 몰래 들어가 모든 것을 변화시키는 것이다. 이 비유가 서술하는 하나님의 능력은 다음과 같다. 즉 이 능력은 힘이 아닌 것처럼 보이지만 비밀리에 암호화되어 있어, 보이지 않게 그곳에 존재하면서, 결국에는 모든 것을 자신의 힘으로 통치하게 된다.

앞에서 설명한 모든 것을 합쳐보면, 우리는 무엇을 말할 수 있을까? 세상 가운데 있는 하나님의 능력이 애매모호하다. 이 능력은 능력으로 보이지 않는다. 이것은 밭에서 뽑아버리고 싶은 무가치한 가라지로도 보이지만, 그럼에도 거대한 크기와 만연한 영향력을 행사하는 그 무엇을 만들어내기 위해 은밀히 역사한다. 예수님이 이 모든 것을 항상 비유와 수수께끼로 제시하신 것은 사실이었다. 왜냐하면 "창세부터 감추인 것"(마 13:35)을 드러내고 계셨기 때문이다.

여호와여 우리가 주를 불렀사오니

신정론에 있어 우리는 어디쯤에 도달해 있을까? 가능한 한 선명하고 실제적으로 말하기 위해 다시 한 번 앞에서 소개한 강렬하고 긴급한 사례, 즉 14살의 나이에 조로증으로 죽은 해롤드 쿠쉬너의 아들 아론을 소개하도록 하자. 쿠쉬너는 왜 아론이 끔찍한 질병으로 고통 받아야 했는지, 왜 아론이 다른 아이들이 다 누리는 은총을 받지 못하도록 저주받았는지 알고 싶어했다.[26] 쿠쉬너의 반응은, 하나님이 사랑이 많고 아론과 그의 부모에게도 관심을 가지셨지만, 그분께는 아론이 고통 받지 않도록 할 능력이 없었다는 것이었다. 고작해야 하나님의 능력은 함께 고통 당하는 사람들에게 연민을 가지도록 그들을 고무시키는 힘에 불과했다.

신정론에 대한 쿠쉬너 자신의 반응보다 더 큰 위로와 지혜를 제공하는 기독교적 반응이 있는가? 그렇다. 나는 이것이 존재하다고 믿을 만큼 대담하다. 첫째로, 기독교적 신정론은 중간 지점에서 출발한다. 우리가 가진 빛은 조로증과 같은 끔찍한 악이 어디서 오는지 알 수 있을 만큼 밝지 못하다. 이런 악의 출처는 신비에 싸여 있다. 우리가 아는 것은 이 악이 하나님으로부터 오지 않는다는 사실이다. 하나님은 이 가라지를 심지 않으셨다. 이 거대한 파괴는 그분의 손으로부터 오지 않았다. 아론의 질병은 아론의 원수인 동시에 하나님의 원수이기도 하다.

두 번째로, 우리는 쿠쉬너와 그의 아내가 하나님께 아들의 고통 가운데 함께하시고 역사해주시도록 기도했을 때, 그분이 이 기도에 응답하셨다고 믿는다. 하나님은 아론을 사로잡고 있는 악과 싸우는 용사로서 임재하셨다. 쿠쉬너를 위시해서 우리는 하나님이 기적을 행하고, 통상적인 방식으로 질병과 전쟁을 시작하시며, 모든 기형적인 DNA 구조와 질병의 자취를 신속히 없애주시기를 소망했다. 하지만 대신 하나님은 그분 자신의 방식대로 전쟁하기 위해 임하셨다. 쿠쉬너는 하나님이 오시긴 하지만 다만 행복을 빌어주는 무기력함 가운데 오셨을 뿐이라고 결론지었다. 하지만 반대로 하나님은 엄청난 능력 가운데 임하셨다. 이 능력이란 예수 그리스도 안에서 계시하신 하나님의 능력과 일치하는 능력, 곧 연약한 다정함의 형태를 띤 능력이었다. 하나님의 능력은 악으로부터 선을 나누는 날카로운 칼날이 아니었다. 그분의 능력은 정원의 고랑에 뿌려진 겨자씨, 별 볼일 없는 여자의 손에서 나와 막대한 양의 밀가루 속으로 침투하는 적은 양의 누룩이었다. 외견상으로 이 능력은 하찮고 연약하며 숨겨져 있다. 하지만 이 사랑의 능력은 모든 악을 철저하게 파멸시키기 위해 놀랍게 역사한다. 이 능력은 인간이 행사하는 능력과 너무나 다르다. 따라서 우리는 이것을 어떻게 발견할 수 있는지 거의 알지 못한다. 하나님의 능력은 완벽하게 숨겨져 있고 연약함으로 가장되어 있어, 우리는 과연 하나님이 악과 싸우시기 위해 역사하고 계시기는 하는지 절망한다. 우리는 "능력이 약한 데서 온전하여

짐"(고후 12:9)을 망각하고 그리하여 하나님에 대한 신뢰를 잃는다.

결국 아론 쿠쉬너는 고통 받다가 죽었다. 우리는 어떻게 약한 데서 온전해지는 하나님의 능력이 아론의 삶 속에 있는 악을 완파했다고 말할 수 있는가? 이 상황에서, 지금 아론이 더 나은 곳에 있으며 이미 악이 패했고 의가 해같이 빛난다고 이야기하는 것은 아무런 도움도 되지 않는 거짓 위안에 불과하다. 굴욕과 두려움, 끔찍한 고통의 날들은 또 어떤가?

이 대목에서는 하나님의 형상을 용사로 보는 것이 중요하다. 하나님은 사랑으로 싸우시지만, 그럼에도 분명히 맹렬한 용사시다. 그리스도 안에서 영원하신 하나님, 과거와 현재와 미래를 초월하시는 하나님은 시간 전체로 들어오셔서 이 시간을 구속하신다. 아론은 자신의 현재에 고통을 받았으며, 이 현재는 이제 아론과 우리에게 과거가 되었다. 하지만 현재와 과거는 영원하신 하나님의 역사로부터 제외되지 않는다. 하나님은 사랑 안에서 현재와 과거 속으로 침입하셔서 그분 자신만의 방법으로 악의 역사와 능력을 파괴하신다. 프랭크 커모드(Frank Kermode)는 이렇게 썼다. "고대 그리스인들은 심지어 신들이라도 과거를 바꿀 수 없다고 믿었다. 하지만 그리스도는 과거를 바꾸고 그것을 다시 기록하셨으며 새로운 방식으로 시간을 완성하셨다."[27]

이런 주장은 아무리 강조해도 지나치지 않다. 예수 그리스도 안에서 하나님은 아론을 위시해서 다른 모든 희생자와 고통 당하는 이들에게 이렇게 말씀하시지 않는다. "네가 힘겨운 삶을 살았다는 것은 안다. 하지만 이제 너는 나의 완전하고 기쁨에 찬 통치를 경험했으며 따라서 지난 일을 잊어버릴 수 있다. 내 나라의 삶은 과거의 모든 고통을 무색하게 만들어버릴 것이다." 그렇지 않다. 예수 그리스도 안에서 드러난 하나님은 영원에서 시간 속으로, 미래에서 현재와 과거로 들어오셔서 외견상 악이 지배하고 있는 것처럼 보이는 모든 것, 심지어 우리 기억 과도 전쟁을 벌이신다. 악에 속한 모든 것, 마지막 승리에 대한 헛되고 거짓된 주장, 현재에서 야기된 아픔, 우리 기억과 역사를 장악한 악은 모두 불살라질 것이다. 악은 승리할 수 없다. 이 악의 진짜 정체가 드러 날 것인데, 바로 그것은 "무"(nothingness)다. 아론이 삶에서 경험한 고 통은 사라질 것이다. 그의 기억 속에 남아 있는 상처와 그를 사랑하던 사람들의 마음속에 남겨진 상처도 사라질 것이다. 하나님의 사랑은 아 론의 고통을 적절한 논리적 문맥 안에 배치하는 일보다 훨씬 더 많은 일을 한다. 그분의 사랑의 능력은 아론의 삶의 모든 공간, 곧 과거와 현 재와 미래 속으로 들어가 치유한다.

프랑스의 전쟁 영웅이자 국가 원수였던 샤를 드골에 대해서는 유명 한 에피소드가 많다. 하지만 드골과 그의 아내 이본느에게 다운증후군 을 앓는 딸 안느가 있었다는 사실은 잘 알려져 있지 않다. 국가에 무슨 중대사가 일어나더라도 드골은 매일 퇴근 후 안느와 다정하게 놀아주 었다. 그리고는 부부는 아이를 함께 침대에 뉘였다. 종종 이본느는 이 렇게 말했다. "오, 샤를, 왜 안느는 다른 아이들과 같을 수 없는 걸까요? 나는 이 아이가 다른 아이들과 같았으면 하고 늘 기도하곤 해요." 안느 는 성인이 되기 전에 죽었고 가족은 무덤 앞에서 비공개 미사를 가졌 다. 미사가 끝났는데도 이본느는 무덤에 사랑하는 딸을 남겨두고 떠날 수가 없었다. 드골은 이본느의 팔을 붙잡으면서 이렇게 말했다. "그만 갑시다, 이본느. 이제 안느는 다른 아이들과 같이 되었어요."

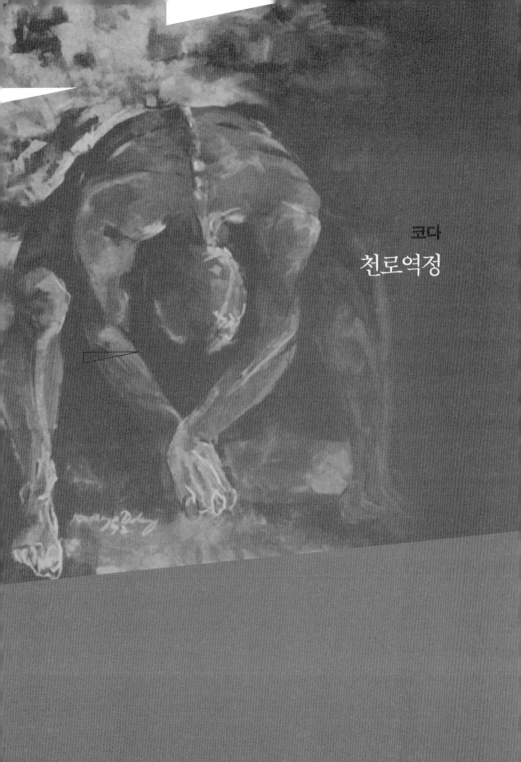

코다
천로역정

그리 길지 않은 이 책의 목적은 신정론의 질문에 대해 설교자가 무엇을 말할 수 있고 교사가 무엇을 가르칠 수 있을지 생각해보는 것이었다. 물론 모든 사람이 내가 취한 입장에 동의하지는 않을 것이다. 하지만 만인의 합의도 어떤 측면에서 우리 요점을 벗어난다. 우리가 함께 함의 사역을 넘어설 때, 사유하는 그리스도인들을 초청하여 이 긴박하고 복합적인 신학적 문제와 씨름하도록 할 때, 우리는 성령께서 우리 마음을 하나님과의 더욱 깊은 사귐 가운데로 이끌어주실 것이라고 확신한다.

신정론은 교실 안에만 존재하는 문제가 아니다. 이 세상에서 예수 그리스도의 하나님이 악과 고통에 관해 무엇을 행하고 계신지에 대해 선명하고 정확하게 생각할 때, 우리는 신앙을 가진 사람으로서 애매모호함과 의심으로 점철된 세상에서도 이 하나님의 역사에 어떻게 동참할 수 있을지를 생각하게 된다. 존 뢰뢰(John L'Heureux)는 『하나님에 대한 전문가』(The Expert on God)라는 흥미로우면서도 도발적인 책을 썼다. 이 책의 주인공은 예수회 소속 신부로 열 살 때부터 끊임없이 떠오르는 의심으로 괴로워하는 인물이다. 그는 삼위일체, 성체성사에 임재하시는 그리스도, 마리아의 처녀성, 그리스도의 신성, 심지어는 그리스도의 인성까지 의심했다. 내레이터는 이렇게 말한다. "한두 번씩 그는 믿음에 관한 모든 조항들을 의심했다. 하지만 어디까지나 잠시 동안

이었고, 한 번에 하나씩만 의심했다."[1]

결국 주인공은 도저히 넘어설 수 없는 의심을 품게 되는데 바로 하나님의 사랑을 의심하기 시작한 것이다. 자신의 의심 앞에서 그는 믿음을 구했지만 얻을 수 없었다. 그리하여 소망을 구했지만 소망 역시 주어지지 않았다. 다만 의무감으로 그는 가르치고 설교하고 미사를 인도하는 일을 계속할 뿐이었다.

그러던 어느 화창한 날, 승리의 성모 마리아 성당에서 미사를 마치고 예수회 숙소로 돌아오는 중이었다. 그날도 세상 가운데 하나님의 부재에 대한 자신의 역설적이고 의심스러운 방식에 놀라움을 느끼는 중에, 주인공은 끔찍한 자동차 사고를 목격하게 된다. 젊은 남자가 전복된 차에 갇힌 채 죽어가고 있었다. 신부는 구겨진 차 문을 가까스로 연 다음 그 남자를 자신의 팔에 부드럽게 안았다. 신부는 호주머니에서 성유가 담긴 유리병을 꺼내 죽어가는 남자에게 부으면서 이렇게 선포했다. "너의 모든 죄를 사하노라. 성부와 성자와 성령의 이름으로 아멘."

하지만 아무 일도 일어나지 않았다. 세상에는 어떤 미세한 움직임도, 끔찍한 상황을 호전시키는 어떤 변화도, 하늘로부터 오는 어떤 말씀도, 심지어는 구조하는 사람도 없었다. 오직 침묵하는 세상과 죽어가는 젊은이의 "거칠게 헉헉대는 숨소리"뿐이었다. 신부는 자신이 알고 있는 기도문을 암송하기 시작했다. 낭송 기도문, 마리아에 대한 기도문, 하늘 아버지를 향한 기도문. 그는 자신의 행동이 어리석다고 느꼈다. 하지만 다른 무엇을 하고 다른 무엇을 말할 수 있단 말인가? 신부가 무엇을 해야 할지 몰라 당황하고 있는 동안 다음과 같은 마지막 대사가 등장한다.

하나님이 존재하신다면, 이런 순간에 하나님은 무엇을 하시겠는가? "하나님, 마땅히 그것을 하십시오." 그는 크게 소리쳤고 자신의 목소리에서 분노를 느꼈다. "무엇이든 말씀해주십시오." 하지만 하늘로부터는 아무 소리도 없었다.…

그가 누구든지, 몸이 으스러진 채 죽어가는 자에게 무엇을 말할 수 있을지 신부는 궁금했다. 하나님이 나만큼 이 일에 관심이 있으시다면 그분은 무엇을 말씀하실까?…신부는 죽음의 그늘이 젊은이의 얼굴에 드리워지기 시작하는 것을 보았다. 그는 여전히 아무 말도 할 수 없었다.

젊은이는 죽음에 대한 반사 작용인 듯 몸을 틀었고 그의 머리는 연인을 신뢰하듯 신부의 팔 안쪽으로 기울어졌다. 그 순간 신앙도 회개도 없던 신부는 즉각 기도를 멈췄다. 그리고 젊은이에게로 몸을 구부려 격렬하고 뜨겁게 속삭였다. "사랑합니다." 그는 젊은이가 숨이 멈출 때까지 계속했다. "사랑합니다, 사랑합니다, 사랑합니다."[2]

뢰뤼가 그린 신부라는 인물은 두 가지 방식으로 이해될 수 있다. 결국 그는 스스로 실패한 신화의 짐을 벗어버리고 자신이 할 수 있는 사랑의 행위를 하는 세속적 인물이거나, 아니면 유치한 신앙으로부터 성숙하고 희망에 찬 신앙으로 옮겨가는 인물, 즉 회심한 인물일 수 있다. 이 두 가지 가능성 중 나는 두 번째라고 생각한다. 두 번째 견해에 의하면, 이 신부는 하나님에 대한 자신의 미숙한 개념, 즉 하나님이 우리가 호각을 불 때마다 모든 것을 고치시기 위해 임하는 분이라는 생각을 버린다. 그리고 그 대신 많은 사랑을 숨기신 용사로서 고통 가운데 역사하시고 신실한 자들을 불러 자신의 역사에 동참하도록 하시는 하나님, 아픔이 가득한 현 세상을 사는 사람들을 불러 모든 인류가 마지막에는 되어야 할 존재, 즉 이들의 의가 하나님의 승리하시는 사랑 안에서 해처럼 빛나는 자들이 되도록 하시는 하나님을 믿게 된다.

서문

1. Archibald MacLeish, *J. B.: A Play in Verse* (New York: Houghton Mifflin, 1989), p. 11.

1장_ 기초가 흔들리다

1. 스탠리 피쉬(Stanley Fish)가 쓴 "고통과 악, 하나님의 존재"(Suffering, Evil, and the Existence of God)에 대해 독자가 편집자에게 보내온 편지에서 인용. *The New York Times*, 4 November 2007. http://opinionator.blogs.nytimes.com/2007/11/04/suffering-evil-and-the-existence-of-god.

2. *Italy, France, Spain, and Portugal*, vol. 5 of *The World's Story: A History of the World in Story, Song, and Art,* 14 vols. (Boston: Houghton Mifflin, 1914), p. 618.

3. 니콜라스 시라디, 『운명의 날』(에코의 서재 역간, *The Last Day*).

4. 『운명의 날』에 인용된 찰스 R. 박서.

5. 시라디, 『운명의 날』.

6. Thomas Downing Kendrick, *The Lisbon Earthquake* (New York: Lippincott, 1957), p. 185.

7. Susan Neiman, *Evil in Modern Thought: An Alternative History of Philosophy* (Princeton: Princeton University Press, 2002), p. 1.

8. Mark Harrison, *Disease and the Modern World: 1500 to the Present Day* (Cambridge: Polity Press, 2004), p. 22.

9. Giovanni Boccaccio, *The Decameron* (New York: Penguin Classics, 2003), p. 13.

10. Neiman, *Evil in Modern Thought*, p. 246.

11. Joseph Patrick Byrne, *The Black Death* (Westport, Conn.: Greenwood Press, 2004), p. 38.

12. Byrne, *The Black Death*, p. 40.

13. Byrne, *The Black Death*, p. 40.

14. Harrison, *Disease and the Modern World*, pp. 23-24.

15. Byrne, *The Black Death*, p. 38.

16. 아이작 뉴턴, 『프린시피아: 자연철학의 수학적 원리』(서해문집 역간).

17. Isaac Newton, *Opticks*, 2d ed. (London: William Innys, 1717), p. 344.

18. Stephen D. Snobelen, *Isaac Newton: His Science and Religion, in Science, Religion, and Society: An Encyclopedia of History, Culture, and Controversy*, vol. 1, ed. Arri Eisen and Gary Laderman (Armonk, N. Y.: M. E. Sharpe, 2007), p. 364.

19. Neiman, *Evil in Modern Thought*, p. 246.

20. Walter William Rouse Ball, *A Short Account of the History of Mathematics*, 4th ed. (London: Macmillan, 1908), p. 418.

21. Charles Taylor, *A Secular Age* (Cambridge, Mass.: Belknap Press, 2007), p. 3.

22. 시라디, 『운명의 날』.

23. Charles Wesley, "A Hymn on Revelation 16-17ff., Occasioned by the Destruction of Lisbon."

24. Maria Rosa Antognazza, *Leibniz: An Intellectual Biography* (Cambridge: Cambridge University Press, 2009), p. 485.

25. Gottfried Wilhelm Leibniz, *Theodicy: Essays on the Goodness of God, the Freedom of Man, and the Origin of Evil* (New Haven, Conn.: Yale University Press, 1952), p. 35. 라이프니츠, 『변신론』(아카넷 역간).

26. 볼테르, 『캉디드 혹은 낙관주의』(한울 역간).

27. Theodor Adorno, *Negative Dialectics*, trans. E. B. Ashton (New York: Routledge, 1973), p. 361.

28. Neiman, *Evil in Modern Thought*, p. 5.

29. Drew Gilpin Faust, *The Republic of Suffering: Death and the American Civil War* (New York: Alfred A. Knopf, 2008), p. 192.

30. Gilpin Faust, *The Republic of Suffering*, p. 210.

2장_불가능한 체스 경기

1. Ken Auletta, "The Lost Tycoon: Now He Has No Wife, No Job, and No Empire, but Ted Turner May Just Save the World," *The New Yorker*, 23 April 2001.

2. Bart D. Ehrman, *God's Problem: How the Bible Fails to Answer Our Most Important Question—Why We Suffer* (New York: HarperOne, 2008), p. 3.

3. Ehrman, *God's Problem*, pp. 15-16.

4. 어만의 목록은 세 가지 주장만을 포함하는데 첫 번째 주장인 "하나님은 존재하신다"가 함축되어 있다고 여기고 제외했기 때문이다. 이 문제에 대한 네 개의 진술은 실제적으로 더욱 복잡한 철학적 매듭이 단순화된 형태다. 데이비드 레이 그리핀은 이 문제를 좀더 완전한 형태로 표현했다. 다음과 같은 내용을 작성하면서 그리핀은 이것을 "악의 문제에 대한 공식적 진술"이라고 불렀다.

   (1) 하나님은 완벽한 실재다(정의).

   (2) 완벽한 실재는 전능한 존재다(정의상).

   (3) 전능한 존재는 어떤 악도 존재하지 않는 실제적인 세계를 일방적으로 불러올 수 있다.

   (4) 완벽한 실재는 도덕적으로 완벽한 존재다(정의상).

   (5) 도덕적으로 완벽한 존재는 어떤 현실적 악도 존재하지 않는 실제적인 세계를 불러오기 원할 것이다(정의상).

   (6) 세상에 참된 악이 존재한다면 하나님은 존재하지 않는다(1에서 5까지의 논리적 결론).

   (7) 세상에는 참된 악이 존재한다(사실적 진술).

   (8) 따라서 하나님은 존재하지 않는다(6에서 7까지의 논리적 결론).

   출처: David Ray Griffin, *God, Power, and Evil: A Process Theodicy* (Philadelphia: Westminster Press, 1976), p. 9.

5. 존 업다이크, 『달려라 토끼』(문학동네 역간).

6. 데이비드 흄, 『자연종교에 관한 대화』(나남 역간). 흄은 그리스의 철학자 에피쿠로스를 인용하고 있다고 했지만, 이 진술을 에피쿠로스로부터 찾기는 어렵다.

7. 참조. http://en.wikiquote.org/wiki/Talk:Epicurus.

8. Ehrman, *God's Problem*, p. 125.

9. Julian Barnes, *Nothing to Be Frightened Of* (New York: Alfred A. Knopf, 2008), p. 3.

10. Ehrman, *God's Problem*, p. 128.

11. Ehrman, *God's Problem*, p. 274.

12. Ehrman, *God's Problem*, p. 5.

13. Charles Taylor, *A Secular Age* (Cambridge: Belknap Press, 2007), p. 28.

14. Diane Komp, *A Window to Heaven: When Children See Life in Death* (Grand Rapids: Zondervan, 1992), p. 22.

15. Komp, *A Window to Heaven*, p. 23.

16. Komp, *A Window to Heaven*, p. 27.

17. Komp, *A Window to Heaven*, pp. 28-29.

18. 전례적 은유가 아주 낯설어진 적절한 경우로는, 1742년에 찰스 웨슬리가 작사한 찬송 시의 한 구절 "To me, to all, thy bowels move; Thy nature, and thy name is love" 를 들 수 있다. 이 구절은 찬송학자 브라이언 렌(Brian Wren)도 인용한 대목이다. 18세 기에 "move one's bowel"(창자가 움직이다)은 깊은 감정으로 반응한다는 의미였다. 하지만 19세기 후반에 이르러 이 표현은 일상적 생체 기능, 즉 문자 그대로 창자가 움 직인다는 의미로 바뀌었다. 따라서 가장 충실한 웨슬리파 교도조차 이런 은유들을 버리 는 것이 최선이라고 판단하게 되었으며, 웨슬리의 찬송을 "To me, to all, thy mercies move; thy nature, and thy name is love"(저와 우리 모두를 향해 주님의 긍휼이 움 직입니다. 주님의 본성, 주님의 이름은 사랑입니다)로 바꾸었다. Brian Wren, *Praying Twice: The Music and Words of Congregational Song* (Louisville: Westminster John Knox Press, 2000), p. 297을 참조하라.

19. Richard L. Rubenstein, *After Auschwitz: History, Theology, and Contemporary Judaism*, 2d ed. (Baltimore: Johns Hopkins Press, 1992), p. 200.

20. Rubenstein, *After Auschwitz*, p. 175.

21. Lewis B. Smedes, "What's God Up To?: A Father Grieves the Loss of a Child," *Christian Century*, 3 May 2003, p. 38.

22. Marilyn McCord Adams, *Horrendous Evils and the Goodness of God* (Ithaca, N. Y.: Cornell University Press, 1999), p. 188.

23. Marilyn McCord Adams, "Afterword," in *Encountering Evil: Live Options in Theodicy*, ed. Stephen T. Davis (Louisville: Westminster John Knox Press, 2001), p. 191.

24. Adams, "Afterword," p. 192.

3장_ 위험한 길

1. Peter Berger, *The Sacred Canopy: Elements of a Sociological Theory of Religion* (New York: Anchor Books, 1969), p. 53.

2. Amy Waldman, "Torn from Moorings, Villagers from Sri Lanka Grasp for Past," *The New York Times*, 6 March 2005.

3. David Bentley Hart, *The Doors of the Sea: Where Was God in the Tsunami?* (Grand

Rapids: Wm. B. Eerdmans, 2005), pp. 99-100.

4. Hart, *The Doors of the Sea*, p. 100.

5. Hart, *The Doors of the Sea*, p. 100.

6. Terrence W. Tilley, *The Evils of Theodicy* (Eugene, Ore.: Wipf & Stock, 2000), p. 229.

7. Charles Journet, *The Meaning of Evil* (New York: P. J. Kennedy & Sons, 1963), p. 289.

8. Tilley, *The Evils of Theodicy*, p. 230.

9. Austin Farrer, *Love Almighty and Ills Unlimited* (London: Fontana Books, 1966), p. 7.

10. Kenneth Surin, *Theology and the Problem of Evil* (Oxford: Basil Blackwell, 1986), p. 50.

11. William Sloane Coffin, "Alex's Death," *The Collected Sermons of William Sloane Coffin: The Riverside Years*, vol. 2 (Philadelphia: Westminster John Knox, 2008), p. 4.

12. Coffin, "Alex's Death."

13. Jeffrey Stout, *The Flight from Authority: Religion, Morality, and the Quest for Autonomy* (Notre Dame: University of Notre Dame Press, 1981), p. 169.

14. 크리스토퍼 히친스, 『신은 위대하지 않다』(알마 역간).

15. 토마스 페인, 『이성의 시대』(알토란 역간).

16. 1813년 9월 14일, 존 아담스가 토마스 제퍼슨에게 보낸 편지, *A Documentary History of Religion in America to 1877*, pp. 260-270.

17. 1817년 5월 5일, 토마스 제퍼슨이 존 아담스에게 보낸 편지, *A Documentary History of Religion in America to 1877*, pp. 270-271.

18. Michael J. Buckley, *At the Origins of Modern Atheism* (New Haven, Conn.: Yale University Press, 1990), p. 39을 참조하라.

19. 예로는 "The Twofold Book of God" in Michael J. Buckley, *Denying and Disclosing God: The Ambiguous Progress of Modern Atheism* (New Haven, Conn.: Yale University Press, 2004), pp. 38-40을 인용한 코튼 매더(Cotton Mather)의 논쟁을 참조하라.

20. Buckley, *At the Origins of Modern Atheism*, p. 41에 인용된 아이작 뉴턴.

21. Walter Kasper, *The God of Jesus Christ* (London: SCM Press, 1984), p. 294.

22. 버클리는 이것을 *At the Origins of Modern Atheism*과 *Denying and Disclosing God*에서 논증한다.

23. E. A. Burtt, *The Metaphysical Foundations of Modern Science*, 2d rev. ed. (London: Routledge & Kegan Paul, 1932), p. 293.

24. Terry Eagleton, "Lunging, Flailing, Mispunching," *London Review of Books* 28, no. 20 (19 October 2006): 33.

25. Paul Tillich, "The Two Types of Philosophy of Religion," in Paul Tillich, *Main Works: Writings in the Philosophy of Religion*, vol. 4 (Berlin: Walter de Gruyter, 1987), p. 290.

26. 존 카푸토, 『종교에 대하여』(동문선 역간).

27. Berger, *The Sacred Canopy*, p. 3.

28. Berger, *The Sacred Canopy*, pp. 54-55.

29. Berger, *The Sacred Canopy*, p. 59.

4장_ 동료 순례자들

1. Peter De Vries, *The Mackerel Plaza* (Boston: Little, Brown & Co., 1958), p. 8.

2. 이 인용을 소개해준 데비이드 존슨에게 감사한다.

3. J. L. Mackie, "Evil and Omnipotence," in *The Problem of Evil*, ed. Marilyn McCord Adams and Robert Merrihew Adams (New York: Oxford University Press, 1990), pp. 25-37.

4. 리처드 도킨스, 『만들어진 신』(김영사 역간).

5. Mackie, "Evil and Omnipotence," p. 33.

6. Alvin Plantinga, *God, Freedom, and Evil* (New York: Harper & Row, 1974), p. 17. 플랜팅가, 『신·자유·악』(SFC 역간).

7. 토마스 아퀴나스, 『신학대전』.

8. Plantinga, *God, Freedom, and Evil*, p. 18.

9. Plantinga, *God, Freedom, and Evil*, p. 30.

10. Stephen T. Davis, "Free Will and Evil," in *Encountering Evil: Live Options in Theodicy*, new ed., ed. Stephen T. Davis (Louisville: Westminster John Knox Press, 2001), p. 74.

11. 해롤드 쿠쉬너, 『왜 착한 사람에게 나쁜 일이 일어날까』(창 역간).

12. 같은 책.

13. 같은 책.

14. 쿠쉬너, 『왜 착한 사람에게 나쁜 일이 일어날까』를 참조하라.

15. 쿠쉬너, 『왜 착한 사람에게 나쁜 일이 일어날까』.

16. 같은 책.

17. 같은 책.

18. 같은 책.

19. 본문의 이 부분은 욥 40:9-14 중 일부 선택된 구절들로 이루어졌다.

20. Carol A. Newsom, *The Book of Job: A Contest of Moral Imaginations* (New York: Oxford University Press, 2003), p. 235.

21. 쿠쉬너, 『왜 착한 사람에게 나쁜 일이 일어날까』.

22. 아브라함 코헨은 *Modern Judaism*에 실린 논문에서 『왜 착한 사람에게 나쁜 일이 일어날까』를 분석하면서 여기에 동의했다. 좀더 나아가 코헨은 쿠쉬너가 실제적으로 성경신학에는 별 관심이 없으며, 쿠쉬너가 욥기로부터 얻었다는 통찰은 그의 논의에서 필수적이지 않다고 말했다. "쿠쉬너의 논의에서 욥기가 중요하지 않다고 말할 수 있는 이유는 다음과 같다. 쿠쉬너는 성경신학으로부터 독립성을 유지하고 있는데, 이는 그의 저술 전반에서 선명하게 드러난다. 그 예로 『왜 착한 사람에게 나쁜 일이 일어날까』의 이전 장을 보면 쿠쉬너는 세상에서 일어날 엄격한 공의를 선언하는 성경의 몇몇 본문으로부터 재빨리 이견을 제기하기도 했다.…따라서 욥기가 쿠쉬너의 입장과 상반되는 내용을 제시했다고 하더라도, 그는 별 어려움 없이 그것을 일축한 후 자신의 입장을 주장했으리라고 생각된다." Abraham Cohen, "Theology and Theodicy: Reading Harold Kushner," *Modern Judaism* 16, no. 3 (October 1996): 231-232을 참조하라.

23. 쿠쉬너, 『왜 착한 사람에게 나쁜 일이 일어날까』.

24. 같은 책.

25. Douglas John Hall, *God and Human Suffering: An Exercise in the Theology of the Cross* (Minneapolis: Augsburg Press, 1986), p. 154.

26. 쿠쉬너, 『왜 착한 사람에게 나쁜 일이 일어날까』.

27. Hall, *God and Human Suffering*, p. 155.

28. 쿠쉬너, 『왜 착한 사람에게 나쁜 일이 일어날까』.

29. Hall, *God and Human Suffering*, p. 157.

30. Bart D. Ehrman, *God's Problem: How the Bible Fails to Answer Our Most Important Question—Why We Suffer* (New York: HarperOne, 2008), p. 276.

31. Ehrman, *God's Problem*, p. 277.

32. John B. Cobb Jr., *God and the World* (Philadelphia: Westminster Press, 1969), p. 89.

33. Cobb, *God and the World*, pp. 90-91.

34. John B. Cobb Jr. and David Ray Griffin, *Process Theology: An Introductory Exposition* (Philadelphia: Westminster Press, 1976), p. 65.

35. David Ray Griffin, "Creation Out of Nothing, Creation Out of Chaos and the

Problem of Evil," in *Encountering Evil*, new ed., ed. Davis, p. 108.

36. Cobb, *God and the World*, p. 53.

37. 데이비드 그리핀, 『과정신정론』(이문출판사 역간).

38. 같은 책.

39. 같은 책.

40. 같은 책.

41. 같은 책.

42. Cobb, *God and the World*, p. 93.

43. John K. Roth, "Critique," in *Encountering Evil*, p. 128.

44. Robert Neville, as cited in Gary Dorrien, *The Making of American Liberal Theology: Crisis, Irony, and Postmodernity, 1950-2005* (Louisville: Westminster John Knox Press, 2006), p. 382.

45. Karl Rahner, "The Question of Compassion and God's Impassibility," in Jürgen Moltmann, *History and the Triune God*, trans. J. Bowden (New York: Crossroad, 1992), p. 122.

46. William C. Placher, *The Domestication of Transcendence: How Modern Thinking about God Went Wrong* (Louisville: Westminster John Knox Press, 1996), esp. pp. 7-10.

47. 아우구스티누스, 『하나님의 도성』(크리스챤다이제스트 역간), 제14권 26. "[낙원에서 인간은]···하나님을 기뻐하며 살았으며, 하나님이 선하시므로 그도 선했다. 그는 아무 결핍 없이 살았고 항상 그렇게 살 능력이 있었다. 음식이 있어 굶주리지 않았으며 생명의 나무가 있어 노쇠하지 않았다. 신체의 퇴화나 불쾌감을 일으킬 원인이 없었다. 몸 안에 병이 생기거나 몸 밖이 상해를 입을 염려도 없었다. 육신은 완벽하게 건강했고 영혼은 온전히 평안했다. 낙원에서는 추위나 더위가 심하지 않은 것처럼, 거기 사는 사람도 욕망이나 두려움 때문에 선의가 방해받는 일이 없었다. 아무런 슬픔이나 어리석은 기쁨이 없었으며, 진정한 기쁨이 하나님으로부터 끊임없이 흘러나왔다. 인간은 청결한 마음과 선한 양심과 거짓이 없는 믿음으로 하나님을 사랑했다. 부부는 충실하게 서로를 사랑함으로써 진실한 협력을 이루었다. 몸과 마음이 함께 활발해서 하나님의 명령을 어렵지 않게 수행했다. 여가에 권태를 느끼는 사람도 없고 원치 않는 잠으로 고통 받는 사람도 없었다."

48. Ehrman, *God's Problem*, pp. 13-15.

49. David Ray Griffin, "Creation Out of Chaos and the Problem of Evil," in *Encountering Evil: Live Options in Theodicy*, ed. Stephen T. Davis (Atlanta: John Knox Press, 1981), p. 118.

50. Pat Robertson on "The 700 Club," as reported by CBS news.com, http://www. cbsnews.com/8301-504083_162-12017-504083.html.

51. John Hick, *Evil and the God of Love*, rev. ed. (San Francisco: Harper & Row, 1978). 존 힉, 『신과 인간 그리고 악의 종교철학적 이해』(열린책들 역간).

52. 존 힉이 제시한 이레나이우스적 신정론의 한 가지 결점은 힉 자신이 더 이상 이것을 흥미롭게 여기지 않는다는 점이다. *Evil and the God of Love*를 쓴 후 힉의 신학은 시간을 통해 자신의 의도를 실행해가는 존재로서의 하나님이라는 개념으로부터 좀더 전반적인 종교의 이해로, 그렇지만 그것에 대해서는 확실한 설명이 불가능한 궁극적 실재나 유일한 실재에 대한 반응 안에서 공들여 빚어진 완벽히 인간적인 심상으로 옮겨갔다. 이런 신학적 변화의 결과, 힉은 자신의 이레나이우스 신정론에 대해 서로 모순되는 점들을 말했다. 즉 한편으로는 이것이 인간의 경험 안에서 실제로 일어나고 있는 일의 묘사로서 더 이상 신뢰될 수 없다고 하면서도, 다른 한편으로는 여전히 악의 실재에 대해 기독교적 반응을 유발하는 신화적 공식이라고 주장한 것이다. 이런 의미에서 이레나이우스적 신정론은 기독교 신정론 중에서 여전히 가장 실행 가능한 것이라고 할 수 있다. 여기에 대한 논의로는 John Hick, "An Irenaean Theodicy," in *Encounters with Evil*, new ed., ed. Davis, esp. pp. 52-72를 참조하라.

53. Surin, *Theology and the Problem of Evil*, p. 10.

54. Hick, *Evil and the God of Love*, pp. 281, 287.

55. Hick, *Evil and the God of Love*, p. 281.

56. Julian of Norwich, *The Revelations of Divine Love of Julian of Norwich* (London: Burns & Oates, 1961), chap. 27, as quoted in Hick, *Evil and the God of Love*, p. 289.

57. 메릴린 매코드 아담스는 *Horrendous Evils and the Goodness of God* (Ithaca, N. Y.: Cornell University Press, 1999)에서 비극적 악이라는 특수한 문제를 예리하게 제기했다. 그녀는 "참혹한 악"을 정의하기를 "전체적으로 볼 때, 그 악이 그것에 참여하는 사람들의 삶에…큰 유익이 될 수 있을지 없을지를 의심하도록 만드는 이유를 구성하는 악"이라고 했다. 달리 말해 그 악에 관여하는 사람에게 어떤 유익의 가능성도 가지지 못하는 악이라는 것이다. 아담스의 견해에 따르면, 하나님을 "선하시다"고 하기 위해서는 하나님이 "그 사람의 삶의 문맥 안에서" 악보다 더 큰 긍정적 의미를 보장하심으로써 참혹한 악을 이기셔야 한다(31쪽).

58. Hick, *Evil and the God of Love*, pp. 335-336.

59. 도스토예프스키, 『카라마조프가의 형제들』(민음사 역간).

60. David Bentley Hart, *The Doors of the Sea: Where Was God in the Tsunami?* (Grand Rapids: Wm. B. Eerdmans, 2005), p. 44.

61. James Wood, "Between God and a Hard Place," *New York Times*, 24 January 2010, WK11.

62. Robert Paul Reyes, "Religious Lunacy: Haitian Rev. Eric Toussaint, 'Give Thanks to God,'" *News Blaze*, 10 January 2010; http://newsblaze.com/story/20100117110433reye.nb/topstory.html.

63. Hall, *God and Human Suffering*, p. 155.

64. Hall, *God and Human Suffering*, p. 155.

간주곡: 울부짖음, 욥과 폭풍우

1. Samuel E. Balentine, *Job* (Macon, Ga.: Smith and Helwys, 2006), pp. 4-5.

2. Allen Ginsberg, *Howl and Other Poems* (San Francisco: City Lights Publishers, 2001), p. 9.

3. Stephen Mitchell, *The Book of Job* (San Francisco: North Point Press, 1987). 이 단락에 기록된 욥기의 인용 중 다수는 미첼의 번역이다.

4. Karl-Johan Illman, "Theodicy in Job," in *Theodicy in the World of the Bible*, ed. Antti Laato and Johannes C. de Moor (Leiden: Brill, 2003), p. 304.

5. David Robertson, "The Book of Job: A Literary Study," *Soundings* 56 (1973): 446-469.

6. Robertson, *The Book of Job*, p. 464.

7. Terrence W. Tilley, *The Evils of Theodicy* (Eugene, Ore.: Wipf & Stock, 2000), p. 89.

8. David B. Burrell, *Deconstructing Theodicy: Why Job Has Nothing to Say to the Puzzle of Suffering* (Grand Rapids: Brazos Press, 2008), p. 107.

9. Mitchell, *The Book of Job*, p. xxix.

10. Luis Alonso Schökel, "Toward a Dramatic Reading of the Book of Job," *Semeia* 7(1977): 46.

11. J. Gerald Janzen, *Job*, Interpretation Commentaries (Atlanta: John Knox Press, 1985), p. 34.

12. William Whedbee, "The Comedy of Job," *Semeia* 7 (1977): 5.

13. Whedbee, "The Comedy of Job," p. 4.

14. Mitchell, *The Book of Job*, p. 9.

15. Calvin Trillin, *Third Helpings* (New York: Penguin Books, 1983), p. 9.

16. Mitchell, *The Book of Job*, p. xii.

17. Balentine, *Job*, p. 14.

18. Mitchell, *The Book of Job*, p. xiv.

19. Robert Gordis, *The Book of God and Man: A Study of Job* (Chicago: University of Chicago Press, 1965), p. 4.

20. Walker Percy, *Lost in the Cosmos: The Last Self-Help Book* (New York: Farrar, Straus & Giroux, 1983), p. 187.

21. Mitchell, *The Book of Job*, p. xvii.

22. Whedbee, "The Comedy of Job," p. 20. 엘리후에 대한 보다 긍정적인 평가에 대해 서는 Carol A. Newsom, *The Book of Job: A Contest of Moral Imaginations* (New York: Oxford University Press, 2003), pp. 200ff.을 참조하라.

23. Mitchell, *The Book of Job*, p. xviii.

24. E. M. Good, "Job and the Literary Task: A Response," *Soundings* 56 (1973): 479.

25. Mitchell, *The Book of Job*, p. xxiii.

26. Mitchell, *The Book of Job*, p. xxiv.

27. Janzen, *Job*, pp. 257-59.

28. Mitchell, *The Book of Job*, p. xxx.

5장_ 음침한 골짜기를 지날 때

1. T. S. Eliot, "Little Gidding," in *Four Quartets* (New York: Harcourt, 1971), pp. 40-41.

2. Epistle to Diognetus, 2:3-4. 저자가 다른 말로 바꾸어 기록했다.

3. Karl Barth, "The Christian's Place in Society," in *The Word of God and the Word of Man* (Gloucester: Peter Smith, 1978), p. 282.

4. Arthur C. McGill, *Suffering: A Test of Theological Method* (Philadelphia: Westminster Press, 1982), p. 128.

5. Clifford Barrett, *Contemporary Idealism in America* (New York: Macmillan, 1932), p. 34.

6. 다니엘 밀리오리, 『기독교 조직신학 개론: 이해를 추구하는 신앙』(새물결플러스 역간)과 비교하라.

7. Luise Schottroff, "Working for Liberation: A Change of Perspective in New Testament Scholarship," in *Reading from This Place: Social Location and Biblical Interpretation in Global Perspective*, vol. 2, ed. Fernando F. Segovia and Mary Ann Tolbert (Minneapolis: Fortress Press, 1995), pp. 183-198.

8. Schottroff, "Working for Liberation," p. 198.

9. Schottroff, "Working for Liberation," p. 198.

10. 안셀무스의 이 기도는 *St. Anselm: Proslogium; Monologium; An Appendix in Behalf of the Fool by Gaunilon; and Cur Deus Homo?* (LaSalle, Ill.: Open Court Publishing, 1951), p. 178에 근거한다.

11. 나는 마태의 인도를 따라 이 비유를 하나님과 세상, 교회, 악, 선에 대한 신학적인 풍유로 다룰 것이다. 물론 이 비유를 해석하는 데는 다른 가능성들도 있다. 최근의 몇몇 해석자들은 이 비유의 문맥을 역사적 예수의 사역, 즉 예수님이 이 이야기를 들려주신 관중이 주로 소작농으로 구성되어 있었다는 사실에서 찾기도 했다. 이런 청중에게 지주(주인)는 강압적인 지배 계급의 대표로서 이야기의 영웅이 될 수 없다. 실제로 청중은 강자의 농업 계획을 방해한 원수를 선호할지도 모른다. 이렇게 받아들여질 때 이 비유는 "사기꾼 이야기"(trickster tale), 즉 약자가 최고의 권위적 인물을 이기는 구조의 이야기가 된다(Stanley P. Saunders, *Preaching the Gospel of Matthew: Proclaiming God's Presence* [Louisville: Westminster John Knox Press, 2010를 참고하라). 나는 비유에 대한 이런 접근법이 좋게 말하면 추측에 근거한 것으로서, 결국에는 설득력이 없다고 생각한다. 이런 접근은 마태를 구전의 파괴자나, 적어도 무능한 저자로 상상하도록 할 뿐 아니라, 우리 손에 들린 실제적인 서술을 설명해내지도 못한다. 현재 형태에서 알곡과 가라지의 비유는 사기꾼 이야기도, 계급의식을 자극하기 위한 역설적 이야기도 아니다. 이런 방식으로 이 비유를 다루는 것은 갈릴리의 지배적인 사회·경제적 상태에 대한 전반적인 추정들을 부적절하게 혼합하고, 정경의 본문을 완전히 가설적으로 재기록하며, 해석자의 이념을 투영한 것으로 비쳐진다. 내 견해로는 마태가 예수님으로부터 온 일부 도발적인 사회적 언급을 가지고 씨름했으며, 그것을 정반대 방향으로 몰고 갔다고 상상하는 것보다는, 차라리 이 비유가 전적으로 마태의 신학적 상상의 결과물이었다고 생각하는 편이 더 설득력 있다.

12. John R. Claypool, *Tracks of a Fellow Struggler: Living and Growing through Grief* (Harrisburg, Pa.: Morehouse Publishing, 2004), pp. 8-9.

13. Claypool, *Tracks of a Fellow Struggler*, pp. 56-57.

14. John Roth, "A Theodicy of Protest," in *Encountering Evil: Live Options in Theodicy*, ed. Stephen T. Davis (Louisville: Westminster John Knox Press, 2001), p. 17.

15. Roth, "A Theodicy of Protest," p. 16.

16. Elie Wiesel, *A Jew Today* (New York: Random House, 1978), p. 136.

17. 이 이야기는 Thomas G. Long, "Living by the Word," *The Christian Century* 123, no. 6 (21 March 2006): 18에 들어 있다.

18. Marilyn McCord Adams, *Horrendous Evils and the Goodness of God* (Ithaca, N. Y.: Cornell University Press, 1999), p. 26.

19. David Bentley Hart, *The Doors of the Sea* (Grand Rapids: Wm. B. Eerdmans, 2005), p. 62.

20. Bart D. Ehrman, *God's Problem: How the Bible Fails to Answer Our Most Important Question—Why We Suffer?* (New York: HarperOne, 2008), p. 5.

21. Kosuke Koyama, *Mount Fuji and Mount Sinai: A Pilgrimage in Theology* (London: SCM Press, 1984), p. 241.

22. 위르겐 몰트만, 『예수 그리스도의 길』(대한기독교서회 역간).

23. 미로슬라브 볼프, 『배제와 포용』(IVP 역간).

24. 장 바니에, 『인간되기』(다른우리 역간).

25. Pliny the Elder, *Natural History*, Volume V, Libra XVII-XIX (Cambridge: Harvard University Press, 1938), p. 529.

26. 해롤드 쿠쉬너, 『왜 착한 사람에게 나쁜 일이 일어날까』.

27. Frank Kermode, *The Sense of an Ending: Studies in the Theory of Fiction with a New Epilogue* (New York: Oxford University Press, 2000), p. 47.

코다: 천로역정

1. John L'Heureux, "The Expert on God," in *Comedians* (New York: Penguin Books, 1990), p. 34.

2. L'Heureux, "The Expert on God," p. 35.

고통과 씨름하다

악, 고난, 신앙의 위기에 대한 기독교적 성찰

Copyright ⓒ 새물결플러스 2014

1쇄 발행 2014년 10월 15일
7쇄 발행 2023년 9월 20일

지은이 토마스 G. 롱
옮긴이 장혜영
펴낸이 김요한
펴낸곳 새물결플러스

편 집 왕희광 정인철 노재현 이형일 나유영 노동래
디자인 황진주 김은경
마케팅 박성민
총 무 김명화 이성순
영 상 최정호 곽상원
아카데미 차상희

홈페이지 www.holywaveplus.com
이메일 hwpbooks@hwpbooks.com
출판등록 2008년 8월 21일 제2008-24호
주 소 (우) 04114 서울시 마포구 신촌로28가길 29
전 화 02) 2652-3161
팩 스 02) 2652-3191

ISBN 978-89-94752-89-1 03230

책값은 뒤표지에 있습니다.